存在と差異　ドゥルーズの超越論的経験論

存在と差異

ドゥルーズの超越論的経験論

江川隆男著

知泉書館

目次

第II部　存在の転換

略　号　表

ドゥルーズの著作と論文は，以下の略記号を用いて表記する．

著　作

ES　*Empirisme et subjectivité* ── *Essai sur la nature humaine selon Hume*, PUF, 1953（『ヒュームあるいは人間的自然──経験論と主体性』，木田元・財津理訳，朝日出版社，1980年）．

NP　*Nietzsche et la philosophie*, PUF, 1962（『ニーチェと哲学』，足立和浩訳，国文社，1974年）．

PK　*La philosophie critique de Kant*, PUF, 1963（『カントの批判哲学』，中島盛夫訳，法政大学出版局，1984年）．

PS　*Proust et les signes*, PUF, 1964, éd. augmentée 1970, 1976（『プルーストとシーニュ』，宇波彰訳，法政大学出版局，増補版，1977年）．

B　*Le bergsonisme*, PUF, 1966（『ベルクソンの哲学』，宇波彰訳，法政大学出版局，1974年）．

DR　*Différence et répétition*, PUF, 1968（『差異と反復』，財津理訳，河出書房新社，1992年）．

SPE　*Spinoza et le problème de l'expression*, Minuit, 1968（『スピノザと表現の問題』，工藤喜作・小柴康子・小谷晴勇訳，法政大学出版局，1991年）．

LS　*Logique du sens*, Minuit, 1969（『意味の論理学』，岡田弘・宇波彰訳，法政大学出版局，1987年）．

SPP　*Spinoza* ── *Philosophie pratique*, Minuit, 1970, éd. augmentée 1981（『スピノザ──実践哲学』，鈴木雅大訳，平凡社，1994年）．

AŒ　*L'Anti-Œdipe* ── *Capitalisme et schizophrénie* (avec Félix Guattari), Minuit, 1972（『アンチ・オイディプス──資本主義と分裂症』，市倉宏祐訳，河出書房新社，1986年）．

D　*Dialogues* (avec Claire Parnet), Flammarion, 1977, éd. augmentée 1996（『ドゥルーズの思想』，田村毅訳，大修館書店，1980年）．

MP　*Mille plateaux* ── *Capitalisme et schizophrénie* (avec Félix Guattari), Minuit, 1980（『千のプラトー──資本主義と分裂症』，宇野邦一・小沢秋広・田中敏彦・豊崎光一・宮林寛・守中高明訳，河出書房新社，1994年）．

IM　*Cinéma 1* ── *L'image-mouvement*, Minuit, 1983.

略 号 表

IT　*Cinêma 2 —— L'image-temps*, Minuit, 1985.

F　*Foucault*, Minuit, 1986 (『フーコー』，宇野邦一訳，河出書房新社，1987年).

P　*Le pli —— Leibniz et le baroque*, Minuit, 1988 (『襞——ライプニッツとバロック』，宇野邦一訳，河出書房新社，1998年).

QP　*Qu'est-ce que la philosophie?* (avec Fêlix Guattari), Minuit, 1991 (『哲学とは何か』，財津理訳，河出書房新社，1997年).

CC　*Critique et clinique*, Minuit, 1993 (『批判と臨床』，守中高明・谷昌親・鈴木雅大訳，河出書房新社，2002年).

ID　*L'île déserte et autres textes*, Minuit, 2002.

論 文

L'immanence: "L'immanence: une vie....", in *Philosophie N°47*, Minuit, 1995, pp. 3-7.

存在と差異

――ドゥルーズの超越論的経験論

20'15"
20'20"
20'25"
20'30"
PO
ST
SP
ppp
mf
f

江川隆男『インテンシティ——弦楽十一重奏のための』(1980年)

0　永遠の非従属のために　〈反－実現〉論に向けて

本書は、現代のフランスの哲学者、ジル・ドゥルーズの思想に関する研究である。何故、私がこの哲学を論じるのかと言うと、それは、この哲学を救うためではなく、肯定するためである。しかし、肯定するためには、〈肯定サレルベキモノ〉をそのテクストから表現的に引き延ばしてこなければならない。何故なら、肯定とは、全面的な賞賛ではなく、あくまでも部分の肯定、その肯定以前にはけっして他の諸部分と識別できなかったであろうような或る部分の肯定であり、全体の傍らに生み出されるような部分の肯定だからである。したがって、肯定は、常に批判と不可分の活動なのである。こうした、肯定と批判の言語活動――しかし、それは単なる〈言葉の言語〉活動ではなく、スピノザが言う意味での〈観念の言語〉活動、あるいはむしろ〈観念の表現〉活動である――を通して、はじめてその全体――しかし、それは新たに産み直され、〈再－開〉される全体である――が支持されるのである。

こうした意味で、哲学において論文は一つの書物へと変容し、また思想のうちで研究はまさに哲学することそのものへと生成変化しなければならない。この両者の移行のプロセスを体現するものとして、私は本書を読者に提示したいと思う。哲学において論文と研究は、書物と哲学そのものに生成変化しなければならないのだ――必ず。そうでなければ、哲学における論文と研究は、単に社会や時代と共可能的に実現されたものの意義以上の何ものも示すことなく、マジョリティの最も衰弱した構成要素となるしかないであろう。それゆえ、それら論文と研究一般がマジョリティの少数性のなかでの、つまり「適用の秩序」のなかでの落ち着きのよい一結果にすぎないのに対して、一つの書物（それは、書き下しでも、論文集でもありえない）と哲学は、創造的マイノリティの多数性を表現し産出するものであり、したがってマジョリティのなかでの実現からはみ出た或る反−実現的な活動＝行為の雰囲気を絶えず漂わせることになる。この雰囲気あるいは蒸気、それは、ニーチェが言う意味での、或る〈再−開〉の原因となるものだけがもちうるような非歴史的な包皮、〈一つの生〉だけを常に包み込むような雲、非物体的な気象現象である。

ドゥルーズにおける内在性の哲学を実質的に構制するのは、〈エチカ〉による超越論的哲学である、あるいは超越論的哲学を〈エチカ〉の方法論とすることである。それゆえ、超越論的哲学である限り、例えばカントのように、〈経験の条件〉を問題とするが、しかしそれは、むしろその条件づけのプロセス、つまり条件づけられるものの条件への従属のプロセスに対抗するためであり、さらにはこの条件づけの原理そのものを変えるためである。〈モラル〉を背後にもつ批判哲学において、〈超越論的〉とは、われわれのア・プリオリな諸表象への経験の所与の必然的従属の原理と、これに完全に対応した、経験の所与へのア・プリオリな諸表象の必然的適用の原理とを特徴づける言葉だからである。しかし、ドゥルーズにおいては、こうした概念の〈適用〉が現働的なものの従属の論理とならないような原理が必要となるが、それが潜在的なものの〈現働化〉（actualisation）という考え方である。しかしながら、この現働化の概念だけではまったく不十分である。こうした現働化の運動を概念の「形成の秩序」から支持し、また当の潜在的なものを単に所与として与えられるようなア・プリオリ性や歴史性に貶めることなく、まさに〈非歴史性の雲〉、〈非共可能性の包被〉とするには、この潜在性という超越論的圏閾を一つの動的発生の問題へと巻き込むような思考、すなわち〈イマージュなき思考〉が不可欠となるが（この思考とスピノザ的な平行論をなす身体、それが〈器官なき身体〉である）、それがまさに〈反−実現〉（contre-effectuation）という概念である

――本書の課題は、この〈反‐実現〉論の観点からドゥルーズにおける「超越論的経験論」と「〈存在〉の一義性」とを綜合した一つの〈エチカ〉を形成することである。これは、単なる心の〈反省〉(reflection) ではなく、スピノザが言うような、精神の永遠の〈反‐映〉(contre-effectuation) である。われわれに必要なのは、心ではなく、精神であり、器官から構成された身体ではなく、器官のない身体である。私が本書のなかでドゥルーズの哲学から析出する〈反‐実現〉論とは、それ自体がまさに〈エチカ〉における永遠の非従属の論理であり、判断力(=裁き)から訣別するための無意識的観念の一つの表現活動、一つの生産活動である。それは、謂わば〈アンチ・モラリア〉における認識論と存在論を積極的に明らかにする作業である。

第I部　思考の生殖

第一章　批判と創造の円環

I　〈エチカ〉　いかにして反道徳的思考を獲得するか

ドゥルーズの哲学、それは何よりも第一に〈反道徳主義〉の哲学である。カントの哲学が超越的規範を有する道徳を基礎とした超越論的哲学であるとすれば、ドゥルーズの哲学は、まさにスピノザとニーチェが肯定した〈エチカ〉による超越論的哲学を形成しようとする試みとして捉えなければならない、と私は考える。[1] したがって、本書の課題は、ドゥルーズの思想をスピノザやニーチェに還元しつつ考察するというよりも、むしろ彼らの哲学を継承しつつ、いかにしてドゥルーズにおいて〈エチカ〉を別の諸概念によって主張する哲学が成立しているのかを明らかにすることである——それは、言い換えると、同時代としてのスピノザやニーチェを論じることであり、これが逆に反時代的なものを生み出すのである。カントの批判哲学の着想を用いながらも、〈エチカ〉の側面から超越論的哲学をやり直すこと、それがドゥルーズの哲学の最大の特徴である。

そこでまず第一の問題は、差異をいかにして肯定的に考え、思考の対象とするかということにあるが、その場合に重要となるのは、〈モラル〉と〈エチカ〉が差異の価値評価に関してまったく異なる立場に立っているという点である。つまり、〈モラル〉と〈エチカ〉の違いは、[2] 差異の捉え方そのものに最もよく表われるということである。

重要なことは、〈差異〉を肯定的に思考することそれ自体が、あらゆる価値の転換、一切の道徳的価値の転換たる〈エチカ〉を主張することに必然的につながるという点である。「存在は〈差異〉それ自身である」[3]。この言明は、それゆえ単に〈差異が存在する〉と言うだけでは十分ではなく、〈差異それ自体は肯定的存在である〉という主張をそこに付け加えなければならないという強い意味が含まれている。これが、〈モラル〉にとって代わる〈エチカ〉の最初の発想である。道徳的な思惟は、超越的価値としての〈善〉(Bien)と〈悪〉(Mal)の規範から絶えずわれわれの〈生〉のありようを否定的に規定し裁断しようとするのに対して、〈生〉それ自体の内在的様相を〈よい〉(bon)と〈わるい〉(mauvais)という質的な差異から形成し、〈生〉それ自体と一つのものである力能の問題から当の〈生〉を肯定的に認識しようと努めるのが〈エチカ〉である。要するに、〈モラル〉が結局はわれわれの生よりもそれを超越した価値の方に優越性をおくような主知主義的表象によって成立するのに対して、〈エチカ〉は、われわれの生に内的な意味と価値をどこまでも肯定しようとする諸力能から構成されるということである。

しかしながら、実は〈モラル〉そのものも、その正当性も、必ずしも自明ではない。われわれの生のなかにどのような仕方でモラルが浸透してくるのか、いかにしてわれわれの生がそれに感染しているのかは、必ずしも自明ではない。道徳的思考が、結局は超越的な価値である〈善・悪〉の規範からわれわれの生のありようを裁断することに帰着するとしても、いかなる仕方でモラルが具体的にわれわれの生を規定するのかは、必ずしも自明ではない。しかし、これは、現代においてモラルが脆弱化したからでも、われわれがモラルを見失ったからでもなく、逆にあらゆる次元でモラルがわれわれの〈生の条件〉となってしまったために生じた事態である。そして、これに見事に対応するかのように、哲学の思考は、まさに時代との共可能性に溢れた、思想なき主知主義に陥り、〈よい・わるい〉の彼岸において異なった歌詞を同じ旋律で歌い続けている。そこにあるのは、一般的なものを個別的なものの差異においてどのように繰り返すかという意味での選択の自由だけ、あるいは運命の権利のもとにおかれた生だけである。[4] しかしながら、これに対抗するために、別の異なった知の体系をもってきて、これに対する道徳的な主知主義者たちの仕草、あるいは知の管理人たるその振舞いをさらにこれ以上増やすようなことに加担する必要などまったくないだろう。何故なら、かつてデリダが述べたように、「問題は一つの言葉を殺すこと」[5]、すなわち〈言葉の言語〉を殺害することであり、真理の管理人の言語を不可能にすることだからである。あるいは、たとえそれら真理的な振舞いに加担したとしても、スピノザに従って言えば、新たな感情を生み出さないような概念など、結局は「歴史－記憶」を支える謂わば〈ストーリー（＝目的論）－内－感情〉、つまり受動的感情の形相と異なるところのないものだからである。新たな変様を産み出さないような概念は単なる抽象概念であり、逆に概念を形成しないような感情は単なる受容的触発にすぎないのである。

物の〈比較〉を嫌悪する哲学者、それがスピノザである。『エチカ』の第四部・序言のなかでスピノザは、ひとが自然におけるすべての個体を最も普遍的な「類」概念――「超越概念」（超範疇）としての「存在」（ens）概念――に還元することによって、それらの個体を相互に比較するのを常としている点を批判する。あらゆる個体に共通なものとしてア・プリオリに与えられた「存在」概念のもとで諸物を相互に比較し、その限りでひとは、その物の〈実在性〉（例えば、その物が為しうること）の大・小に従ってその〈完全性〉を表象し、また逆に限界や無能力といった〈否定的なもの〉の表象をそれらの個体に帰する場合に今度はその〈不完全性〉を語るのである。[6] しかし、スピノザによれば、〈完全性〉と〈不完全性〉は単なる思考の様態である「表象上の存在」にすぎない。すなわち、こうした意味での〈完全性〉と〈不完全性〉との間の差異はけっして諸事物の間の本性上の差異を示してはいないし、それ以上に〈不完全性〉の対概念として用いられる限りでの〈完全性〉概念は物の実在性をけっして表現しないということである。こうしたことは、結局、その物をそもそも〈その物が為しえないこと〉から評価しようとする態度、否定的な心構えのもとでのみ可能となる事態にほかならない。その物の評価をたとえ〈その物が為しうること〉から決定したとしても、他の諸物との比較が前提となっている以上、そこには否定性が入り込んでいる。しかしながら、例えば、その物がわれわれの感覚を喜ばせなかったり、その物がわれわれに思考上の整合性を与えなかったからといって、その物は本当に〈不完全〉なのだろうか。そうではないだろう。こうした事態を引き起こすのは、まさにわれわれが有する〈比較〉という多義性の方法であり、その背後にはこうした方法が暗黙のうちに前提している超越的価値が存在するのだ。

　この論点をここでの課題から言い換えることにしよう。注意すべき点は、諸々の個体を一つの基準から評価する際のこの普遍的な「存在」概念は、われわれの〈一つの生〉から超越した「善」という別の、しかし真の名をもつということである。物の外部にあり、またわれわれの〈一つの生〉から切り離された超越的原理、すなわち超越的価値（善・悪）が、反対に所与の規範としてわれわれに対して物の価値を決定し、またわれわれの〈一つの生〉を規定するのである。ここでは、「存在」はまさに優劣の概念をともなって多義的に語られ、それゆえ個体間相互に見出される多様な差異は、こうした原理あるいは価値に近いか遠いかによって生じる否定的な多様性を表わしているにすぎないとみなされるのである。(7) 差異が否定的に捉えられることと存在が多義的に語られることは、まさに表裏一体の事柄である。こうした超越的価値に基づく諸原理が既に十分に機能し、まさにこれに従った諸関係の分化が現に起こっている以上、肯定的な実在性の差異はこうした〈関係＝連関〉のなかでまったく道徳化し、あるいはむしろそのなかで消し去られ、したがってその関係〈項〉は自らの肯定的な実在性（為しうること）から把握されるのではなく、欠如や無能力といった否定的なもの（為しえないこと）から認識されることになるだろう。

そこで次に、能力論の観点から〈モラル〉と〈エチカ〉との違いを考察すると、例えば、カントの『判断力批判』において、或る一つの立法的な能力による諸能力の一致を超えたところに生じてくる、能力の働きを特徴づけるような「超感性的使命」も、結局は道徳的〈存在〉の象徴となるべき〈理念〉を準備するという意味しか有していないことがわかる。概念を超えた理念は、道徳的〈存在〉の表面的な明るい〈先触れ〉(précurseur)にほかならないのだ。それゆえ、カントにおける諸能力の「自由な一致」、とりわけ理性と構想力との間の「不協和的一致」は、実は既に超越的規範としての「善」に対する規定的役割、つまり道徳的な心構えを含んでいなければならないのである。カントにおいては、そもそも「美」そのものが「善」の一つの現われであり、また「善の象徴」と考えられているからである。[8] カントの〈第二批判〉と〈第三批判〉において、感性は感情と考えられて一貫して卑下されているが、このこと自体がまさに意識を介して感情を制しようとする〈モラル〉の特性が前提となっている証拠である。カントの能力論、それはあくまでも道徳的能力論である。

しかし、ドゥルーズは、カントのように諸能力を絶対的な前提のもとにおくことなく、それらの能力を発生させる諸要素を各能力に固有の対象として考えることによって、共通感覚のもとでの諸能力の経験的「使用」における〈一致〉(これは、具体的には或るものについての意識上の同一性の実感として現われる)を批判する。こうした使用に対抗して提起されるのは、いかなる道徳的な規範も、道徳的な超感性的使命も前提としない、自らにその働きが委ねられた諸能力の「行使」であり、そこでの諸能力の〈一致〉である。言い換えると、ここでは生一般を想定したような道徳的判断としての〈善〉と〈悪〉に代わって、一つの生に内在する倫理的規定としての〈よい〉と〈わるい〉を、意識一般を超えた精神の活動力能の増大と減少によって測ることが重要となるのである。[9] 何故なら、諸能力の「行使」とは、自らにその働きが全面的に委ねられた各個の能力そのものの活力を問うという〈エチカ〉に固有の問題だからである。こうした意味での〈よい〉と〈わるい〉についてスピノザは、「われわれは、そのものを〈よい〉と判断するから、そのものへ努力し、意志し、衝動を感じ、また欲望するのではなく、逆にわれわれがそのものへと向かって努力し、意志し、衝動を感じ、そして欲望するから、そのものを〈よい〉と判断するのである」[10]と言って、あくまでも判断の事後性を主張する。換言すると、意識における判断ではなく、無意識における欲望が問題なのである。〈一つの生〉に内的な活動力能の度合にてらして、或るものがわれわれにとって有益であるとすれば、それが〈よい〉と言われるものである。われわれは、われわれの活動力能を増大させるような〈よい〉ものとの出会いを通して、それらのものとわれわれの身体との間の肯定的な差異的要因のなかでしか伝わらない或る〈共通なもの〉の概念をはじめて形成できるようになるのである。この意味で共通概念は一つの差異の概念であり、その限りで〈間〉の概念であると同時に、その〈間〉そのものの発生である。ここでは、まさにわれわれ自身の生成変化がかかっていると言ってよい。すなわち、絶えずより多くのことに有能な身体へと生成すること、そして常により多くの永遠の部分から構成されるような精神へと生成すること、こうした問題を自らの生存の様式とすることがかかっているのである[11]。超越論的経験論の意義の一つは、このように〈モラル〉を具体的にその道徳的能力論の側面から批判して、スピノザ＝ニーチェが主張するような〈エチカ〉を一つの倫理的能力論として定立することにある。

こうした意味において、ドゥルーズの哲学は、『エチカ』の第五部——平行論の形成の秩序、すなわち、身体の〈器官－存在〉から身体の本質（器官なき身体）への脱－有機体化（臨床の問題）のもとで、感情から出発して共通概念の形成を問題にし、さらにそこから直観知を問う速度の次元（批判の問題）——を再－開する哲学であり、本書において最も強調される〈反－実現〉論を中心とした「超越論的経験論」もまさにそのための諸問題を構成するものである。ドゥルーズは、スピノザの『エチカ』のなかで喜びの受動的感情が共通概念を形成する契機となることが明確に言明されている箇所として、特に第五部・定理十とその証明を挙げる。すなわち、「われわれは、われわれの本性に反する感情［われわれと一致しない対立的な諸対象によって引き起こされる悲しみの感情］に動揺されない間（quamdiu）は、物を知解しようと努力する精神の力能（potentia）は妨げられない。したがって、その間は、精神は明晰判明［十全］な観念を形成する力（potestas）を有する」（ただし、［ ］のなかはドゥルーズ自身が補った言葉である）[12]。それでは、〈われわれが、われわれの本性に反する感情、すなわち悲しみの感情に捉えられていない間〉と言われる際のこの〈間〉とはいかなる時間であるのか。それは、われわれが超越的な価値である〈善・悪〉の観念をもたず、したがって道徳的思考がもつ一切の〈表象的現在〉から解放されて、或る喜びの感情から出発して、一つの生に内的な力能を形相的に、つまり動詞的に把握しうるような概念をまさに形成する契機となる時間、すなわち、何らかの周期的運動によって測られるクロノス的時間の合間にあるような〈生成の今〉である（詳細は後に譲るが、私はそこで〈生成の今〉という言葉をこのように解して、〈反−実現〉論という思想に根本的に属する時間の観念として論じた）。

最後に〈身体の本質〉について超越論的経験論の観点から簡単に述べておくと、ドゥルーズは、スピノザにおける神の本質が神の力能であることに対応して、様態の本質がこの神の力能の一部分、つまり一つの強度的部分であると考える。〈強度〉とは、量に固有の質という意味での内包量を超えて、あるいは経験的感性をすり抜けて、まさに感官のうちに別の感性を発生させ（感官のうちに別の仕方で〈感覚する〉という動詞が発生すること、つまり一つの生が発生すること）、他の能力の再認の対象となりえない〈感覚されることとしかできないもの〉のことである。スピノザは『エチカ』の第五部において身体の存在とその本質とを区別するが、スピノザが言う「身体の現在の現働的存在」、すなわち〈身体の存在〉とは、あくまでも〈感覚されうるもの〉を感覚する存在のことである。それでは、これに対する「身体の本質」とは何であろうか。それは、知性や記憶一般の対象となりえない、まさに〈感覚されることしかできないもの〉を感覚する力能である。したがって、スピノザにおける〈身体の本質〉とは、神の力能の部分としての各様態の永遠なる本質を感覚することである。[13] それは、各様態の力能の度合の差異を、すなわち〈強度の差異〉を感覚する力能である。[14] スピノザが主張する第三種の認識（直観知）とは、この「身体の本質を永遠の相のもとで考えること」によってすべてのものを認識することであるから、そこで認識されるものは、まさにこうした〈感覚されることしかできないもの〉、すなわち〈感覚サレルベキモノ〉としての個物の本質にほかならない。それゆえ、反道徳主義としての倫理的能力論は、こうした意味での「真の感性論」を樹立し、〈経験的感性〉についての超越論――カントのような「超越論的感性論」――ではなく、〈超越的感性〉についての一つの経験論を問題提起するのである。

II　問う力をもつ問題　新たなる批判哲学の課題について

さて、ここまで簡単に列挙した、差異、価値、諸能力、完全性、感覚、身体、等々の諸問題は、ただ〈一つの問い〉の本質を構成するような、その〈存在の仕方〉あるいはその〈存在の強度〉にほかならない。つまり、ドゥルーズの哲学（反道徳の哲学としての〈エチカ〉）においては、最初から最後まで一貫して〈一つの問い〉だけが提起されているのだ。しかし、それは、多様な〈諸問題〉のなかで展開され、表現される限りでのみ提起されうるような〈一つの問い〉である。しかし、この〈一つの問い〉は、それら諸問題の中心に措定されるのではなく、むしろ反対にそれら諸問題によってはじめて構成され表現されるようになる、諸問題の実体である。「〈問い〉(question) は、〈諸問題〉(problèmes) によって展開され、また〈諸問題〉は、一つの根本的な〈問い〉のうちに含まれる」[15]。問題は、それが実際に問われなければ、問いを表現する問題とはけっしてならないだろう。しかし、それ以上に〈問題〉は、それ自体が問われるべき力をもたなければ、そもそも問いの力能を表現する問題とはならないだろう。また逆に、問いは、多様な諸問題から構成されることなしに、自らの問いの働きを有することはないだろう。諸問題によって〈一つの問い〉が展開されるということは、逆に言えば、問題が或る〈解〉に吸収されたり、除去されたりするがままにならないようなアスペクトを当の問題が有するということである。換言すれば、問いは、それが問いである限り、〈問題―解〉の関係をけっして完結させないということである。また、問題は、解によってそれに応答し答えようとする構え、すなわち〈問い―答え〉の円環に陥らない限りで、まさにその問いの働きを構成する[16]。これは、単に解けない問いを勝手に想定して、それを否定的に生きることなどではなく、様態として問題的なものの存在を肯定的に生きることである。〈エチカ〉が一つの生の哲学であるとすれば、それは、〈気〉(＝種子的ロゴス)の抜けたような生一般の哲学ではなく、まさに反時代的な一つの生の哲学でなければならない。それでは、ドゥルーズの哲学においてこうした問われるべき〈諸問題〉とは何であるか。そして、それら諸問題はどのようにこの哲学における〈一つの問い〉を表現し構成するのであろうか。

ドゥルーズの哲学、それは、既に述べたように、一つの〈エチカ〉を創りあげるような新たなる〈超越論的哲学〉の企てである。この新しさは二重である。何故なら、それは、一方で超越論的でしかありえないような〈経験論〉――これは、経験は常にア・プリオリ性を帯びているということではなく、逆に真にア・ポステリオリな経験は自らの経験の諸条件を破壊し、それらを変化させるということである――を主張すると同時に、他方でこの超越論性のすべてが一つの〈内在性〉の哲学を定義するという問題構制をなしているからだ。それゆえ、まず第一に「超越論的圏閾（champ transcendantal）とは何か」という問いが提起され、次に「内在性（immanence）とは何か」と問われるのである。[17]その死の直前に発表されたドゥルーズの最後のテクストは、まさにこのような順序でこれらの諸問題を問うのだ。内在性という〈一つの問い〉を構成するように、最後までこうした意味での超越論的なものとしての〈諸問題〉が問われ続けたのである。ドゥルーズにとって最も重要な哲学的課題であるこの新たなる超越論的哲学の企てとは、換言すれば、まさに批判哲学を新たな平面のうえで新たな概念によってカントとはまったく違ったかたちでやり直すことである。「ニーチェは、『道徳の系譜学』において『純粋理性批判』をやり直そうとしたのだ」。そして、そのニーチェが「永遠回帰」や「力への意志」のうちに見出したのは、まさに「〈カント主義の根本的変形〉、カントが着手したと同時に裏切りもした〈批判の再発見〉、新たな基盤のうえでの新たな概念による〈批判の企て〉」である、[18]とドゥルーズは明言する。しかし、これらの課題は、ニーチェとともに、あるいはむしろニーチェ以上に、実はドゥルーズ自身の哲学的企てに相応しいものである——つまり、カントが着手した批判哲学を新たな概念によって別のかたち、別の仕方で、すなわち〈エチカ〉に基づいて、再び超越論的哲学としてやり直すこと。

それでは、その際の〈批判の目的〉とは何であろうか。それは、何かを「正当化すること（justifier）」ではなく、別の仕方で感じること（sentir autrement）、すなわち別の感性」である。[19]カントのように、人間それ自身の、あるいは人間的理性の目標として批判の目的を立てるのではなく、「克服され、乗り超えられた人間」におけるまったく〈別の感性〉、すなわち〈超人の感性〉を問題とするところに真に批判の目的があるということである。したがって、そのためには、まず第一にカントとはまったく別の「感性論」、すなわち、感性を単なる受容性という無能力へと貶めるのではなく、〈感性の行使〉を含んだ「感性論」を形成する必要がある。さらにこの「別の仕方で感じること」だけでなく、それと同時に「別の仕方で思考すること」(penser autrement) も批判の目的となる。[20] こうした〈別の仕方〉という事態が含意するのは、ドゥルーズにとっての批判哲学においては「批判の条件」と「創造の条件」とがまったく同一のものだということである。[21] つまり、批判は、何かを否定的に制限し限定するのではなく、むしろ制限や限定が積極的な意味をもち、それによって何かを創出するということである。後に論じるように、創造なき批判は、もっぱら表象=再現前化を前提とし、またそれを目的とするような〈潜在性〉のない批判作業であり、また批判なき創造は、単に表象=再現前化の根拠づけという目標を鏡の向こう側に隠された潜在的なもののなかに追求し続けるだけである。しかし、新たな問題は、批判が同時に創造であるような「イマージュなき思考」あるいは「思考の新たなイマージュ」を探究することである。[22] すなわち、〈イマージュなき思考〉による批判と〈思考の新たなイマージュ〉の創出。こうして、〈別の仕方で思考すること〉は、別の感性とともに、批判的であると同時に創造的な一つの批判哲学、一つの超越論的哲学のもとで展開されることになるのだ。要するに、批判は常に〈発生の問題〉(どのような発生か (quelle genèse)) に関わるのである。

このまったく新たなる超越論的な哲学の企て、それは「高次の経験論」あるいは「超越論的経験論」[23] と言われるものである。超越論的哲学である限り、それは、第一に経験を超えて〈経験の条件〉を、つまり「条件づけられるもの」(conditioné) を超えてこれらを条件づける「条件」(condition) そのものを探究することになるが、しかしそれだけならば、自らの哲学をわざわざ形容矛盾であるとさえ思われるような「超越論的経験論」と呼ぶ必要はないだろう。重要な点は、ここでは〈超越論的〉でしかありえないような〈経験論〉——何故なら、経験とは、可能な経験ではなく、超越論的なものの発生の実在的諸要素だからである——が主張され、また〈差異〉あるいは

〈区別〉こそが、超越論的な、高次の経験論における唯一の対象だということである。[24] ドゥルーズにおいて、例えば、「本性の差異」が主張されるとき、そこには「程度の差異」ではなく、また単なる「質的差異」だけではなく、より強い意味において〈或るもの〉が他のものに対して批判的に区別されねばならないということが含意されている。また、「実在的区別」が主張されるとき、そこには単なる「数的区別」ではなく、その間に本性上の差異の定立が含意されているという点を理解する必要がある。〈差異〉とは、われわれにとって、背後世界に見出されるような発見的性質を有するものではなく、或るものを他のものから批判的に区別する肯定的〈差異〉であり、その或るものから創出されるべき内的な〈区別〉である。

III　一触即発の〈今〉　超越論的経験論の諸条件

さて、上述したような意味での〈差異〉および〈区別〉を対象とする超越論的経験論が依拠する経験とは、どのようなものであるのか。すなわち、可能的経験ではなく、「実在的経験」(expérience réelle) と呼ばれる経験とは、そもそもいかなるものであるのか。この問題を展開するために、ここでは、反道徳主義としての〈エチカ〉において肯定されるべき〈超越論的圏閾〉の諸本質をまずア・プリオリに提示し、次にこれを実在的経験論の次元からいかにしてア・ポステリオリに発生させるのかということを論じることにする。

(1)　超越論的圏閾は、カント的な可能的経験の〈条件づけ〉の原理ではなく、経験されることしかできないような最もア・ポステリオリな実在的経験の〈条件〉[25]すなわち〈経験サレルベキモノ〉(experiendum) の〈条件〉である。

〈備考〉　経験論がまさに経験論であると言われる際の基準は何か。それは、〈関係＝連関〉がけっして物の本性に由来しないと考えること、つまり、いかなる〈関係〉も、その関係〈項〉(terme) に対して外在的であるという「〈関係＝連関〉の外在性」(extériorité des relations) の立場をとることである。すなわち、いかなる意味においても、関係は、けっして所与に含まれず、物の本性の一つとしてわれわれに与えられるものではないと考えることである。クリュシッポスを中心とした初期ストア派においても、「関係＝或るものに対する様態」(pros ti pos echonta) は非物体的なもののカテゴリーに入れられていた。[26] この〈関係＝連関〉がいかなる変化も被ることなく、またわれわれもそれを変えることができずに、一方的にそれに従属させられるのは、そうした〈関係＝連関〉(例えば、原因と結果の関係、親と子の関係、夫と妻の関係、等々) それ自体が、あるいはさらにこの〈関係＝関連〉を規定している〈関係＝比〉(rapport) そのものがまさに非物体的だからである。しかしながら、こうした〈関係の外在性〉の立場をとる経験論は、単に関係なしに項だけで一切の事を進めようというわけではなく、むしろ関係が所与をその所産とする「〈自然〉の力」とはまったく別の原理に属することを主張するのである。そうなると、経験論は、〈関係〉と〈項〉との二元論、例えば、人間的本性がもつ〈連合的諸原理〉と自然の〈諸力〉という二元論から成り立つことになる。これは、まさにヒュームの経験論が主張したところである。[27] 〈項〉は、どこまでも自然の力によってわれわれに与えられるが、しかし、〈関係〉は、あくまでもわれわれの人間的本性によってそれら諸項のなかにもち込まれる。ここに受動的感情に応じた意味や価値を不可避的にともなったストーリーや目的論が投げ込まれる余地がでてくるが、[28] しかし、どこまでもモラルは、こうした諸々のストーリー (＝可能的関係) やそれらのなかの最善のシナリオ（＝理想的関係）が物の本性に属すると主張するだろう。つまり、モラルは、関係の外在性に全面的に依存しているにもかかわらず、それを物に内的な性質だと錯覚し続けるのである。モラルのメディア、それは物に内在化された〈関係＝連関〉である。

さて、関係が項に対して徹底的に外在的だとすれば、経験論において所与としての諸項は、まさに結びつきの不在のなかで相互に直接的に結合されることになるだろう。この〈結びつきの不在によって結ばれる〉という事態に着目することが、経験論がまさに経験論であることの最も強力な徴表の一つとなるのである（ここからわれわれは、ただちに『アンチ・エディプス』における〈欲望する諸機械〉や三つの〈受動的綜合〉といった思考にこの経験論を接続することができる）(29)。この〈非－関係性〉が、否定的な方法によってではあるが、項に対する単なる関係の外在性を主張するだけでなく、ヒュームのような連合の諸原理さえ必要としない程にさらに非正当化、非合法化される――すなわち、〈錯乱〉(délire) や〈幻想〉(illusion) によってストーリーのない仮構（フィクション）がむしろ強度の差異として与えられる――ならば、そこで開かれる世界は、もはやわれわれに仮構の意味さえ与えないような、〈非－関係〉のなかでの脱有機的な結合となるだろう。この限りでこの経験論は、反弁証法、反ストーリーとしての一つの「ドラマ化の方法」(30)、すなわち差異それ自体を〈関係＝関連〉から純化する方法とならなければならないのだ。

こうした事柄に対して、〈関係は常に物の本性に由来する〉と考える立場がありえたが、実はそれこそが、例えば、〈よい・わるい〉の彼岸を支える、非－経験的理説としてのカントの批判哲学である。カントにおいて〈関係＝連関〉は物の本性に依存すると考えられるが、それは、まさに「現象としての事物が、関係とその源泉を同じくする一つの綜合を前提としている」という意味でそのように言われるのである(31)。つまり、ここではわれわれ自身の主観的で経験的な歩みを説明するものが、同時にわれわれのそうした主観的歩みに従って所与を認識の対象として構成する諸原理と同一であることが主張されているわけである。カントにおいては、主観と客観との間の単なる調和が語られるのではなく、主観性それ自身への対象の必然的従属の原理が定立されるが、この原理は、まさに現象としての諸事物を綜合する働きであると同時に、そうした諸事物の客観的構成を可能にするような関係の源泉でもなければならない。すなわち、所与としての〈項〉の〈可能性の条件〉が、同時に諸〈項〉を綜合する〈関係の原理〉でもあるという意味で、カントにおいて関係は物の本性に依存していると言われ、それゆえカントの超越論的哲学は非－経験的であり、「批判主義は経験論ではない」ということになる。

そうなると、所謂「可能的経験」は、そもそも〈経験〉の名に値しないことになるだろう。確かにそうである。可能的経験とは、それ自身はいかなる働きもなしに、自らにとって外的な諸条件によってもっぱら〈条件づけられる〉だけの経験、ただ個別性と一般性との間でのみ成立し定義されるような経験以外の何ものでもなく、それゆえ、この経験に与えられるものは、常に一般性（概念的差異）に還元されうるような個別的なもの（不活性な表象像）でしかない。この可能的経験に対して、ドゥルーズが主張する実在的経験は、経験のまさに唯一の様相であり、そこに或る積極的なものを含むようなわれわれ自身の変様のことである。それは、〈関係を外在化する〉という働きをもった経験、特異性（例えば、遠近法）と普遍性（例えば、遠近法主義）によって定義されるような経験を意味する。つまり、実在的経験は、自らの諸条件の単なる結果として一方向的に規定されるようなものではなく、むしろそれ自体が独自の作用を備えた、まさに〈生成の今〉を捉えるような一触即発の経験、〈決定される〉、〈条件づけられる〉ということが逆に或る能力の所有につながるような経験である。[32] 可能的経験とは、一般性を備えた概念的枠組のなかで規定される結果一般であり、結局その枠組によってもっぱら〈条件づけられる〉だけの画板の上の無言の絵のごときもの、すなわち解答的表象にほかならないのだ。[33] これに反して、ドゥルーズが経験論を強調する際のその経験とは、別の〈或るもの〉に生成しつつあるときの感覚されることしかできない自己の変様の感覚であり、この意味で一つの存在の仕方であり、一つの自己保存の様式である。こうして、一般的関係性を外在化する限りで、逆に或る〈表現サレルベキモノ〉を表現する様態について言われる変様、それが実在的経験である。そして、ここでの問いは、まさにこうした〈経験の条件〉は何かということである。

　これらの論点を具体的に考えてみよう。例えば、親はよく子供にこう言う。学校から帰ってきた子供に向かって、「勉強してから、遊びなさい」、と。しかし、これだけでは、勉強を遊びに優先させるべき理由へと子供を導かないので、親はさらに続けて、「勉強を先に終わらせておけば、安心して遊べるから」、と付け加える。しかし、本当にこれは子供のためを思って言われた言葉なのだろうか。「お前のために言っているのだから」、と親は子供に言うが、実は単にその親自身が安心したいだけなのではないか。〈勉強してから、遊ぶ〉、これを一日のなかの出来事としてではなく、人生のなかで考えるとすれば、それは、〈先に勉強して社会的に安定した後で、遊びなさい〉ということになるだろう。勉強を時間的に優先させるべき言明には、当の子供に共同主観的な自己形成を遂げさせる（つまり、まず他者化させる）ことで、つまり人称的世界をいち早く開くことによって時代が準備する可能性と自由をより多く与えようとすることが根本的なメッセージとして含意されているのだ。要するに、適用と従属からなる共可能性の内面化（根源的獲得）である。すなわち、所与の規範としてのマジョリティの価値を内面化させ、自己管理化させようということ、勉強が作り出した境界線によってのみその外部の遊びを管理しようということである。しかし、時代や社会を共同体として道徳的に腐敗させているのは、実はこうした時間を過ごした人間であり、より本質的には各人のなかの誰のものでもないマジョリティに感染した部分である。彼らは遊ぶことができない。確かに実在的経験を感じてはいるが、しかしそれを展開する観念も、その表現のブロック（真のパラ・グラフ）ももたないのである。何故なら、勉強が先行しているために、本質的に適用の次元あるいは可能性の条件のなかでしか自らの生を充足させることができないからであり、それゆえその囲い込まれた遊びは常に醜悪である。しかし、実際には遊びと勉強との間に、時間上、勉強を先行させるべき内的な前後〈関係〉など存在しないのだ。そうだからこそ、逆に〈エチカ〉は、時間におけるこの前後〈関係〉の外在性を利用して、反対に遊びの先行性を肯定するだろう。何故なら、〈生成の今〉を自らの〈存在の仕方〉とするのは、遊んだ後に学ぶことのできる子供（一つの徳となった想像する能力）、遊びから概念を創り出す大人（特異な共通概念の形成）、反時代的に遊び続ける超人（器官なき身体の本質）だからである（スピノザとニーチェとの間に発生する真の内的な同一性）。われわれが望むのは、こうした〈遊び〉（＝実在的経験）の条件を考えるとしたら、それは一体どのようなものであるかという問いを発することである。

(2)　超越論的圏閾は、〈条件づけられるもの〉からけっして類比的に把握することができないような〈条件〉である（つまり、〈条件〉と〈条件づけられるもの〉、あるいは〈超越論的なもの〉と〈経験的なもの〉との間には「複写」（décalque）の不可能性が存在するということ）。[34]

〈備考〉　ここでもう一度、〈関係はそれら諸項に対して外在的である〉という経験論の最もラディカルな言明が何を意味しているかを考えてみる。この言明が本質的に含意しているのは、結局、関係はその関係項に似ていない、あるいは場所はその場所を占有するものに類似していないということである。すなわち、「超越論的圏閾をあらゆる類似から純化する」ためには、あるいはこれをあらゆる比較から純化するためには[35]、要するに、〈関係〉概念をあらゆる一般性の概念（例えば、原因・結果といったカテゴリー、大・小といった比較あるいは順序の概念、等々）から純化するためには、まず第一に実際に関係を外在化する（あるいは、抱き合った諸要素を離反させる）力をもつ〈経験〉がそこには必要だということである。関係も項と同様に所与として、あたかも一つの個体のごとくわれわれに与えられると考える限り、そこでは項と関係はまったく混同され、しかも両者は相互に類似するものとして想定されることになる。ただし、ここで言われる〈類似〉という言葉には注意が必要かもしれない。それは、単に可視的な形象が似ていると言っているわけではないからである。関係が非物体的であるとすれば、その類似性は単に形態の類似ではないだろう。

さて、関係の外在性は、〈関係〉に関する伝統的な哲学上の考え方のなかの典型的な二つの類型に完全に対立する。その二つとは、第一に、まず実体的なものが想定され、関係はその実体が有するさまざまな属性の一つだという考え方であり（実体主義）、第二に、こうした実体的なものを単なる関係項として捉え、この項がもつ諸性質をすべて関係へと還元していく考え方である（関係主義）。第一の場合に実体とみなされたものは、この第二の立場では諸々の関係の束からなる単なる関係項にすぎないと理解される。関係を実体の諸々の属性の一つから解放して諸項の可能性の条件とみなす関係主義への移行は、一見すると思考上の劇的変化——楽観主義者はこれを大袈裟に〈パラダイム・チェンジ〉と言うかもしれない——がそこに存在するかのように思われる。しかし、〈関係〉に関するこの一見相反する二つの立場は、実はともに関係を項の性質として考えている点ではまったく一致し、またどちらも依って立つところの道徳的遠近法はまったく同じである。ここには、アクチュアルな諸項の間の相互置換があるだけで、潜在的なものの変容はどこにもない。したがって、関係の外在性は、〈関係〉についての第三の観点として前二者に対して批判的な立場に立つことになるだろう。このように、ドゥルーズが経験主義のもとで主張する関係の外在性は、単に一つの原理として提起されているわけではなく、超越的価値によって〈存在〉を多義的に理解することへの生きた抵抗、その道徳的思考や意識への暴力であり、そうしたものに対する永遠の非従属の表明である。それゆえ経験論は、常にこうした〈関係の外在性〉に立脚する限りで高次の経験論となりうるのだ。

関係が項のア・プリオリな〈可能性の条件〉であると同時に、その関係が項の性質として把握されるならば、〈超越論的なもの〉は、まさに経験的に理解されるものの形象やそれらの性質を複写したにすぎないものとなるだろう[36]。しかし、われわれの〈一つの生〉は、実体や主体に単に帰属するようなものでもなければ、単なる関係項でもない。そうではなく、〈一つの生〉とは、道徳的で、ほとんど否定的とも言えるような諸条件の全体に対して、それとは非共可能的な、反時代的なものへと生成するマイノリティの部分のことであり、それは、スピノザが明らかにしたような、精神のあの非‐可滅的部分にこそ妥当する言葉である[37]。〈超越論的なもの〉が〈経験的なもの〉とのアナロジーによって捉えられるとすれば、それは、関係を物の本性に由来するものと想定していたことの必然的結果である。ドゥルーズが強調する経験論における関係は、それを物の本性に依存しないと考える限り、実体の単なる一性質でもなければ、項として把握される存在者を表象的に説明し尽くすような第一次性の原理でもない。カントの批判主義が〈非‐経験的〉と称されるのは、結局そこではア・プリオリな〈関係〉概念が所与の本性として当の所与のうちに想定されているからである。そうなると、現象としての所与は、まったく〈個別的‐一般的〉な意味での関係項としてしか認識されえなくなるのだ。〈関係を外在化する〉とは、可能性のなかで物を知覚すること――あるいは視点の可能性に依存すること――を止めて、むしろ不可視なものに、つまり自らを表現するものに対して一つのパースペクティヴから視線を注ぐための方法である[38]。

視点が表象に関わるとすれば、視線は表現に関わる。例えば、植物を写生することは、われわれの〈描く〉という能力の通常の経験的使用（模写すること、その結果としての無言の絵、表象像）であるが、しかし、知覚不可能なもの（例えば、その植物の変様能力）を写生することは、単なる形態の模写に抗して、この〈描く〉というわれわれの能力を超越的に行使しなければ、その知覚不可能なものの運動を捉えることは到底できないだろう。すなわち、この場合の〈描くこと〉は、まさに一つの〈表現すること〉である（スピノザにおける十全な観念の表現活動、思考の概念）。このように、〈表現〉とは、われわれの諸能力の経験的使用を超えて、それら諸能力を超越的に（自由に）行使することでしか達成されえない或る〈表現されるもの〉を含んだ様態のことである。事例を挙げてみよう。われわれは、〈表現〉としての『ゲルニカ』（現代における一つの宗教画とも言われる、ピカソの一九三七年の作品）によってはじめて〈表現可能なもの〉となった、戦争の悲惨さについての或る〈表現サレルベキモノ〉が表現されていることを感じる。つまり、『ゲルニカ』という表現の様態によってはじめて知覚可能になるような、戦争についての〈被知覚態〉（percept）が存在するということである。〈戦争〉という語をその語によって単に〈意味されるもの〉（semainomenon）から解放することは、或る様態を戦争の〈表現可能なもの〉（lekton）の〈表現〉にすることと不可分である（まさにこうした能力の超越的行使という使命をもつものの一つが芸術であり、またそれは、例えば、戦争に対する別の闘い方を生み出すものでもある）。言い換えると、それは、われわれがもつ或る動詞についての超越的行使であり、それらの動詞をデフォルメする力能でさえある。したがって、後に論じる出来事の〈反－実現〉の観点から言えば、実は動詞の不定法は、むしろ活用された動詞の〈再－変形〉だと言うべきである（例えば、銅版を〈腐蝕する〉ことが〈描く〉ことの不定法になる場合があるのだ）。「見られるものはそれをデフォルメする情動があってはじめて可視的になる。見られるものの輪郭をはっきりとさせるのは情動による印象である[39]」。これは、われわれの〈見る〉という〈活動＝動詞〉の経験的な使用を無化するような、〈見る〉についての一つの衝撃的な行使であり、こうした問題の本質に存するのが、〈思考のイマージュ〉というテーマでドゥルーズが解明した、感性や構想力、悟性や理性といった諸能力に関するそれらの〈超越的行使〉という概念である。超越論的経験論は、カントと違って、諸能力の存在をけっしてア・プリオリなものとして前提しない。それらの諸能力は、すべて一つの特異な〈存在の仕方〉として発生するのである。その発生のありようとして、或る能力が他の能力との関係で自らの働きが規定されるようなカント的な道徳的能力論と、これに反して、自らにその働きが委ねられ、自らの限界（為しうること）のうちで諸能力が発生するようなスピノザ的な倫理的能力論とは、批判的に——あるいは臨床的にも——区別されなければならない。

　アナロジー批判は、単に〈経験的なもの〉との類似性のもとで〈超越論的なもの〉を把握してはならないというだけでなく、逆に経験それ自体を〈超越論的なもの〉と混同してはならないという点も含意されている。何故なら、関係を物の性質としてその物に内在化することで成立する可能性一般のなかでの経験ではなく、項に対して関係を徹底的に外在化するような力を有する特異な経験、すなわち実在的経験は、項を前提としない関係、つまり〈比〉(rapport) としての関係を問うと同時に、〈連関〉(relation) としての関係を前提とするような名目的な〈項〉(terme) ではなく、そうした〈関係＝連関〉の外部で生成変化する実在的〈要素〉(élément) を問題化しなければならないからである[40]。超越論的〈経験論〉において、超越論的なものの経験的なものへの必然的適用（＝現働化）からその超越論的なものを解放することは、同時に経験的なものの超越論的なものへの必然的従属の外部においてその経験的なものを把握することである。再び問う。経験とは何か。それは、そもそも「他の何ものも前提とせず」、何ものもそれに先立つことのないものである。誤解をおそれずにヒュームの文脈から言えば、「経験は、自らの変様であるようないかなる主体も、それが自らの様態的変様や様態であるようないかなる実体も含んではいないのだ」[41]。つまり、経験は、いかなるア・プリオリな一般的先行者も前提としないような〈変様〉だということである。経験は、その経験の条件がけっして為しえないこと、すなわちこの条件それ自体の発生を可能にする実在的諸要素である。それゆえ、経験論には必然的に〈関係＝連関〉概念についての批判が含まれるのである。

IV　〈非歴史性の雲〉に躓くなかれ　超越論的なものの発生的諸要素

(3)　超越論的圏閾は、〈条件づけられるもの〉の単なる外的な条件づけの原理ではなく、それらの表現的で肯定的な「内的発生の原理」であり、またそれ以上にそれら〈条件づけられるもの〉とともに変化すると同時に、自らもそれによって規定されるような実在的な「可塑的原理」(principe plastique) である。[42]

〈備考〉　実在的経験とは、関係を外在化するような、諸能力を超越的に行使する〈力〉をもった経験を意味していた。それでは、この経験は、むしろ項から完全に自律した真の関係を見出すために考えられたものなのだろうか。そうではない。実在的経験に依拠する経験論は、われわれが〈関係＝連関〉として了解するものが実はすべて名目的に理解されたような、諸項の相互関係しか表わしていないことを示すのであり、それゆえ実在的経験は、まさに名目的経験としての可能的経験に対立するのである。この名目的経験を構成する表象的な諸項は、例えば、円を或る同一点から等距離にある点の集合であると定義する際のその無数の〈点〉のごときものであるが（円の〈名目的定義〉）、しかし、実在的経験における諸要素は、円を一端が固定された直線の運動によって定義する際のその〈運動〉である（円の〈実在的定義〉）[43]。その〈定義サレルベキモノ〉の発生的要素であるこの運動において、名目的定義における諸々の点はこの〈動く線〉上で相互にまったく不可識別となり、そこでは点の集合という概念さえもはや意味を失うであろう。ここからわかるように、実在的経験は、〈関係＝連関〉（例えば、或る同一点から等距離にあるという関係）に対応する諸〈項〉（その場合の無数の点）の表象から構成されるような経験ではない。それは、まさに〈表現されるもの〉を含んでいるような〈表現〉（例えば、さまざまな速さと遅さとの〈関係＝比〉から構成されるような運動がその実在的〈要素〉となっているもの）であると同時に、当の〈表現されるもの〉の発生的要素となるような経験（変様）である。この意味において経験は、条件によって単に条件づけられるだけの表象から構成されるのではなく、その条件の表現そのものである。それゆえ、実在的経験の〈条件〉は、この〈条件づけられるもの〉の外部にとどまるのではなく、むしろこうした表現的経験によってしか表現されえない〈超越論的なもの〉である[44]。

ところで、ドゥルーズがスピノザにおける経験主義として述べたかったこと、つまり共通概念の「形成の秩序」が肯定していることは、共通概念が一つの〈表現可能なもの〉を含む限り、それは遠近法主義における一つのパースペクティヴを与えるということである。ここに共通概念の「形成の秩序」が要請される理由の一つがある。それは、「適用の秩序」と違って、一般性の最も少ない共通概念から出発するが、単にそれだけでなく、重要なのは、それがア・ポステリオリな実在的定義に関わっていなければならないという点である[45]。言い換えると、共通概念の形成とは、ア・ポステリオリなものの深度から〈表現サレルベキモノ〉を含んだ概念をたちあがらせるための努力である。たとえ〈実在的〉であったとしても、『エチカ』第一部の神に関するア・プリオリな実在的定義に終始定位していたのでは、第三種の認識に至ることはできず、また、その第二部においてさえ、共通概念は「論理的な適用の秩序」にとどまっているからである[46]。〈感情〉(affectus)は、私の身体とそれに対して外在的な別の身体＝物体との間の、ア・ポステリオリな関係、すなわち〈非－関係〉の関係を表象する、観念の一つの重要な位相である。それゆえ、一般性のより低い、しかしその意味では実践的により有効な共通概念は、「人間の身体および常に人間の身体を刺激するいくつかの外部の物体に共通で特有なもの」［強調、引用者］[47]の〈結びつきの不在〉によるア・ポステリオリな〈非－関係〉の関係を表象あるいは表現する感情と不可分である。言い換えると、喜びや悲しみといった感情は、私の身体とその外部に存在する別の身体＝物体との間の不在の関係を表示するような、私の身体の活動能力の増大あるいは減少を精神に意識させる観念であり、それはまさに自らのパースペクティヴの固有の意味として用いられるのである。

可能的経験における名目的な諸項から実在的経験における表現的な諸要素へと移行することは、項を規定し条件づける〈関係＝連関〉の一般的体系――したがって、神の裁きと判断のモデル――から訣別して、表現的要素によって構成される経験の「内的発生の原理」への運動（＝動詞）を獲得することである。つまり、一般的な〈関係＝連関〉を超えて、まさに非－関係的条件として把握できるような〈差異〉へと至らなければならないということである。そこで、ドゥルーズは次のように述べている。「差異は、雑多なものではない。雑多なものは、与えられるのである。しかし、差異は、所与がそれによって与えられるところのものである。所与がそれによって雑多なものとして与えられるところのものである。差異は、現象ではなく、現象に〈最も近い〉(le plus proche)ヌーメノンである」[48]。この言明は、極めて重要である。ここで差異について言われる「現象に〈最も近い〉ヌーメノン」とは何を意味するのか。それは、差異が雑多なものとしての所与に対する絶対的な「最近原因」(causa proxima)あるいは「作用原因」(causa efficiens)だということ[49]、つまり、スピノザと同様、決定されるものの内的発生の原理だということである。そして、この原理は、われわれの共通概念の形成の次元そのものを発生させる原理と異なるものではない。

　こうした意味において、実在的経験の〈条件〉それ自体は、まさにそれら〈条件づけられるもの〉によってはじめて表現され、それゆえ、〈表現されるもの〉であるこの〈条件〉は、それら〈表現〉の外部にけっして存在することはないのだ。[50] さて、この考えを推し進めていくと、われわれは次のような価値転換の思想に、すなわち、実在的経験の〈条件〉は当の〈条件づけられるもの〉によって逆に発生し、〈表現されるもの〉は自らの〈表現〉とともにしか変化しないという思考に至るだろう。言い換えると、先に述べた最近原因あるいは作用原因は、実は「自己原因」と一つのものであり（『エチカ』における「原因の一義性」）、またそれは、〈永遠回帰〉を新たなる「自己原因」（causa sui）――〈私は、本質がその存在を含むものは、自らの発生の要素を産出するとしか考えられえないものと解する〉――として把握することへとわれわれを向かわせるのである。

(4)　超越論的圏閾は、〈一義性〉の実在的な領野にほかならず、またそれ自体が〈一義的なもの〉として定義される。

〈備考〉　実在的経験とは、これを条件づける〈超越論的なもの〉の発生的諸要素となるような経験のことであった。これが、可能的経験とは異なるそれ独自の働きあるいは力能を有する実在的経験のまさに究極の意味である。高次の経験論（つまり、諸能力の超越的行使を含む経験論）が最初の段階でまず定立するのは、ア・プリオリに所与のうちに折り畳まれている〈関係＝連関〉を外在化する力を備えた経験であり、これに対応する〈経験の条件〉

は、経験的なものとけっして類似的に把握することのできないような非－現働的な条件である。これは、〈個別的で－一般的な〉もの――例えば、想像力が、既存の能動的知性も受容的感性も脅かすことなく、単なる空想力に貶められているような様態――に対する外的な可能性の条件づけの原理ではなく、むしろこうした原理とは非共可能的な関係に立つものを産出するような条件、すなわち〈特異的で－普遍的な〉もの――例えば、想像力があらゆる動詞（＝動詞）に静かにともなって、それらに一つの生に固有の錯乱あるいは幻想を吹き込むような超越的副詞（形成の秩序から観られた）に生成した様態――の発生の原理である。それゆえ、〈エチカ〉による超越論的哲学と言う場合のその〈超越論的〉とは、まさに〈反時代的〉(intempestif)、すなわち〈非現働的〉(inactuel) であり、したがってその意味においてのみ〈潜在的〉だと言われるべきである。

さて、先の子供の遊びの事例を今度は空間の観点から考えてみよう。〈遊んでから、勉強する〉子供の遊びの場所は、勉強が産み出した境界線によって囲われた遊戯空間などではなく、それとはまったく異なった平面に属している。例えば、親が子供に「道路で遊んではいけません」と言うことは、まさに一つの命令であり、さらに原因の観念による理解をその子供に促すために、「自動車に轢かれるといけないから、道路で遊んではいけません」と言うとすれば、それは、自動車に轢かれれば、自らの身体に重大な破壊を招き、しばしば自らの死にもつながるのだという原因の観念をともなった認識を子供に促すための言明であることは明らかだ。(51) しかし、われわれの生を呼吸困難に陥れるモラルがあらゆる次元でわれわれの生の条件となりつつある時代のなかでは、こうした原因の観念をもつだけでは、この因果〈関係〉のうちに浸透したモラルの観念を払拭するには不十分であり、事実、「自動車に轢かれるといけないから、道路で遊んではいけません」という言葉を発した者――それは、ある意味では誰でもないマジョリティの音声でさえある――が、どれほど原因の観念をともなった認識をもっていたとしても、アナロジカルな道徳的観念のなかでこの言葉を述べたかもしれないからである。というのは、この場合の原因の観念は、記憶と習慣の〈条理化された〉(strié) 観念であり、また実際に道徳的に区劃化され、〈条里化された〉空間の観念の一つだからである。

確かにそうなのである。この事例の場合に、子供の遊び場は、家の中とか、公園といった遊ぶのに相応しい場所でなければならず、子供はそうした場所で遊ばなければならない、という了解が既に大前提となっている。モラルは、どこまでも〈存在〉を多義的に語ろうとする以上、常に「限定された土地」に存在者を配分しようとする発想を根本的にもち、したがって、絶えず或るものを既存の何かに囲い込もうとする――これが、この場合のアナロジカルな道徳的観念である。しかし、遊びは、路上でも、ビルの谷間でも、隣家の塀の上でも、森の中でも、海の底でも、山の頂きでも、成立するのだ。所有地も、囲いも、尺度もない〈生〉の領域、すなわち〈平滑な〉(lisse) 空間があり、こうした不可視の潜在的超曲面（唯一の内在性の平面）を見出すこと、またこの平面上での〈存在の仕方〉を獲得することが〈エチカ〉であり、そのときこそ子供や大人といった人間の部分のうちに遊び続ける超人（身体の本質）のドラマが始まるのである。内在性の平面、それは別の感性をもつ超人がこうした意味でリゾーム状に配分される非分割性の空間である。〈遊び〉とは、まさに「一義的で分割されない一つの〈存在〉(un Être univoque et non partagé) の広がり全体」のうえで繰り広げられる活動そのもののことであろう[52]。何故なら、何ものも前提することのない遊び（例えば、オリジナルとコピーとの安定した関係を喧騒へともたらすような〈黙劇〉(mimique))、それこそが一つの実在的経験だからである。アクチュアルな遊びとは、常にこうした潜在的な平面上での遊びである。ここでは、道徳化された関係のもとでその関係項が認識されたり評定されたりするのでなく、その物が当のその物に生成するその内的な力能や本性を肯定的に認識すること、すなわち〈学ぶこと〉――それは悦ばしき知恵、あるいは精神の最高の自己満足を生み出す――が問題なのである（これに対して、モラルにあるのは、単に囲い込まれたなかでの〈知ること〉と模倣の学習だけである）[53]。〈遊んでから、勉強する〉子供は、知るのではなく、学ぶのである。したがって、この遊びは、〈勉強してから、遊ぶ〉場合の遊びとはまったく異なる。逆に言うと、こうした遊びの条件は、関係の外在性によって時間上のこの決定的な不可逆性を同時に規定する原理でもあるだろう。〈学ぶ〉というのは、精神や知性が、単に管理可能な知識を自らのなかで増大させることではなく、身体や感性の変様（別の仕方で感じること）をともなったかたちで〈受動−能動〉の言葉で語られるようになることである。何故なら、そうした変様それ自体が、それが繰り広げられる一義的〈存在〉の、すなわち黙劇（ミミック）の内在性の平面の諸表現にほかならないからである。一義的〈存在〉に対応するイマージュなき思考の成立は、それと同時に差異の肯定とその絶対的評価に関する〈出来事〉の成立でもあるのだ。

さて、ここから形成の秩序における経験論の次の段階を述べることができる。超越論的なものの条件づけの過程は、経験的なものを現働性として規定する潜在的なものの現働化の過程として把握される[54]。これは、〈存在する〉ところのものに〈生成する〉ことの一つの――つまり、再−開の、あるいは産み直しの――方法である。この場合の経験的なものとは、潜在的なものが現働化（＝差異化）する際の存在の仕方、すなわち様態である。超越論的なものが経験的なものから類比的に捉えられることができず、また〈条件づけられるもの〉としての経験的なものの「内的発生の原理」であるということは、言い換えると、超越論的なものがその様態という多様な〈表現するもの〉に対して唯一同一の〈表現されるもの〉でなければならないということである。この唯一同一の一義的に〈表現されるもの〉は、無限に多くの多様な〈表現〉を現働的に産出する原因として把握されるが（逆に言うと、この形相上の多様性は〈表現されるもの〉の一義性のア・プリオリな条件である）、しかしここで注意すべきは、そのとき産出される多様な〈表現〉である現働的経験は単なる諸〈表象〉の総体ではないという点である。[55] つまり、高次の経験論の第二の段階で定立されるのは、関係を外在化する力が、経験的所与を〈関係＝連関〉とそれに対応する諸〈項〉の表象像から解放して、非－現働的で潜在的な〈表現されるもの〉の無際限に多様な〈差異の表現〉として回復する働きを有するということである（さらに言うと、度合なしの表現などけっして存在しない以上、ここで述べた〈差異の表現〉とは、実は〈強度の差異〉のことである）。

しかしながら、ドゥルーズの〈エチカ〉の思考はさらに先へと進んでいくように思われる。それは、高次の経験論が超越論的経験論へと生成変化する決定的な地点、すなわちこの経験論の第三の段階である。この唯一同一の〈表現されるもの〉を特権的・優越的に表象するようないかなる〈表現〉も存在しない。もしあるとしたら、それは表現ではなく、間違いなく表象である。〈表現〉(expression) とは、形相的には多様な、しかし存在論的にはただ一つの〈表現されるもの〉(exprimé) を〈表現するもの〉(exprimant) だからである。[56] この〈表現〉をまさに〈表現されるもの〉の本質も存在も構成的に〈表現するもの〉だと考えれば、それはただちにスピノザにおける表現的な〈一義性の哲学〉へとわれわれを導くことになる。[57] しかし、われわれのここでの課題から言えば、この〈表現するもの〉は経験であり、それがとりわけ実在的経験と呼ばれるわけである。一つの現働的なものとしての経験が、表象＝再現前化としての可能的経験に陥ることなく、真に表現的な現働性を備えているならば、それは、逆に自らのうちにそうした〈現働性〉(＝動詞) に反時代的なものを吹き込む〈非－現働性〉(＝超越論的副詞性) を内含し、それを現働化の運動や論理とはまったく別の仕方で、「別の実在性」のもとで展開する諸力を有することになるだろう。この実在性とは、例えば、日常の生活形式に対してそれと等しい分節化をもつような言葉の言語を前提としない、いわば黙劇＝擬態の〈身体〉(Mime) とこれによって産出される〈表現サレルベキモノ〉が有する実在性である――言い換えると、この身体は、ストア派において〈意味されるもの〉（セーマイノメノン）から区別されるべき非物体的な〈表現されるもの〉（レクトン）を含んだ表現を一つの結果として産出する作用原因としての物体である。

端的に言うと、実在的経験が潜在的な超越論的圏閾の様態的＝擬態的〈表現〉であるということは、それが現働化の運動にはけっして還元されえないような〈非－現働的なもの〉を内含する限りでのみそう言われるのである。このように、経験が反時代的であるが、しかし或るアクチュアルな働きを有する限り、それは現働化（＝差異化）あるいは表象（＝再現前化）とは異なった位相においてその〈非－現働的なもの〉を展開しなければならず、まさにこれが〈反－実現〉という概念である。[58] すなわち、非－現働的な出来事を展開すること、それによって潜在性の次元そのものを発生させること。もしこの〈反－実現〉という第三種の認識に至らなければ、潜在的なものの現働化というドラマ化の論理と運動はただちに表象の次元と共可能的となり、現働化は際限なく再現前化のストーリーへと陥っていくだろう。ドゥルーズは次のように述べている。「出来事の永遠真理を捉えるのは、出来事が肉のうちにも書き込まれる場合だけである。しかし、その度にわれわれは、この悲痛な実現を、これを制限し、演じ、変貌させる一つの反－実現によって二重にしなければならない。（…）純粋な出来事がその度に自らの実現のなかにいつまでも閉じ込もろうとする限りで、反－実現は常に別の度にその出来事を解放するのだ」[59]。それゆえ、本質的な差異は、表象と現働化との間にあるというよりも、むしろ現働化と反－実現との間に存在するのだ。実在的経験は超越論的なものの発生的要素であり、これが経験論の第三の契機、すなわち超越論的経験論の最も高貴な課題となる。

あらゆる可能性の条件に反して、かつその条件のうちで、これらの条件との間に非共可能性を、つまり新たな戦い方を生み出すことでしか成立しえないような経験が存在する。これをニーチェはまさに「反時代的経験」と称したのである。「非歴史的なものは物を被う大気に似ているが、この大気のなかでのみ生は自らを産み出し、その大気が否定されると、生もまた消滅する[60]」。しかし、この非歴史的なものの包被は単に与えられるものではない。この〈非歴史性の雲〉、あるいはこの雲の諸力をわれわれは見出す必要があるのだ。それどころか、この雲を〈反－実現〉の上昇気流によって発生させることである――これを私は、一つの〈気象現象〉だと言いたい。星輝く天空と道徳法則から反れたもの、道徳的・科学的知性がけっして把握できないもの、そうした知性にとっての永久の課題、それがまさに〈気象現象〉だからである。「ひとは、潜在的なものから現働的な物の状態へと下降し、物の状態から潜在的なものへと上昇する――それらを孤立させることができないままに。しかし、ひとがそのように上昇し、また下降するのは、同じ線ではない。すなわち、現働化と反－実現は、同じ線の二つの部分ではなく、異なった線である」［強調、引用者[61]］。この〈気象現象〉に包まれることなく、人間の行為＝活動が開始されたり、出来事の生成が存在したりすることなどけっしてないだろう。

このように、〈条件〉と〈条件づけられるもの〉との間の超越論的差異をめぐる問いは、常に二重化しているという点に注意しなければならない。つまり、超越論的差異は、適用と従属に代わって、〈現働化〉と〈反－実現〉という異質な二重の運動から把握される必要がある。従属は、けっして適用の秩序を変化させないし、解体することもできないだろう。何故なら、それはけっして自らの条件に届かないからである。こうした従属にとって代わる〈反－実現〉の位相において、超越論的なものは、〈条件づけられるもの〉の表現的な内的発生の原理を超えて、自らが条件づけるものとともに変化し、またそれによって自らも規定されるような実在的な「可塑的原理」（第三の経験論の条件）として捉えられることになる。そして、そのときはじめて経験論は、概念の〈適用の経験〉論ではなく、概念の〈形成の経験〉論として成立するのだ。経験によるその経験の条件の潜在的変化、それがそのまま〈反−実現〉という出来事の成立である。したがって、一義性に関するドゥルーズの問いも、この水準での問題構制を常に含んでいなければならない。[62] さて、〈超越論的圏閾〉について上述したこれらの四つの基準は、すべてが互いに他の諸要因を前提とし、また不可欠とするが、これらの特徴によって〈エチカ〉による超越論的哲学の企てを十全に規定することができると思われる。まさにドゥルーズが打ち出した超越論的経験論においてこそ、〈永遠回帰〉の思考と存在が、現働化と反−実現という異質な二つの運動、方向性の異なる二つの車輪から生じる〈永久の運動体〉(perpetuum mobile) として明らかになるのである。〈エチカ〉が、時代に抵抗して、来たるべき時代(すなわち、生成の今) のための認識と活動でないとしたら、われわれはいかにして自分たちの〈一つの生〉を再−開することができると言うのだろうか。

(1) Cf. Friedrich Nietzsche, *Zur Genealogie der Moral*, I, 17 (*Nietzsche Sämtliche Werke, Kritische Studienausgabe*, hrsg. von Giorgio Colli und Mazzino Montinari, Walter de Gruyter, 1967-77 und 1988, V, p. 288 [以下、KSA と略記]). ニーチェが述べているように、道徳的な〈善・悪〉の彼岸は、倫理的な〈よい・わるい〉の彼岸を意味しない。

(2) Cf. *SPP*, pp. 27-43.「〈モラル〉と〈エチカ〉の差異について」と題されたこのテクストにおいてドゥルーズは、この両者の違いをスピノザを通して明確に論じている。

(3) *DR*, p. 89.

(4) Cf. *DR*, pp. 113-114.「彼ら〔哲学者と豚、犯罪者と聖者〕は、それぞれに自分の音の高さ、あるいは自分の調子を選択し、おそらくは自分の歌詞さえも選択するが、しかし旋律はまったく同じである。すべての歌詞のもとで、可能なすべての調子のうえで、そしてすべての高さで、同じ〈トゥラ・ラ・ラ〉が」〔強調、引用者〕。あるいは道徳的に無差異な同じ〈チー・チー・パッパ〉が。

(5) Cf. Jacques Derrida, *L'écriture et la différence*, Seuil, 1967, p. 133.

(6) Cf. Baruch de Spinoza, *Ethica*, IV, praef. (*Spinoza Opera*, Im Auftrag der Heidelberger Akademie der Wissenschaften, hrsg. von Carl Gebhardt, Carl Winter, 1925, *II*, pp. 207-208).

(7) Cf. *DR*, p. 55.「諸々の存在者を、それらの限界に従って測り、また一つの原理との関係で言われるそれら存在者の〈近さ〉や〈遠さ〉の程度に従って測るような、一つの位階序列が存在する」。

(8) Cf. *PK*, p. 80.

(9) Cf. *SPP*, pp. 75-76.「すべての〈わるい〉ことは、活動力能の減小（悲しみ－憎悪）によって測られ、すべての〈よい〉ことは、この同じ力能の増大（喜び－愛）によって測られる」。

(10) Spinoza, *Ethica*, III, prop. 9, schol., p. 148.

(11) Cf. Spinoza, *Ethica*, V, prop. 39, p. 304, prop. 40, p. 306.

(12) Spinoza, *Ethica*, V, prop. 10, dem., p. 287; *SPE*, pp. 261-262; cf. *SPP*, pp. 128-129.

(13) Cf. *SPE*, p. 293; *SPP*, p. 101.「特異な本質の永遠性は、記憶の対象でもなければ、予感の対象でも、啓示の対象でもない。それは、文字どおり現働的な経験の対象である」［強調、引用者］。

(14) Cf. *SPE*, p. 180. 様態の本質の差異は、まさに「内的差異であり、強度の差異」である。

(15) *LS*, p. 72.

(16) Cf. *LS*, p. 72.「〈解〉(solution) が〈問題〉を除去せず、むしろ逆にそこに存続の条件——これなしには〈解〉がいかなる意味ももたなくなるであろう——を見出すのと同様に、〈答え〉(réponse) は〈問い〉をけっして除去することも充たすこともなく、〈問い〉はあらゆる〈答え〉を通して持続する。したがって、それによって〈問題〉が〈解〉なしのままであり、また〈問い〉が〈答え〉なしのままであるような一つのアスペクトが存在する。この意味においてこそ、〈問題〉と〈問い〉は、それ自体によって観念的＝理念的な対象性を指示し、また一つの固有の存在、つまり最小限の存在〔一義的〈存在〉〕をもつのである」。

(17) L'immanence, p. 3, 5.

(18) Cf. *NP*, p. 59, 100. またドゥルーズ自身が提起する新たな諸概念とそれによって批判される諸カテゴリーとの区別については、*DR*, pp. 364-365。

（19） *NP*, p. 108.

（20） Cf. *F*, Topologie:《penser autrement》, pp. 53-130. この「トポロジー、〈別の仕方で思考すること〉」という章全体は、明らかにフーコーが『快楽の活用』の「序論」のなかで主張していること、すなわち、「しかし、哲学――哲学的活動（activité philosophique）という意味での――が、思考の思考自体に対する批判的作業でないとすれば、また自分が知っていることを正当化する（légitimer）代わりに、別の仕方で思考することが、いかにして、またどこまで可能であるのかを知ろうとする企てに哲学が存立していないとすれば、今日、哲学とは何であるのか」［強調、引用者］（Michel Foucault, *L'usage des plaisirs*, Gallimard, 1984, pp. 14-15）に対する深い共鳴のもとに、フーコーの哲学を新たな批判哲学として、あるいは一種の新カント主義として論じたものである（Cf. *F*, p. 67）。この点から言っても、〈別の仕方で思考すること〉は、まさにドゥルーズの超越論的哲学における批判の目的の一つである。

（21） Cf. *NP*, pp. 1-3; *DR*, p. 182.「一つの真の批判の諸条件と一つの真の創造の諸条件は同じものである。すなわち、自己自身を前提とするような思考のイマージュの破壊、思考そのものにおける〈思考する〉という行為の発生」。

（22） 「イマージュなき思考」については、*DR*, p. 173, 217, 354、また「思考の新たなイマージュ」については、*NP*, pp. 118-126を参照。

（23） Cf. *NP*, p. 57; *B*, p. 22; *DR*, p. 187. この二つ措辞はまったくの同義語と考えられているが、しかしこれには留意すべき点がある。ドゥルーズのテクストのなかで最初に用いられるのは、まず「高次の経験論」（empirisme supérieur）の方である（La conception de la différence, in *ID*, p. 49）。そして、最後まで用いられるのは、確かに「超越論的経験論」（empirisme transcendantal）の方である（L'immanence, p. 3）。ここには一つの重要な問題が、すなわち、〈高次の〉から〈超越論的〉への移行のうちにドゥルーズの経験論が把握されなければならないという問題系が潜んでいる。つまり、高次の経験論のもとで、この経験論が超越論的経験論へと変化していく決定的な地点が存在するということである。

（24） Cf. *DR*, pp. 79-80.「そこにおいて諸々の質が自らの理由を見出し、感覚されうるものが自らの存在を見出すような、そういった諸差異の強度的世界は、まさに高次の経験論の対象である」（*DR*, p. 80）。

（25） Cf. *B*, p. 17; *DR*, p. 95.

(26)　Cf. Emile Bréhier, *La théorie des incorporels dans l'ancien stoïcisme*, Vrin, 1928, p. 43［以下、*Incorporels* と略記］. ブレイエのこの著作の最大の特徴は二つあると思われる。(1)非物体的な「表現可能なもの」(exprimable) はいかなる理性的表象にも、あるいは理性のいかなる対象にもけっして還元されず、したがってここから「表現可能なもの」(lekton) は、必ずしも「意味されるもの」(semainomenon) と混同されないということ (Cf. *Incorporels*, pp. 15-16)、(2)アリストテレスの十のカテゴリーに代わって提起されたストア派における四つの「第一類」は、物体的なものである「基体」と「性質」、非物体的なものである「様態」と「関係」という二つのグループに分けられなければならないということ (Cf. *Incorporels*, pp. 42-43)。ブレイエがこうした決定的な諸見解を述べられたのは、〈形相の働き〉(＝存在) と〈働きの形相〉(＝存在の仕方) を明確に区別することができたからだと思われる (Cf. *Incorporels*, p. 10, 12)。

(27)　Cf. *ES*, pp. 122-123.

(28)　Cf. *ID*, p. 232.「実際に連合の諸原理が意味をもつのは、情念 (passion) との関係においてのみである。(…)〈関係＝連関〉そのものが諸々の情念に応じた意味、方向性、不可逆性、排他性を割り当てられるのである」。

(29)　Cf. *AŒ*, pp. 475-476. 欲望する諸機械とは、「実在的に区別される限りで集合をなして作動している、(結びつきの不在によって結ばれた) 実在的に区別される諸部分の一つの集合」のことである。『アンチ・エディプス』は、諸部分の結びつきがまったく不在となるまで〈関係の外在性〉を突き詰めることによって、逆にそれら諸部分が結びついて作動することがいかなる意味をもつのかを、欲望する諸機械という概念のもとに論究した〈生産的無意識〉の形成の秩序に関する書物である。

(30)　Cf. *NP*, pp. 88-90.

(31)　*ES*, p. 125.

(32)　Cf. Spinoza, *Ethica*, I, prop. 26, dem., p. 68.「それによって物が或る作用をするように決定されていると言われるところのものは、必然的に或る積極的なものである (…)」［強調、引用者］。さらには、*Ethica*, I, prop. 36, dem., p. 77 を参照。

(33)　Cf. Spinoza, *Ethica*, II, prop. 43, schol., p. 124, prop. 49, schol., p. 132.

(34)　Cf. *DR*, pp. 186-187.「今日、諸能力の理説が陥っている不評は、しかしながら哲学の体系においては確かに必要な部門であるにもかかわらず、こうしたまさに超越論的な経験論への無理解によって説明されるのであって、空しくもこの超越論的経験論の代わりに経験的なものに基づいた超越論的なものの複写が為されていたのである。(…) 超越論的経験論は、これに反して経験的なものの諸形象に基づいて超越論的なものを複写することのない唯一の方法である」。

(35) *LS*, p. 149. これは、サルトルが『自我の超越』のなかで提起した決定的問題、つまり超越論的圏閾をいかにしてあらゆる「自我論的構造」(structure égologique) から純化するのかという問題でもあるが (Cf. Jean-Paul Sartre, *La transcendance de l'Ego*, Vrin, 1966, pp. 74-84)、しかし、ドゥルーズにとってはむしろこの領野をあらゆる他者論的構成――自我の問題はこの構成による一つの帰結にすぎない――から純化することが問題となり、具体的にはそのための意義を、共通概念の形成の次元は有している。既に述べたように、確かにスピノザは物相互の比較を嫌悪したが、それは、一義的〈自然〉(能産的・所産的〈自然〉、つまり「属性の一義性」) の領域を〈存在〉の多義的な理解から、すなわち〈完全性〉と〈不完全性〉、あるいは〈善〉と〈悪〉といったアナロジカルな道徳的概念から純化する必要をスピノザ自身が絶えず感じていたからである。いずれにせよ、ドゥルーズはここでのサルトルとその問題を完全に共有していると言える。それは、例えば、〈潜在性〉についてのサルトルの次の言明からも明らかである。「性質と感情との関係は、流出の関係ではない。流出は、ただ意識を心的受動性に結びつけるだけである。性質と状態 (あるいは行動) との関係は、現働化の関係である。性質は、さまざまな要因の影響のもとで、現働性へと移行しうるような一つの潜勢性 (potentialité)、一つの潜在性 (virtualité) として与えられるのだ。その現働性は、まさに状態 (あるいは行動) である。性質と状態との間には本質的な差異が見られる。状態は自発性のノエマ的統一であり、性質は対象的な受動性の統一である。まったく憎しみの意識がない場合でも、憎しみは現働的に存在するものとして与えられる。これに反して、まったく怨みの感情がない場合に、それに対応する性質は一つの潜勢性にとどまっている。潜勢性は単なる可能性ではない。それは、実在的に存在する或るものとして現われるが、しかしその〈存在の仕方〉は潜勢的に存在するということである」(*La transcendance de l'Ego*, pp. 53-54)。

(36) したがって、カントにおける認識の原理は、経験を可能にすると同時に「その経験それ自体のための対象を必然的なもの〔必要不可欠なもの〕」とする原理でもあるのだ (Cf. *ES*, p. 126)。

(37) Cf. Spinoza, *Ethica*, V, prop. 40, corol., p. 306.

(38) これは、まさにスピノザが言う「精神の眼」(mentis oculi) がもつ〈視線〉(regard) である (Cf. *SPE*, p. 18; Spinoza, *Ethica*, V, prop. 23, schol., p. 296)。

(39) ジャン＝クレ・マルタン『物のまなざし――ファン・ゴッホ論』、杉村昌昭・村澤真保呂訳、大村書店、二〇〇一年、一五七頁。さらに、「色彩が物の核心部におかれた非人間的な眼として、そこから自らに見えるものを見ると同時に、われわれに〈見るべきもの〉を見るように誘うのである。ひまわりは、われわれの外部におかれて一定の距離のところから見られる物であることを止めるのだ。逆にひまわりは、われわれに密着したまま、われわれを捉え、われわれを眺めることのできる生命力で活気づくのである」（『物のまなざし』、一六三頁）。

(40) Cf. *DR*, pp. 237-238. 例えば、『差異と反復』は、第三章の「思考のイマージュ」と他の章の永遠回帰が論じられた諸部分を除いて、そのほとんどが〈潜在性〉から〈現働性〉への条件づけの論理としての「現働化」の水準のもとに書かれている。これは、発生の類型から言えば、カント主義や構造主義と異なるところのない、「力動なき発生」(genèse sans dynamisme)、「静的発生」(genèse statique) である。しかし、留意されるべき最も重要なことは、それと同時に超越論的経験論が、スピノザの『エチカ』の第五部と同様に、現働化の次元（＝適用の秩序）とはまったく逆の方位、〈反－実現〉の位相（＝形成の秩序）を開くものであるという点である。この意味においてドゥルーズの思想は、『エチカ』第五部をまさに動的発生として〈再－開し〉、〈再－表現する〉哲学であり、この意味において問う力をもつ諸問題、あるいは諸問題によって構成される力能をその本質とする〈一つの問い〉である。

(41) *ES*, p. 93.

(42) Cf. *NP*, p. 57, 104; *DR*, p. 56.

(43) Cf. Spinoza, *Tractatus de intellectus emendatione*, 95-96, *Opera*, *II*, pp. 34-35; *SPP*, p. 85.

(44) ドゥルーズにおいて、例えばそのスピノザ論に見られるように、〈表象〉と〈表現〉とは明確に区別されなければならないが（Cf. *SPE*, ch. 8）、しかし、動的発生の観点から言えば、この区別に先立ってまず実際問題として、物体的な「対象の表象」であるような〈名詞的表象〉と非物体的出来事の表象である〈動詞的表象〉という二つの表象が区別されなければならないだろう（Cf. *LS*, p. 281, 286）。

(45) *SPP*, p. 85.

(46) Cf. *SPP*, p. 128; *SPE*, p. 260. 〈関係の外在性〉は、ドゥルーズのスピノザ論においても、共通概念の「形成の秩序」(ordre de formation) の端初をなすことになる。何故なら、〈出会い〉の組織化は、関係の外在性のもとでのみ言われる事柄だからである。それでは、何故これほどまでに「適用の秩序」(ordre d'application) ではなく、「形成の秩序」がスピノザにおいて重要となるのか、あるいは「形成の秩序」においてしか見出せない事態とは何なのか。スピノザ自身が、まさにこれについて答えている。スピノザは、第二種の認識である「普遍的認識」(cognitio universalis) よりもどれほど第三種の認識としての「直観的認識」(cognitio intuitiva) あるいは「個物の認識」(cognitio rerum singularum) が有力であるかを述べた後で、その理由を次のように明言している。「何故なら、私は、〔『エチカ』の〕第一部において、すべてが（したがって、人間精神もまた）本質と存在に関して神に依存することを一般的に示したけれども、その証明は、たとえ正当であり、また何の疑いもないとはいえ、われわれが神に依存すると言った各々の個物の本質そのものから、このこと〔すべてのものが神に依存しているということ〕が結論される場合のようには、われわれの精神に働きかけないからである」(Spinoza, *Ethica*, V, prop. 36, schol., p. 303)。ドゥルーズがしばしば強調しているように、『エチカ』の大部分、正確に言えば、第一部の冒頭から第五部・定理二十までが第二種の認識を規定する共通概念の「適用の秩序」の展望のもとに書かれているとすれば、いま引用したこの第五部・定理三十六の備考における言説は、次のようにまさにこの共通概念の「適用の秩序」に対する批判的言説として理解することができる。つまり、『エチカ』の第一部は共通概念の「適用の秩序」のもとに書かれていて、したがって、そこで言われる「神」あるいは「実体」、「属性」、「様態」といった一連の諸概念は、あくまでも既に〈所与のもの〉としてア・プリオリに前提されている。その限りで、そこではこれら一般性の最も大きい諸概念の間の関係が新たに定立され、それゆえ、すべてのものが本質と存在に関して神に依存しているということが、もっぱら「一般的に」(generaliter) 示されうるだけである。この意味において、例えば、第一部・定義三と四は、それぞれ実体と属性についての〈名目的定義〉にすぎず、定義六こそが神についての〈実在的定義〉にほかならないとしても (Cf. *SPE*, p. 16, 65, 319)、共通概念の「形成の秩序」の観点からすれば、この定義は、一般性の最も大きい共通概念としての〈神の観念〉を前提とし (Cf. *SPP*, p. 130)、したがって、ア・プリオリに与えられた概念によって規定された限りで発生的で実在的な定義をなしているだけである。「絶対に無限な〈存在〉」としての〈神〉、すなわち永遠で無限の本質を表現する無限に多くの属性から構成される実体として発生的に定義される〈神〉、確かに第一部・定義六はこのように〈神〉のア・プリオリな〈実在的定義〉をなしているが、しかし、そこでのア・プリオリ性は依然として一般性以外の何ものも獲得していないことになるだろう。ここから物のア・ポステリオリな〈実在的定義〉がもたらす革命的な認識論的価値が明らかになる。

(47) Spinoza, *Ethica*, II, prop. 39, p. 119.

（48） *DR*, p. 286.

（49） Cf. Spinoza, *Ethica*, I, prop. 16, corol., 1, p. 60, prop. 28, schol., p. 70.

（50） Cf. *DR*, p. 334.「〈表現するもの〉が〈表現されるもの〉に対して、それとはまったく別の或るものに関係するように関係するにもかかわらず、〈表現されるもの〉は〈表現するもの〉の外部には存在しない」。

（51） スピノザにおける「原因の観念をともなった認識」についての一般的見解については、例えば、浅野俊哉「スピノザ主義の経験主義的解釈」（『筑波哲学』第五号所収、筑波大学哲学・思想研究会編、一九九四年）を参照。

（52） Cf. *DR*, p. 54.

（53） Cf. *DR*, pp. 213-214.

（54） Cf. *DR*, p. 273.「潜在的なものの過程は、現働化である」。

（55） ドゥルーズが提起する表現の理説において、原因としての〈表現されるもの〉と自らを展開する〈表現するもの〉との違いについては、例えば、*SPE*, p. 127 を参照。「われわれは、〈自らを表現するもの〉と〈表現されるもの〉とを絶対に混同してはならない。〈表現されるもの〉、それは原因であるが、〈自らを表現するもの〉、それは常にわれわれの認識し理解する力能、われわれの知性の力能である」。

（56） Cf. *SPE*, p. 56.

（57） スピノザは、こうした意味での〈表現〉概念のもとに「属性」を神の〈実在的定義〉における発生的要素として把握したのである（Cf. Spinoza, *Ethica*, I, prop. 20, dem., pp. 64-65）。「神の永遠の本質を説明する（explicare）その属性は（定義四により）、同時に神の永遠の存在を表現する（exprimere）。すなわち、神の本質を構成するものそれ自体が、同時に神の存在を構成するのである」［強調、引用者］。

（58） Cf. *QP*, pp. 149-152.

（59） *LS*, p. 188.

（60） Cf. Nietzsche, *Unzeitgemäße Betrachtungen*, II, Vorwort, 1 (*KSA*, *I*, p. 247, pp. 252-253).

（61） *QP*, p. 151.〈非歴史性の雲〉の諸力のなかには、例えば、「稲妻」（éclair）とその背後の「暗い空」（ciel noir）がある。ところで、稲妻はどこまでもこの暗い空を引きずっていく以上、稲妻とこの空は、ともに差異を作りつつも、或る特異な仕方で混ざり合っている。つまり、そこでは稲妻は連続的な〈色彩－強度〉となり、暗黒の無－底としてこの暗い空はむしろ多数の〈抽象線〉(ligne abstraite) となって (Cf. *DR*, pp. 43-44)、この非歴史性の雲（＝平面）を形成するのである。加納光於は、こうした色彩と抽象線によって驚くべき平面を生み出した版画家である。とりわけ一九七七年に発表された連作＝反復、《稲妻捕り》は、リトグラフ（石版画）とドローイングとエンコスティック（一種の蜜蝋画）による、まさに〈色彩－強度〉と〈抽象線〉によって稲妻の内在的平面を表現した傑作群である。それは、色彩の流動的な変化を捕えているというよりも、むしろわれわれの視線がその色彩を捕えた瞬間にその視線を裏切るようにして、劇的に知覚不可能なものに変容しはじめる平面である――つまり、生け捕られた《稲妻》のあかし（ドゥルーズは、例えば、「第五部の『エチカ』は稲妻によってことを為すような、大気の、光の書物である」(*CC*, p. 187) と言う）。この〈リト・グラフ〉の反復は、まさに差異の〈パラ・グラフ〉である。何故なら、〈リト・グラフ〉の連作は、その一つ一つが色彩の潜在的変容を表現する差異のブロック――非歴史性の雲とその諸力――となるからである。加納は次のように述べている。「凹凸を押しつぶして平らにならしたい」。「平面というのは、人間の志向のなかで過激なものをもたないとなり立たない。凸凹したものを平らにしてしまおうとする志向性は、さまざまな手続きを必要とします」（『版画藝術』第七六号、阿部出版、一九九二年、一一九－一二〇頁）。あるいは「表現としての平面志向とは、世界を平らにしてみつめようとする或る種の過激な思考だという思いがあります」［強調、引用者］（加納光於『夢のパピルス』、小沢書店、一九九三年、一六五頁）。おそらくこうした〈平面〉ほど深くて高いものはないだろう。

(62) Cf. *DR*, pp. 59-61; *LS*, pp. 210-211, 348-350. ドゥルーズにおける〈存在〉の一義性は、最終的には絶えず〈永遠回帰〉という〈脱－根拠〉(effondement) の運動――〈現働化〉と〈反－実現〉から構成される――によって実在的に定義されなければならない。

第二章　超越論的経験論の問題構制

Ｉ　使用と行使について

実在的経験からなる〈一つの生〉は、可能的経験や一般的経験のなかでの〈以下同様に〉という仕方で生きられるものではない。われわれの〈一つの生〉は、いかなる意味でも〈以下同様に〉という仕方で現われる一般的生命ではないのだ。つまり、〈一つの生〉には、〈以下同様に〉という仕方で何かを止めることも、また〈以下同様に〉というかたちで何かを無際限に続けることも帰属しえないということである。それにもかかわらず、われわれ自身がこの〈以下同様に〉の世界を引き起こすのである。あるいは、自ら〈以下同様に〉（という誤謬）をその経験の条件、生の条件としなければ生きられない生物種、それが〈人間〉である。例えば、われわれは常に何かに〈飽きる〉。しかしながら、このことは、〈飽きる〉ことをわれわれが個別的に経験するということではなく、まさに〈飽きる〉ことそれ自体がわれわれの生の条件となってしまったことを意味している。すなわち、われわれは、〈以下同様に〉あるいは〈飽きる〉という可能性の条件のなかでしか自らの生や経験を規定することができなくなってしまったのである。ここでは、ひとは〈飽きる〉――例えば、スピノザが言う「吐き気」（nausea）の――可能性のもとで何かと遭遇しているだけであり、興味深いものでさえ〈飽きる〉というかたちでしか出会えなくなってしまうのである。言い換えると、ここにあるのは、〈飽満〉という名の可能性の条件が前提となって、現実の行動や能動性が〈欲求〉や〈欠乏〉というかたちでしか現われなくなった世界である。さて、ここでは、われわれの能力論の側面からこうした〈モラル化〉の感染経路をたどり、それを内側から切断することにある。

自分にとってどれほど〈興味深いもの〉でも、どれほど〈新しいもの〉であっても、それが真にアクチュアルなものでないとすれば、逆に言うと、依然として他者の目的論的なストーリーが前提となっているとすれば、ひとはいつかはそれに飽きるのである。何故か。何故、ひとは飽きるのか。あれほどまでに手にいれたかった物も、一度獲得したならば、かつてもっていたその物への情熱は次第に薄れ、最後は邪魔になるだけかもしれない。例えば、一つの衝撃である音楽、絶対的に新しい音楽、それは、一度聴いた後に思い出そうとしても思い出せるようなものではない。何故なら、そのとき彼にとってその音楽は、ただ〈聴くことしかできないもの〉として現われたのであり、後で心のなかで思い起こすことのできるような〈再認の対象〉ではなかったからである。それゆえ、そのとき彼はその音楽を感覚しなかったと言える。確かに〈出会いの対象〉は或る意味で感覚されえないものであるが、しかし、それは同時に〈感覚サレルベキモノ〉でもある。それなら、そのとき彼は何を感覚したのだろうか。彼が感覚したもの、彼のうちに生起したもの、それは、確かに或るアクチュアルなものであり、彼自身がそのときそうあったところのものではなく、むしろ彼がそのとき生成しつつあったところの〈或るもの〉、つまり彼の〈或る彼〉への自己変様の感覚であり、そのとき彼はまさにこの自己変様のノイズを内部よりも深い〈外〉から聴いたのである。それは、自己の〈他なるものに－生成すること〉、あるいは〈自己との差異〉——〈彼〉とその〈或る彼〉との差異——が有する音調性、音の強度である。

絶対的に新しかったその音楽でさえ、何度も聴けば、次第にその作品を心のなかで思い起こすことができ、さらにはその作品の楽曲分析（思考すること）さえ可能になるだろう。学習や習熟の基本は繰り返しにあるのだから、そんなことは当たり前だと言われるかもしれない。しかし、ここで何が起きたのかに注意してもらいたい。出会いの対象は、再認の対象へと変化したのである。最初はただ聴くことしかできなかった音楽、その意味では感覚（聴覚）に固有の対象であったその音楽は、いまや記憶の対象や表象の対象に、さらには知性の対象にさえなったのだ。感性に固有の対象が他の能力にとっての対象にもなること、これが共通感覚を定義するのである。それゆえ共通感覚とは、複数の異質な能力の間で共通の対象となることによってその対象の同一性がわれわれにまさに〈実感〉されることである。しかしながら、それと同時にわれわれは、その対象に飽きるのである。それは、〈以下同様に〉の可能性の領域であるが、しかし、その際にけっして忘れてならないのは、その深層には、先に述べた絶対的な自己変様、自己触発のノイズが〈感覚サレルベキモノ〉の必然性の領域のなかで鳴り響いているということである——強度だけから構成された音楽。

　ドゥルーズが問題提起する〈超越論的圏閾〉は、カントのような可能的経験の条件ではなく、実在的経験の条件である。それは、けっして〈条件づけられるもの〉に類似していず、またこれらから類比的に複写されうるものでもない。この意味においてそれは、まさに〈経験の条件〉、〈人間の条件〉であり、さらには「存在〔在る〕が言われる」すべてのものの〈内在的条件〉である[1]。それは、経験的なものを複写して、これと類似的に捉えられたような経験的条件でもなければ、例えば〈神人同型同性説〉と異なるところのない、人間が有する諸特性と類比的に把握されたような人間的条件でもない。つまり、「人間的条件」（condition humaine）を超えて、ドゥルーズがベルクソンの哲学について主張するような、「非人間的なもの」と「超人間的なもの」へとわれわれを開くような批判的で創造的な諸〈条件〉がここでは問題なのである[2]。それでは、超越論的経験論は、〈条件づけられるもの〉と少しも類似していず、また〈条件づけられるもの〉との類比ではけっして捉えられないような〈経験の条件〉、すなわち実在的経験の〈内在的条件〉そのものをいかにして把握しようというのか――確かにわれわれの自然的条件は類比や類似による認識を妥当なものとして支持しているようにみえるのに。事実こうした〈内在的条件〉も、それを特定の表象像を頼りにしてわれわれが想像する限り、不可避的に〈条件づけられたもの〉との類似性や比喩性といった性質を帯びてしまうのではないだろうか。まさに実在的経験を構成する諸能力の具体的な〈作用〉(efficientia)がここで問われる次第である。

確かにスピノザが述べているように、このことは、人間が絶えず物の表象像という不定に〈条件づけられたもの〉から刺激を受け続けている以上、ほとんど避けがたい事態のように思われる[3]。しかし、問題は、例えば、啓示というかたちでこの刺激を無限へと拡張することでもなければ、カントのように、物自体という汎通的に規定されたものからの刺激を想定することでもない。そうではなく、むしろ逆にわれわれにとって〈感覚されることしかできないもの〉とはそもそも何であるのかと問うことである。したがって、こうした理由から、超越論的経験論は、或る一つの方法論、或る一つの秩序と本質的に不可分となる。それが、諸能力の「超越的行使」(exercice transcedant)と呼ばれる、それらの反道徳的な使用法である[4]。ドゥルーズが主張する諸能力に関するこの〈超越的行使〉は、カントが述べたような「超越的使用」とけっして混同されてはならない。ドゥルーズがカントの批判哲学に着目し、そこに批判を加えようとする論点がとりわけ諸能力の「使用」(Gebrauch)に関する理説にある以上(というのは、カントにおいて〈諸能力の一致〉と〈共通感覚〉を結びつけているのは、まさに諸能力の一定の「使用」だからである)、超越論的経験論において「使用」(usage)と「行使」(exercice)は明確に区別されなければならない[5]。ドゥルーズは、超越論的なものが経験的なものとの根絶しがたい類似性を帯びてしまう原因を〈共通感覚〉

を充たすべき諸能力の「使用」に存すると考えて、その際のモデルとして、まさに〈モラル〉のもとで認識論や実践論を構成するカントにおける能力論を批判するのである。

　ドゥルーズによれば、カントの批判哲学の重要性、あるいはその一貫性は、諸能力（一つの受容的能力　感性、三つの能動的能力　悟性、構想力、理性）の使用によって構成される「網状組織」（réseau）[6]を、それら能力の間の「諸置換」（permutations）の体系」として提示した点にある[7]（ただし、カントにおいて感性だけは、使用される能力ではなく、したがって〈感性の使用〉とは言われず、感性それ自体についての〈経験的使用〉も〈超越的使用〉も考えられないが、これに反してドゥルーズにおける感性は、他の諸能力と同様に行使されるべき能力であり、それゆえ感性における〈超越的行使〉が当然考えられることになる）。カントにおいて主観的な諸能力相互の関係は、或る一つの能力がそれ以外の諸能力の役割を規定し制限する立法者として機能することによって厳密に規則化されている[8]。第一の〈批判〉である『純粋理性批判』では、われわれの認識能力を構成するために、理性の「思弁的関心」のもとでの唯一の立法的能力として悟性が他の諸能力を規定して一定の役割関係に引き込むのだ。すなわち、悟性によって、はじめて構想力は「図式化する」（schématiser）機能を、理性は「推論する」（raisonner）役割をそれぞれ外的に与えられる[9]。また第二の〈批判〉である『実践理性批判』では、われわれの欲求能力を構成するために、理性の「実践的関心」のもとで今度は理性自身が立法者となって法の普遍性の純粋形式を形成するが、これによって悟性はこの法を「適用し」（appliquer）、また構想力はその判決を「受容する」（recevoir）という役割（その際に、われわれの内的感官はこの判決の諸結果を、つまり制裁を「感受する」（éprouver）ことになる）をそれぞれ外的に与えられるのである[10]。

　ここで理解すべき重要なことは、カントの最初のこれら二つの〈批判〉における諸能力の関係は、ある一つの支配的役割を演じる能力によって外的に与えられた諸能力の役割のもとでのみ、各「関心」に対応するそれら諸能力の内的な「網状組織」を形成するにすぎないという点である。したがって、その語の第一の意味における〈能力〉を構成すべく、各「関心」における立法的能力以外の能力は、実はこうした内的関係のもとでしかその外的に与えられた機能を充たさないことになるだろう。それゆえ、理性の「思弁的関心」のもとで「悟性が構想力を規定し、図式化することに引き込まない限り、構想力は図式化せず」、したがって、もしこの「関心」の真の外部で自己の働きが「自らに委ねられれば、構想力は図式化とはまったく別のことを為すだろう」[11]——これは、われわれの能力がまったく別の動詞（＝活動性（activité））を獲得することであるが、ただしこれには二つの意味がある。それは、第一に、〈置換〉の概念が示しているように、既存の役割を諸能力間で交換することであり、第二に、これがわれわれにとって重要となるが、新たな活動性の獲得、自らの働きの限界（為しうること）での思いもよらない動詞の発生である。さて、これは、「推論する」能力として規定された理性についてもまったく妥当する。理性は、たとえ推論が理性に独自の働きであったとしても、「思弁的関心」のもとでしか推論しないからだ。「悟性が包摂する諸対象に悟性概念の一つを適用するための媒概念を求める」ために理性を「思弁的関心」のなかに引き込まない限り、理性はけっして推論せず、自らにその働きが委ねられれば、それとはまったく異なる別の働きを為すだろう。さらに「実践的関心」のもとでの悟性は、立法的能力としての理性によって、例えば、感性的自然の法則から超感性的自然のための「範型」（type）を抽出するという〈象徴〉の機能的役割を外側から与えられるが[12]、もしそうでなければ、悟性はここでのいかなる「仕事」も充たすことはないだろう。要するに、或る特定の立法者を措定し、それによって諸能力の間に一つの主−従関係を定立するような「関心」から離れて、まさに自らの働きが自らに委ねられれば、諸能力はまったく異なった力を発揮し、それによって諸能力の間には論理的共通感覚や道徳的共通感覚とはまったく別の〈一致〉が発生するのではないかということである。まさにこうした問題を引き受けた第三の〈批判〉が『判断力批判』である。

こうして、諸能力の置換理論はカントを一つの究極的な問題へと導いていったのだ。それは、いかなる立法的な主宰的能力も存在しないような諸能力の「無規則的行使」(exercice déréglé)というカントにとってまったく新たな〈思考のイマージュ〉を要請するような問題だったと言うことができる[13]。それと同時に、ドゥルーズにとってのまさに批判哲学の可能性の中心、すなわち諸能力の「超越的行使」という〈イマージュなき思考〉の問題もここに存するのである。もはやあれこれの「関心」に応じて立法する一つの特権的能力に従った諸能力間の協和的関係ではなく、こうした関係をむしろ規定され条件づけられた一致の特殊ケースとして、これらを発生の問いへと送り返すような問題、つまり諸能力間の「自由な無規定的一致」、立法権もなく、支配も関心もなしに、諸能力自らによる「自由な自発的一致」、すなわち諸能力の間の「不協和的一致」(accord discordant)が問題なのである。『判断力批判』において、「本来的で自由な構想力、これは悟性の拘束のもとでの図式化に甘んじていない。本来的で無際限な悟性、これは、実践理性の目的に未だ従属していないのと同様、その規定された諸概念〈カテゴリー〉の思弁的重荷にもまだ服従していない。本来的理性、これは、命令する傾向などまだなかったが、しかし他の諸能力を解放しながら自己自身を解放するのだ[14]」。このようにして、相互に徹底的に外在的となった諸能力は、逆にいかなる媒介もない、〈非-関係〉の関係とでも称すべきそれらの間の直接的関係(=一致)——つまり、諸能力の間の〈不協和的一致〉は、諸能力の〈差異の反復〉によって定義されるということ——にわれわれを直面させるのである[15]。それは、いかなる規則もコードも前提とせずに、いかなる結びつきも不在のなかで、諸能力の差異がそのまま各個の能力それ自体の発生的要素となったような領域である。

例えば、〈宇宙を駆けめぐって、火を吐く竜〉や〈翼のある馬〉や〈怪異な巨人〉は、単に想像の産物であり、想像力の経験的使用（空想）のなかでの表象である。何故なら、それらは、既に諸々の個物の表象を前提とし、それゆえこれらの表象の成立に加担した感性や記憶といった他の諸能力の〈再認〉を不可欠としているからであり、またそれ以上に、それら諸表象の結合によって生み出されたこの空想上の生物の属性は、既存の動詞の活用や置換によってしか可能となっていないからである（この意味での、そしてほとんどの場合の空想とは常に名詞的に空想することである）。ここでとりわけ重要なのはこの後者の側面である。われわれは、こうした動詞の活用からそれとはまったく異質で錯乱した、その動詞の〈不定法〉をこの生物の属性として見出す必要がある。というのは、それらの生物を真に〈想像サレルベキモノ〉へと変形させることは、想像力の経験的使用からその超越的行使への移行だからである。つまり、個物の印象や表象のコレクションを増やしたり、それらの自由な結合を多様にしたりするだけではけっして達成されないような〈非物体的変形〉は、その対象の単なる形象ではなく、その対象の活動力の形相を把握すること——ただその対象の存在の仕方を構成する属性としての動詞を産出的に構想すること——でしか為し遂げられないからである。そうなれば、この想像力の超越的行使によって、今度は思考がこの提起された新たな〈動詞〉の意味を、あるいはむしろその〈表現サレルベキモノ〉を考えるべく自らを超越的に行使するのである。一つの〈錯乱〉のなかで、想像力と思考とが超越的に行使された諸能力として発生するのだ。さて、ドゥルーズの思考をさらに引き延ばして言うと、超越的に行使された諸能力の間の〈不協和的一致〉あるいは〈非－関係の関係〉は、差異それ自体の強度的表現の仕方、すなわち〈差異の反復〉のことである。こうした一致と関係は、恒常的に起点となるようないかなる不変的でア・プリオリな能力も前提しない以上、同一性の再現前化を保証するのではなく、むしろ差異を転移的に産出するような〈反復〉にこそ相応しい出来事である。〈不協和的一致〉が最初の差異の発生を肯定し、超越的行使のもとでの諸能力の発生を肯定できるのも、それが諸能力の差異の反復から構成されるからである。それでは、カントの『判断力批判』が開いた能力論の領域は、はたしてこうした意味での〈差異〉とその〈反復〉との領域なのだろうか。

諸能力の理説として『判断力批判』を観ていくと、まず「美の分析論」では、諸能力――構想力と悟性――の間にはもはやいかなる立法的能力によっても規定されないような〈一致〉が実現される。この「自由な無規定的一致」のなかで、構想力は、対象の形式を反省する自由な力を発揮する能力として、悟性の規定的概念にではなく、悟性の無規定的な概念的能力の〈働き〉に関係する。[16] 次に「崇高の分析論」では、この方向がさらに推し進められて、今度は構想力と理性との間に「不一致」(désaccord) の真っ只中での一致が、つまり「美」における一致が破られて、緊張と矛盾と苦しい分裂のなかでの一つの〈高次の一致〉が、すなわち〈不協和的一致〉が実現されるのである。ただしドゥルーズは、これが諸能力の一致に関する弁証法的概念などではなく、カントはけっしてそうした弁証法的発想をしなかったという点に注意を促している[17]（この点だけから考えても、カントとヘーゲルの距離よりも、カントとドゥルーズの距離の方がいかに近いかがわかるだろう）。それゆえ、ここから〈不協和的一致〉は、単に何らかの不一致が解消されて実現されたそれよりも高次の調和的一致などではなく、まさに不調和のなかでしか生じえず、不一致についてしか言われない〈一致〉、不一致においてしか実現されない〈一致〉であるという点が明らかになるだろう。

ところで、カントにおいては、一方の「思弁的関心」における悟性の立法権に関わる「現象」と、他方の「実践的関心」における理性の立法権に関わる「物自体」という二種類の対象しか存在しない以上、『判断力批判』のなかにこれらとは別の固有の対象的「領域」(domaine)――例えば、構想力を、仮象にではなく、錯乱へともたらすような領域——を想定することはできない。[18] そして、ここから一つの重要な帰結が生じる。すなわち、既に規定され種別化された諸能力間の協和的関係（認識能力と欲求能力）に対応した領域ではなく、諸能力が自らを超越的に行使することによって開かれる領域とは、現象あるいは物自体という対象を超出することではなく、むしろ或る一つの立法的能力によって外的に与えられた役割を放棄することによって、可能的経験における〈現象〉とその外部に想定された〈物自体〉（「超感性的なもの」）に対して別の関係と規定を、つまり非立法的関係と無規定的概念による規定を形成することとそれ自体に存しているような非－対象的領域のことである。まさにカントにおける諸能力の〈使用〉から〈行使〉への移行の意義がここにある。何故なら、ここでの諸能力の特異な役割とこれに対応する〈非－被立法的〉対象は、もはや現象と物自体との間に境界線をもつ可能的経験をめぐって規定されるような「一義－対応的」（bi-univoque）な関係をもたないからである。[19] そもそも最初の二つの批判における〈使用〉という概念は、諸能力の〈使用〉が正当であれ不当であれ、それら能力の役割とその対象が立法上、不可分であることを本質的に含意していた。[20] したがって、諸能力の超越的行使において、各能力が自らにその働きが委ねられて自己自身の能力の極限（自らが為しうること）に向かっていくこと、諸能力が相互に——ただし非共可能的に——実在的に際立ち合って、一方の能力が他方の能力によって極限まで推しやられるとともに自らも積極的にその限界を超えようとすることは、[21] 物自体に向かって現象を超え出ることをまったく意味しない。認識能力と欲求能力に続く第三の〈感情の能力〉は、或る対象に対する諸能力の立法的関係を表わすのではなく、単に「諸能力の行使のための主観的諸条件」を表現するだけである。[22] 現象と物自体との間に引かれた境界線は、同時に各能力の使用の正当性あるいは不当性の徴表でもあるが、しかしこれは、実は諸能力の〈不協和的一致〉という自由で無条件的な一致によってはじめて可能となる諸能力の規定された一定の関係にのみ妥当することである。[23] 諸能力のいかなる〈使用〉

も立法というコードを前提とするのに対して、諸能力の〈不協和的一致〉は、まさにコードなき〈一致〉であり、それと同時に規則やコードに対する内側からの破壊のプロセスである。

II　感性の行使とは何か　思惟的に感覚しない仕方で

ここまでは、ドゥルーズに従ってカントにおける諸能力の理論を論じてきた。ドゥルーズは、カントの能力論を一方では全面的に肯定している。「カント主義の最も独創的な点の一つは、われわれの諸能力の〈本性の差異〉(différence de nature) の観念である」。すなわち、独断論（悟性から出発した「明晰性（clarté）の差異」の主張）も、経験論（感性から出発した「活発性（vivacité）の差異」の主張）も、ともに諸能力の「程度の差異」(différence de degré) に帰着するのに対して、[24]カントの能力論の独創性は、批判に不可欠な諸能力の人間的有限性からけっして離れることなく、またそれら諸能力の間の〈本性の差異〉を抹殺せずに、それらの間の多様な結びつきを可能にした点にある。そして、とりわけ「崇高なものの理論」は、人間の〈有限性〉に定位しながらも、そこに諸能力の〈無際限性〉による一致の観念を見出す限りで、まさに人間における「有限な－無際限」(fini-illimité) の次元を垣間みせている。[25]しかしながら、超越論的経験論の立場は、実はカントのこうした諸能力の〈不協和的一致〉に満足しない。何故なら、たとえカントが諸能力の「不協和による一致」の範例を示したとしても、つまり、たとえカントが『純粋理性批判』のなかでその最初の主題である諸能力の「結合する分離」（それらの本性の差異）から出発して、最後に『判断力批判』において諸能力の「一致する不協和」（それらの差異の本性）を見出したとしても、[26]そこには依然としてそうした一致をア・プリオリな内的関係とみなして、〈再認〉という思考の「独断的なイマージュ」を作り出す〈共通感覚〉が想定されているからだ。[27]

共通感覚は諸能力全体のア・プリオリな一致の表明であり、[28] そこでは、あらゆる意味における〈対象性〉は再認や追認のための意義しか有していず、それゆえ諸能力の「使用」は、こうした再認にとって〈正当〉であるか（単に都合がよいか）、それとも〈不当〉であるか（単に都合がわるいか）といった共通感覚が支配する規則のもとでのみ為されるにすぎない。「一つの対象が再認されるのは、一つの能力がその対象を他の能力の対象と同一的なものとしてめざすときであり、あるいはむしろ、すべての能力がそろって対象の同一性の形式に自らの所与を関係させ、かつ自己自身を関係させるときである」。[29] すなわち、経験的感性にとっての「感覚されうるもの」(sensible) としての対象は、最初から記憶力にとっては思い出され、想像力にとっては想像され、思考にとっては考えられうるような、そういうものとしてしか感覚されないということである。感性は、〈感覚されうるもの〉をそもそもそうしたものとしてしか受容しないのだ。われわれが感覚するものは、後に思い出されたり、想像されたり、考えられたりするものではなく、最初から思い出されたり、想像されたり、考えられたりするものであり、われわれはもはやそうしたものしか最初から感覚しないのである。一般的に可能性の諸条件のもとでのわれわれの経験――それが可能的であれ、現実的であれ――は、そういったものである。知覚は最初から記憶であり、それゆえ認識は常に概念から直観へという方位をとるのである。ここでの感性は他の諸能力にとっての〈再認の対象〉になるものしか最初から受容せず、したがって、共通感覚は、すべての人間にとっての共通の伝達可能性となる以前に、あるいは人々の間で共有される性質となる以前に、まさに諸能力の間で発生しなければならないのだ。それは、諸能力間の特定の関係を定義する「再認の可変的モデル」にとって必要不可欠な主観的条件の一つである。すべての「伝達可能性」(communicabilité) の主観的条件である共通感覚は、[30] そもそも諸能力間の伝達可能性を何らかの同一性の形式のもとに限定することによってはじめて可能となるのである。再認が共通感覚を求め、対象の同一性の形式が主観的同一性を根拠とすることは、諸能力の理説から言えば、既に述べたように、本性の異なる諸能力の間の関係を規定する仕方とそれによる諸能力の一致に基づいている。このように、〈再認〉とは、時間のなかで言われる以前に、まず諸能力の間で成立すべき共通感覚的一致の観念である。

さてここでの問題は、こうした共通感覚のすべての特性を〈崇高なもの〉における諸能力の〈不協和的一致〉でさえ依然として前提しているという点である。〈崇高なもの〉において構想力は、不協和的に自己の限界（感性の極限、世界の無限性）に達し、その限界を乗り超えて他の能力（理性）との間に一致を見出す必要があるが、これはカントにおける〈不協和的一致〉の唯一の事例である。しかし、すべての能力がこうした構想力の〈超越的行使〉に対する差異と発散を肯定しうるとしても、この〈不協和的一致〉が一つの共通感覚を表明していることにまったく変わりはない。何故なら、構想力が感性との関係を離れて、自らに固有の「超感性的使命」を見出すとしても、このことは道徳的存在との関係に回収される限りでのことだからである。自己の限界に向かう際の構想力の、一見ぎこちないように思われるその不協和的な振舞いは、実は現象と物自体との間に否定性と卓越性を捏造するために仕組まれた、モラルへの感性の従属を強化するための構想力の予定調和的使用——例えば、〈崇高なもの〉の崇高性を道徳的に〈為すべきこと〉のわれわれの実感のために用いること——以外の何ものでもない。構想力だけではなく、カントにおいてすべての能力の「超感性的使命」は、実は「道徳的存在への〈予－定〉(pré-destinée)」にほかならず[31]、したがって、〈不協和的一致〉と言っても、それは、欲求能力における「超感性的自然」を感情能力のうちで再認するにすぎないのである。それゆえ、この諸能力の〈超越的行使〉[32]は、それが現象を物自体の方向へと超越することが本質的に含意されているならば、実際には「経験的使用」と共軛関係にある「超越的使用」に限りなく近いものとなるだろう。

しかしながら、それ以上にもっと根本的な問いが存在する。何故、崇高における構想力と理性との〈不協和的一致〉でさえ、現象と物自体（超感性的なもの）との区別を前提とした単なる〈使用〉の結果に還元されてしまうのか。それは、まさに感性が行使されていないという点に尽きる。〈第二批判〉から〈第三批判〉において、感性は、直観ではなく、もっぱら感情として考えられ[33]、諸能力間の関係において一つの役割を与えられるというよりもむしろ一貫して卑下される。しかし、道徳法則の結果にすぎないような否定性の感情へと感性を貶めるのではなく、感性も他の能力と同様に自らにその働きが委ねられた能力として、現象の只中で超越的に行使されうるし、事実、行使されていると理解することが重要である——そうでなければ、われわれの経験は、無際限に飽き飽きしたものの表象によって、すなわち、いまや可能性の条件となった〈飽満〉と〈疲労〉という受動的全体性から〈欲求〉と〈欠乏〉という部分的能動性への移行のあらゆる段階で生み出されるような表象によってしか構成されえないことになるだろう。それでは、いかなる意味において感性は実際に行使されていると言われるのか。感性の〈超越的行使〉は、現象を超えた〈超感性的なもの〉による触発を少しも意味していない。そうではなく、それは、われわれをそれによって所与が与えられるところの非‐関係的な差異的要素に、すなわち現象たる〈感覚されうるもの〉の可能性のうちで〈感覚されることしかできないもの〉という必然的要素に直面させるのである。カントにとどまらず、主知主義に傾斜したほぼすべての哲学が暗黙の前提としている感性、単なる〈受容器〉としての感性、つまり他の諸能力の経験的使用に組み込まれた感性は、他の諸能力によって想起されたり、想像されたり、思考されたりするものしか受容しないが、これに対して超越的に行使される感性は、その経験的使用においてはけっして〈感覚されることができないもの〉、つまり他の能力の対象にけっしてなりえない〈感覚サレルベキモノ〉を感覚するのである。重要なのは、超越論的経験論においては、感性も他の能力と同様に行使されるべき能力だということであり、またここで言う〈経験的〉と〈超越的〉は、けっして異なった能力を示しているのではなく、同じ能力の異なった状態、異なった〈存在の仕方〉を意味しているにすぎないということである。

〈感覚されうるもの〉が、思い出されたり、想像されたり、考えられたりするような対象である——これがまさに現象の本性である——のは、そもそもこの〈感覚されうるもの〉が他のすべての能力にとってもその対象となりうるような「再認の対象」でしかなく、けっして感性によって〈感じられることしかできないもの〉（出会いの対象）ではないということを意味している。こうした感性は、最初から他の能力にとっても「再認の対象」となるものしか受容せず、これによって共通感覚は成立するのである。したがって、〈対象の同一性〉とは、実は他の諸能力によっても捉えることができると想定された〈対象＝x〉に関わる当の諸能力の経験的使用における〈一致〉の観念に基づいてはじめて言われる事柄である。[34] 共通感覚のもとでの感性が別の能力によっても捉えられうるものしか受容しないとすれば、〈感覚されることしかできないもの〉は、この経験的感性にとってはけっして「感覚されえないもの」(insensible) となるだろう。[35] 感性にとって、〈感覚されうるもの〉は他の能力によって媒介された対象であるのに対して、〈感覚されることしかできないもの〉はこの意味においてまさに感性に直接与えられるものである。このように、批判哲学をやり直すことは、ドゥルーズにとって根本的には「感性論」の問題に収斂していく。この新たなる感性の学、すなわち「〈感覚されうるもの〉の学」は、[36] 一方の〈感覚されうるもの〉についての理論である「感性論」と他方の〈美〉についての理論である「美学」としてカントにおいて二つに分裂していた〈エステティック〉(esthétique) を綜合するもの、つまりは〈批判の条件〉と〈創造の条件〉とが同一であるような感性論、すなわち「真の感性論」である。[37] 経験論が想像力の哲学だとすれば、超越論的観念論は経験的感性を前提し続けることでしか成立しえない道徳的思想の一つであるのに対して、超越論的経験論はまさに超越的感性を中心として反道徳的思考を形成する試みである。

III　超越論的経験論の意義

カントにおける「関心」だけでなく、一般的にモラル化した認識論的関心や実践的関心は、その能力の固有の対象に対する無関心さと表裏一体である。それゆえ、超越論的経験論という錯乱した生成の経験論において、共通感覚のア・プリオリ性と「経験的なもの」の単なる複写にすぎないような経験的条件とを徹底的に排して、あらゆる能力をそのア・ポステリオリな〈実在的・発生的定義〉のもとで把握することは、或る「関心」のもとで諸能力の〈経験的使用〉を規定するそれらの間の内的関係を当の諸能力に対して徹底的に外在するものとし、さらに諸能力の間のこの関係の外在性を同時に〈超越的行使〉の働きとして理解することである。諸能力をこの世界に生み出す原因、すなわち各能力に固有の対象は、それら諸能力の〈超越的行使〉の条件であり、その限りで〈超越論的なもの〉である。ただし、ここで言う固有の対象とは、各個の能力の内的な発生的要素のことであって、諸能力の間で反射し合い、再認し合う対象としての現象でもなければ、道徳の世界を樹立するようなそれ自体で〈多義的なもの〉としての物自体でもない。カントにおける諸能力の使用は、それが正当であれ不当であれ、まさに〈経験的使用〉にほかならないが、それは諸能力の存在がまったくア・プリオリに前提されているからである[38]。それゆえ〈超越的行使〉においては、共通感覚のもとでの諸能力の「協働の形式」(forme de collaboration) が解体されるだけでなく、それ以上に当の諸能力それ自体の発生が問題となるのである。〈条件づけられるもの〉に対して外的

（＝無差異的）にとどまり続けるような条件づけの原理ではなく、〈条件づけられるもの〉を内的に発生させるような〈条件〉は、まさに諸能力それ自体の発生を問うものである[39]。

ここでは、第一に諸能力の間の関係を、〈関係それ自体はその関係項に対して外在的である〉という関係の外在性にまでもたらすことが〈ア・ポステリオリ〉ということで期待されているわけである。共通感覚が表わす、或る特定の主宰的能力による諸能力間の関係の内部化と、この規定された関係の〈可能性の条件〉でさえあると考えられる諸能力の自由な無規定的関係の道徳化に抗して、超越的に行使される諸能力は、それらの間の差異が共通感覚を支えるいかなる関係にも還元されえないという限りで、この圧倒的な内部化と道徳化をまぬがれたわれわれの〈一つの生〉の内在的様相そのものを表現しているのである。超越的に行使された諸能力の〈不協和的一致〉こそが、カント的な可能的経験ではなく、われわれの「実在的経験の細部」[40]を構成するのである。したがって、非－経験的理説としてのカントの批判哲学に逆に経験論が有り余っていると言えるのは[41]、そこでは経験をまさに一つの経験にするような〈ア・ポステリオリ性〉への追求が途中で放棄され、それゆえ、逆に経験について〈ア・プリオリ性〉が有り余っている――つまり、関係を物の性質として了解し続けること――という意味に解されなければならない。そして、ここから次の事柄が帰結する。すなわち、ドゥルーズがカント主義の最も独創的な点の一つだと言う諸能力間の本性上の差異についても、結局は共通感覚を前提とした協働形式のもとでそう言われるにすぎないということである。したがって、例えば、〈崇高なもの〉における諸能力の〈超越的行使〉でさえ、それらの間の関係が究極の関係の外在性に至ることなく、共通感覚のもとで曖昧なまま前提されている以上、そこでの〈ア・プリオリ性〉には、逆に〈ア・ポステリオリ性〉が有り余っている――経験的なものを複写することによってその超越論的領域の探究が果たされているということになるのだ。

要するに、カントの批判哲学においては、〈ア・プリオリ性〉が有り余ったような「個別性」(particularité) としての〈条件づけられるもの〉しか扱えず、また逆に〈ア・ポステリオリ性〉が有り余ったような「一般性」(généralité) としての〈条件〉しか定立することができない。この意味において、「個別性」から純粋にア・ポステリオリな「特異性」(singularité) へ移行することと、この「個別性」と本質的に共軛関係にある「一般性」から、それの彼岸にあると同時に、われわれにとって最も此岸にある純粋なア・プリオリ性としての「普遍性」(universalité) へ移行することとは、まったく同じ事柄である。共通感覚を定義すると同時に、またそれを前提としてもいるような諸能力の経験的使用が関わる〈再認の対象〉は、一般性に還元可能な個別的なもの以外の何ものでもないが、これに反して、諸能力の超越的行使の原因たる〈出会いの対象〉は、われわれに〈経験されることしかできないもの〉を示す限りで、個別性をア・ポステリオリの方位へと超え出た〈特異性〉であり、この〈特異性〉それ自体がまさに〈普遍性〉なのである。[42] 言い換えると、こうした〈普遍性〉は、まさに特異なものを差異の転移として産出する限りでの〈反復〉であり、特異なものだけを繰り返し〈選択する〉ことである。さて、〈個別性〉とは、例えば、われわれの身体と精神の活動力能あるいは存在力を減少させるもの、あるいはわれわれ自身をわれわれの為しうることから阻害するものであるのに対して、〈特異性〉とは、逆にそうしたわれわれの活動力能あるいは存在力を増大させるもの、あるいはわれわれ自身をわれわれの為しうることへとますます接近させるもののことである（スピノザにおける物の現働的本質とその存在との極度の〈一致〉）。[43] 前者は、悲しみ、同一性、ストーリーを頂点とした三角形のなかにわれわれを幽閉するプロセスであるが、しかし後者は、そこからわれわれが解放されるための感情（喜び）、概念（差異）、知覚（ドラマ）を与える契機である。

ここで私は、個別性と特異性をスピノザの感情論に沿って説明した。何故なら、〈個別的〉と〈特異的〉は、存在を分割する複雑な種差などではなく、単にわれわれの生に決定的な本性の差異をもち込むような実在的移行がもつ力を示しているだけだからである。ドゥルーズは、スピノザにおける「共通概念」(notiones communes) を基本的に次のように理解する。すなわち、それは、「存在する様態あるいは個体の間の〈実在的諸関係＝比〉(rapports réels) の合成を表わしている」[44]。共通概念は、あくまでも現実に存在する諸様態に、つまり持続的に存在する諸個体に適用される概念であって、けっして様態の本質を表わすものではない。ドゥルーズが共通概念に言及する際に、〈関係＝連関〉を用いず、常に〈関係＝比〉という語を使用していることは、極めて重要な点である。われわれの活動力能(スピノザは「存在力」とも言う)の増大への移行状態を表わす喜びの受動的感情は、われわれが強調してきた実在的経験における一つの〈受動的綜合〉の働きを示すものである。何故なら、われわれの活動力能の増大は、存在する様態の間で生起する〈関係＝比〉の合一を理解させるような概念の形成(差異の肯定)へとわれわれを向かわせるが、それは、まさにその諸様態に対する〈関係＝連関〉の外在化をともなっているからである。これは、持続における自然的諸条件に抗して、いかにして〈自らが為しうること〉の条件のもとにわれわれ自身をおくことができるか(「運命の権利」のもとから「自己の権利」のもとへ)という問いと不可分である[45]。いずれにせよ、われわれは、それぞれの個物がもつ〈よいもの〉に注意を払うことによって、つまりその個物の〈肯定されるべき差異〉に着目することによってはじめてそれら個物の〈間〉で肯定的な生成変化を遂げることができるのである[46]。これに対して、悲しみの受動的感情によって表わされるわれわれの活動力能の減少方向は、〈関係＝連関〉がそれに対応する諸項の性質へと内部化されていく過程として把握される――これが、われわれにとっての〈モラル〉の感染経路の一つである。言い換えると、そのとき経験はまさに「可能的経験」となり、また経験それ自体は、あるいはむしろ身体そのものは、〈受容性〉の意味しかもたなくなり、それゆえ、それらが有する〈受動〉の働き、すなわち受動的綜合は、そこではまったく無視されることになる（ここでは、われわれの活動力能の移行方向の差異を〈受容〉と〈受動〉の差異として捉えることができる点だけを述べたが、能動性については後に論じることにする。というのは、〈エチカ〉において能動性を扱うことは、ただちに自己触発や自己原因という概念を問題にしなければならないからである）。

さて、ドゥルーズによれば、世界のうちにはわれわれの感覚や思考を強いる〈或るもの〉が存在する。しかし、これによってわれわれの〈感官〉（sens）のうちに実際に〈感性〉（sensibilité）が生じ、〈思考〉（pensée）のうちには〈思考する〉（penser）という活動が発生するのである。したがって、この〈或るもの〉は、「根本的な〈出会いの対象〉であって、〈再認の対象〉ではない[47]」。ただし、このことを〈再認の対象〉と呼ばれる対象と〈出会いの対象〉と称される対象が別々に存在するというように理解してはならないし、それ以上に同一の対象についての共可能的な二つの観点、つまり、一方でその対象を「すっかり出来上がった」（tout fait）ものとして、他方でそれを「出来つつある」（se-fesant）ものとして把握する二つの観点のごとく理解してもならない[48]。言い換えると、われわれにとって前面にある再認の側面と、その背後に想定される出会いの側面とに二重化して或る同一の対象を捉えることでもない。それは、孤立した現働化と同様、表象に安定化をもたらすだけだからである。しかしながら、超越論的経験論における諸能力の超越的行使のもとでこの二重化についてあえて言うとすれば、この前後関係は逆転し、結果的に背後世界へと退くのはむしろ再認の側面であり、出会いの側面がその対象の表面に上がってくるのである。「いまやすべてが表面に上がってくる。これは、ストア派的作用の一つの帰結である。つまり、〈無際限なもの〉（illimité）が上がってくるのだ[49]」。

しかしながら、『差異と反復』でさえ、その大部分が〈差異の概念〉（潜在性）の適用の秩序のもとに書かれている。[50] 何らかの〈先行的な同一性〉を想定する思考を転倒し、そうした同一性を実は差異についてのみ言われる単なる派生的なものとみなして、差異から出発して同一的なものを考えようとすれば、差異はあらゆる事物の同一性の〈背後に〉存在することになるが、しかし、この差異の〈背後に〉はもはや何も存在しないということが帰結する。[51] 確かに、同一性と差異との間にニーチェ的な転倒を企てるドゥルーズにとって、鏡の向こう側の、〈前・後〉が逆転した世界のようなこうした言明は、間違いなくそのための有効性を有している。しかし、〈形成の秩序〉を最も重要な課題の一つとする超越論的経験論において真に問題となるのは、潜在的なものから現働的なものへの〈現働化〉の運動、[52] すなわち現働的なものへと異質な潜在的多様性が「差異化＝分化」するという方位ではなく、逆に現働的なものから潜在的なものへと上昇する別の線を形成すること、つまり出来事の完成を潜在性の次元において「反－実現する」(contre-effectuer) ことの試み、[53] これが超越論的経験論の究極の〈批判的〉企て——身体あるいは有機体の問題を含意させるならば、それと同時に〈臨床的〉企て——である。ドゥルーズ・ガタリは、〈現働化〉と〈反－実現〉がまったく異なった線であることを強調する。[54] したがって、超越論的経験論においては、差異がその唯一の対象となり、同一性が完全にその背後世界に退くというよりも、むしろまったく新たな意味のもとで差異についてのみその同一性が言われる〈一義性の哲学〉の思考が準備されるのである。

IV　諸能力の非共可能的な発散　超越的想像力を中心に

ドゥルーズは、「世界の外にある対象に向かうことではなく、逆にその能力が、もっぱらこの能力にのみ関わり、これを世界に生ぜしめるものを世界のうちで捉える」こと、これが能力の〈超越的行使〉と言う際の〈超越的〉という語の意味だと言う。(55) したがって、〈超越的行使〉とは、あらゆる可能的経験の外部に存するような対象に向かって諸能力を使用すること（カントにおける超越的原則）でもなければ、対象である事物に対して外在したままでその能動性を発揮しようとする各能力の働き（〈モラル〉に感染した諸能力の使用、あるいはこれによって作られる限りでの日常の生活形式）でもなく、まさにその能力のうちで事物それ自体が自らを展開する作用を捉え、能力そのもののうちでその対象を把握するような、謂わばあらゆる水準で発動したコナトゥスの内在的様相である。(56)「感官のうちに感性を現実に生じさせ」、「思考そのもののうちに思考するという働きの発生」を可能にするのは、こうした諸能力の差異に関わる〈出会いの対象〉である。超越論的経験論において批判の目的として〈別の仕方で感じること〉、〈別の仕方で思考すること〉が立てられるのは、例えば、スピノザにおいて表象知から直観知へと移行するために、人間精神の〈可滅的部分〉ではなく、常にそれとは別の〈永遠の部分〉(pars aeterna) を問題にすべきだというのとまったく同じ事柄である。(57) ここにおいてわれわれは、共通感覚と共軛関係にある諸能力間の単なる〈置換〉関係とそれによって構成される網状組織に代わって、まさに諸能力そのものの〈発生的要素〉を言明することによってわれわれの能力の〈実在的定義〉に至っているのだ。つまり、「感覚サレルベキモノ」(sentiendum) ——動詞的表現の度合（強度）——が感性を、「想像サレルベキモノ」(imaginandum) ——選択的存在（永遠回帰）——が想像力を、「記憶サレルベキモノ」(memorandum) ——潜在的に変化する過去（純粋過去）——が記憶を、「思考サレルベキモノ」(cogitandum) ——問う力をもった問題（観念）——が思考を、それぞれ世界のうちで強制的に目覚めさせるのである。(58) 例えば、世界がそもそも可視性をもっていなければ、眼がこの世界に発生することはないだろうし、その場合に眼はまさに〈見ルベキモノ〉をその発生の原因とするのである。各能力のこうした発生的諸要素のすべては、共通感覚を前提とするような経験的使用によってはけっして捉えることのできないような、謂わばわれわれの〈身体の本質〉に関わり、それゆえいかなるストーリーとも無縁なドラマ化のための非共可能的な諸要素である。

〈出会いの対象〉は、各能力が超越的に行使されるように強制する原因である。したがって、これによって各個の能力は、対象に対して外在したままその外から作用するような単なる主観的能動性を獲得するのではなく、まったく逆の自己に固有の受動性に達するのである。[59] ひとは、諸能力の経験的使用において各能力を十全に発揮することは当然それらの能動性のもとでのみ為されるはずだ、というように錯覚するのが常である。しかし、これ反して思考において〈思考する〉という活動が発生するのは、思考が〈思考する〉限りにおいて〈思考されることしかできないもの〉によって触発される力を有することを表わしている。ドゥルーズの主張を要約的に言うならば、経験的使用は、自らの力を他の能力に譲渡した限りでその能力が有する役割という一つの〈結果〉しか示さないのに対して、自らにその働きが委ねられた超越的行使は、その能力の能動的な状態を示すのではなく、むしろ各能力を行使するように強制する発生の原因の一つの〈効果〉を表現するということである。カントにおける可能的経験に対抗して提起される「実在的経験」は、あらゆる能力のこの受動的境位をその根本要素とするのである。確かにカントにおいて、各個の能力は「自らのなかに別の活動を見出すどころか、自己自身の〈受動〉(Passion)に至る」[60]が、しかし、ここで言われる「別の活動」とは、超越的行使のことではなく、あくまでもその経験的使用のなかでの、〈置換〉によって可能な別の能動性あるいは自発性のことである。それゆえ、カントがたとえ諸能力の〈不協和的一致〉に達したとしても、実はそれら諸能力の間の差異は依然として否定的な意味での〈不釣合〉(disproportion)——共可能的な〈関係＝比〉の概念を前提とした——でしかなく、したがって、〈エチカ〉における能力論の理説を完成するには、諸能力がこの〈受動〉とともに真に別の活動としての〈超越的行使〉を見出すためには、諸能力の間の積極的な差異としての〈発散〉をまさにそれらの間の非共可能的な〈関係＝比〉の概念として形成しなければならないのである。何故なら、この概念こそが、われわれの実在的経験の細部で実現される唯一の積極的綜合、すなわち〈離接的綜合〉(synthèse disjonctive) を示しているからである。

　カントにおいて能動的能力は、悟性、構想力、理性の三つであるが、受容的能力はただ感性のみであった。これに対して諸能力の〈超越的行使〉は、各々の能力を自らに固有の受動性の位相にあるその「超越的限界」へと至らしめると同時に[61]、諸能力の間の〈関係の外在性〉によって、一般的な認識能力や欲求能力のなかで組織化された諸能力の内的関係がもついかなるア・プリオリ性をも排していく働きを有する。したがって、〈可能的経験〉という概念の成立が「知的直観」を否定して、受容性の能力を感性のみに制限することと不可分であったのに対して、〈実在的経験〉は、自らの受動性において十全に行使される諸能力によって充たされるような経験、まさに経験されることしかできないア・ポステリオリな経験、何ものも前提とせず、何ものもそれに先立つことのない経験である（だからと言って、私は、これによって条件なしの経験を述べているのでもなければ、こうした経験の条件は考えられないと言っているのでもない。そうではなく、実在的経験は自らの条件の〈実在的定義〉を可能にするその発生的諸要素だということである）。感性だけがわれわれに対象を与えるための条件なのではなく、能力は、それが能力である限り、必ず各個に固有の受動的条件を等しく有し、またわれわれの実在的経験は、これら諸能力が自由に無規定的に一致することによって与えられ構成されるのである。言い換えると、各能力は、自らをこの世界に発生させた固有の〈対象性〉の次元をもつということである。この世界がそもそも「可視性」を有すればこそ、眼はその存在の意味をもつのと同様[62]、超越的に行使された能力は、この世界のうちに自らの相関者を発生的要素としてもたなければならない。

共通感覚においては諸能力の間で再認し合う対象しか見出せない以上、他の能力の再認の対象とならないものについてひとは、それをもっぱら〈思考上の産物である〉とか、〈想像上の産物である〉と主張するわけである。しかし、このことは、実は〈実在的経験〉に対する一つの証言となっている。例えば、他の能力の〈再認の対象〉となりえないものが〈想像上の産物である〉と言われるのは、その〈或るもの〉を、想像力を超越的に行使するような想像力に固有の発生的要素として理解したからではなく、適用の次元においてもっぱら能動的に、つまり経験的に使用された限りでの空想的な想像力による虚構物として理解したからである。ひとが〈或るもの〉を〈思考上の産物である〉とか、〈想像上の産物である〉と言うとき、そこにはこうした事柄が含意されているのだ。自らの働きが自らに委ねられた想像力は、例えば、〈翼をもった馬〉や〈神の国〉といった虚構概念を作りだす〈空想力〉とも、また身体の存在に刻印された〈記憶の秩序〉を再生するだけの〈再現力〉とも混同されてはならない。諸能力の「自由な調和」あるいは「自由な一致」と言われる際の〈自由〉とは、カントの場合に既に論じたように、いかなる立法的機能も支配ももつことなく、それぞれの能力において自らの働きが自らに委ねられることである。スピノザも同様に、〈自由〉とはその能力が自らの本性にのみ依存することであると明確に捉えていた[63]。自由な想像力は、他の諸能力がけっして捉えることのできないような、〈想像されることしかできないもの〉を想像する能力である。言い換えると、これは、想像力によってしか把握できず、受動できないような、物の〈展開の仕方〉が存在し、またそうした物の〈存在の仕方〉を肯定するということである。

　スピノザは、こうした想像力の〈徳〉について次のように述べている。「もし精神が現実存在しない物を自己に現在するものとして想像するとき、同時にその物が実際には現実存在しないことを知っているならば、精神は、この想像する能力を自己の本性の欠点（vitium）とはみなさず、むしろ徳（virtus）とみなすだろう」。スピノザにおいて、精神が身体の変様の観念によってその物をあたかもわれわれに現在するかのように観想するとき、それは、「精神が想像する（imaginari）」ということである。[64] そうだとすれば、この〈精神が想像する〉なかで、同時に実際にはその物が現実存在していないことを知っているような精神にとって、こうした想像する能力は何を意味しているのだろうか。自らにその働きが委ねられた想像力、すなわち自由な想像力は、単なる空想力でも再現力でもなく、実際にその物の〈潜在的イマージュ〉を想像する能力となる。何故なら、この場合、実際には現前しない或る物があたかもわれわれに現前するかのように観想されるということは、その物の〈不在〉のなかでのその物の潜在的な展開を受動することだからである。言い換えると、物それ自身が自らを想像するのである。それは、物の〈不在〉のなかでのその物の或る未知の肯定性をわれわれに表現することである。これが、一つの徳となり、一つの思考する力能――あるいはむしろ選択的思考――を含むだけでなく、一つの実在的な認識を展開する想像力である。[65]

ドゥルーズは、スピノザの文脈で「この想像する能力がわれわれの思惟する力能を含んでいることに満足せず、その力能によって説明＝展開されるならば」と言って、[66] まさに形成の秩序における〈能動的〉――超越的に行使された――と言ってもよい想像力の独自の条件を規定している（スピノザにとって想像力にもその〈能動的表現〉が考えられるということである）。想像力は、単に現働的な物を表象し続けることではなく、その物についての〈潜在的イマージュ〉、すなわち〈想像サレルベキモノ〉を想像するような、〈われわれが為しうること〉の力能の一つへと生成するのである。

共通概念によって規定される精神は、「身体の現在の現働的存在」を考えることによってすべてのものを認識するのを常としている。[67] 共通概念あるいは理性は、身体の単なる現在的存在（受容器としての身体）のもとにではなく、その現働的存在（受動的綜合の力をもつ身体）のもとにすべてのものを認識する（しかし、この〈身体の存在〉

は、過去・現在・未来といった持続上の現在によってではなく、共通概念の現在によって定義される「永遠性」を表わしている[68]。われわれは、自由な想像力においてはその物の潜在的な表象像が展開されると述べたが、これに対して共通概念によって定義され、その本性が構成される精神の活動力能、すなわち理性は、物をその共通概念によって定義される永遠性のもとで現働的に認識するのである。つまり、これは、想像力と理性との間には〈程度の差異〉に還元されない〈本性の差異〉が存在することを意味している[69]。それゆえ、想像力と理性との間に奇妙にも成立すべき〈調和〉は、単に絶えず想像力が自ら要求しながらも充たすことのできない事柄を理性が充足するという単なる相補関係だけを表わしているのではなく、むしろ想像力が把握する物の潜在性から現働性への運動を今度は理性が十全に概念形成することを示しているのである。共通概念とは、われわれが視点を現実に存在する項としての様態から別の項としての様態へと移行させるなかで形成されるのでなく、物の潜在的なイマージュからその物の現働的なイマージュへの移行（現働化）のなかで形成される概念である。その限りで、ここにはまさに現働的現在しか、あるいは現働化の現在しか存在しないのである。諸能力の〈自由な調和〉あるいは〈自由な一致〉は、当の諸能力それ自身の特異な発生のなかで言われるそれらの〈調和〉であり、〈一致〉である。

　超越論的経験論において各能力は、自らの能力を超越的に行使するように強制する力、ある〈暴力〉に曝される限りでのみそれぞれに固有の受動性に達するが、こうした一つの「受苦」(passion) においてのみ[70]、すべての能力は、共通感覚における「収束」(convergence) に代わって、それら諸能力の間の差異と「発散」(divergence)——鏡の破壊——に直面するようになるのである。〈不協和的一致〉とは、その間に〈本性の差異〉が存在する諸能力があたかも共通感覚という一点に向かって収束していくという意味での〈一致〉ではなく、むしろそれら諸能力が相互に発散するなかではじめて通じ合い、はじめて伝達可能になるものを一つの能力から別の能力へと伝えることを意味している[71]。〈発散する〉ということは、対立し合うこと（＝ストーリー）の〈結果〉(résultat) ではなく、むしろ差異においてしか伝わらないこと、通じ合えないこと（＝ドラマ）を伝える〈効果〉(effet) である。ここでの〈発散〉とは、これを収束へと回収するような、いかなる可能性も、可能世界も存在しえないことをすべての動詞（出来事）に伝える錯乱の副詞、すなわち〈非共可能的に〉をともなった差異の強度のことである。また、差異においてしか伝わらないもの、違いのなかではじめて伝えられるものとは、まさに差異についてしか言われない〈同じもの〉のことである。この意味で差異とは、肯定の対象であると同時に肯定そのものである。何故なら、自らにその働きが委ねられた能力は〈自らが為しうること〉からのみ定義されるような能力であり（第一の肯定）、したがって、そうした〈力〉の間にはいかなる否定的な関係も想定されず、ただそれらの差異においてしか伝わらない一義的〈存在〉が今度はそうした差異を反復する〈同じもの〉(Même) として〈擬態の身体〉(Mime) を演じるからである（第二の肯定：肯定の肯定[72]）。

（1） Cf. Spinoza, *Ethica*, I, prop. 18, p. 63.

（2） Cf. *B*, pp. 19-20. ドゥルーズはここで、ベルクソンの哲学をまさにスピノザと同様の創造的で錯乱した実践的経験主義として提起している。「いずれにしても、ベルクソンは、まさに人間的な知恵や安定を哲学に与えるような哲学者たちのなかに属してはいない。われわれの条件によってわれわれはよく分析されていない混合物のなかで生きることを余儀なくされ、またわれわれ自身が一つのよく分析されていない混合物であることを余儀なくされている限り、われわれを非人間的なもの（われわれの持続よりも劣っていたり優れていたりする持続）に開くこと、人間的条件を超出すること、これが〔ベルクソンの〕哲学の意味〔方向〕である」。

（3） Cf. Spinoza, *Ethica*, II, prop. 47, schol., p. 128.

（4）Cf. *DR*, p. 186; *PS*, p. 121.

（5）したがって、例えば、「諸能力の超越的使用は厳密な意味で逆説的使用であり、これは、共通感覚〔常識〕の規則のもとでのそれら能力の行使に対立している」（*DR*, p. 190）とドゥルーズが述べているとしても、この場合の「超越的使用」は、カントが言うような諸能力の不当な使用としてのそれではなく（Cf. Immanuel Kant, *Kritik der reinen Vernunft*, Philosophische Bibliothek, Meiner, 3. Aufl., 1990, A296＝B352-353, A327＝B383, etc.〔以下、*KrV* と略記〕）、後にみるように、いかなる共通感覚（論理的共通感覚、道徳的共通感覚、美的共通感覚）も前提とせず、またそれを定義しない諸能力の「超越的行使」の意味に解されなければならない。「使用」において、何らかの規則やコードが前提となっている場合だけでなく、たとえそうした規則の類いが「使用」の結果として事後的にしか見出されないとしても、あるいはその「使用」とともにしか見出されず、また再生産されないとしても、超越論的経験論において「使用」と「行使」はけっして混同されてはならない。

（6）*PK*, p. 17.「各々の〈批判〉〔カントの三批判書〕に従って、悟性、構想力、理性は、これら諸能力のいずれか一つの主宰のもとにさまざまな関係に入るだろう。したがって、われわれが理性のいずれかの関心を考察するのに従って、諸能力の間の関係に体系的変化（variations systématiques）が現われる。要するに、〔能力という〕語の第一の意味における或る能力（認識能力、欲求能力、快あるいは苦の感情）には、この語の第二の意味における諸能力（構想力、悟性、理性）の間の或る関係が対応しなければならない。かくして諸能力の理説は、超越論的方法の構成的な、真の網状組織を形成するのである」。

（7）*PK*, p. 97.

（8）この場合の「支配する」（prédominant）とは次の事柄を意味している。すなわち、「(1) 或る一つの関心との関係によって規定されること、(2) 対象との関係によって規定すること、(3) 他の諸能力との関係によって規定すること」（Cf. *ID*, p. 80）。

（9）Cf. *PK*, pp. 29-30.

（10）*CC*, p. 48.

（11）*ID*, p. 81. カントは、「現象とその単なる形式とに関するわれわれの悟性のこの図式作用は、人間の心の内奥における一つの隠された技術（eine verborgene Kunst）である」（Kant, *KrV*, A141＝B180）と述べている。しかしながら、構想力は、もはや「思弁的関心」のなかでの立法的能力である悟性によって〈図式化する〉ように外側からその機能を与えられない限り、そもそもその役割を充たさない以上、確かにドゥルーズが明言しているように、「あたかも図式作用の神秘が構想力の本質のなかに、あるいはその自由な自発性のなかに最後の言葉を秘めているかのように、この神秘を探ることは間違いであろう。図式作用は一つの秘密であるが、しかし構想力の最も深い秘密ではない」(*ID*, p. 81; cf. *PK*, p. 29)。

(12) *PK*, p. 50; cf. Kant, *Kritik der praktischen Vernunft*, 《Von der Typik der reinen praktischen Urteilskraft》, Philosophische Bibliothek, Meiner, 10. Aufl., 1990, pp. 81-82.

(13) *CC*, p. 49.

(14) *ID*, pp. 98-99.

(15) 例えば、「崇高は、構想力と理性との間の直接的な主観的関係にわれわれを直面させる」[強調、引用者](*PK*, p. 74)。

(16) Cf. *PK*, p. 71.

(17) Cf. *ID*, p. 88.

(18) Cf. *ID*, p. 82.

(19) 「一義−対応的」あるいは「一義−対応的使用」については、例えば、*AŒ*, p. 120を参照。ここでは、この使用がまさに〈再認的使用〉——「このこと(ceci)が意味していたのは、あのこと(cela)だったのだ」——として定義されており、われわれの問題に即して言えば、立法的能力としての悟性は現象を感性的自然として構成的に再認し、立法的な実践理性は物自体を超感性的自然として統制的に再認するということである。

(20) Cf. *DR*, p. 179. カントにおいて問題とされるのは、「これらの〔理性の自然的な〕諸関心のうちのしかじかのものに従って、〈正当〉あるいは〈不当〉と宣言されるような諸能力の使用」だけである。また、カントにおいて関係が物の性質と考えられていたことがここでも影響を及ぼしている。

(21) Cf. *ID*, p. 88. 例えば、「理性は、感性的なもののなかで構想力をその限界の現前へともたらすが、しかし逆に、構想力は、この感性的世界の無限性に代わって、超感性的基体を思考しうる能力として理性を呼び覚ますのである。暴力を受けることで、構想力はその自由を失うように思われる。しかしながら、まさに構想力は、自己自身の限界を対象とみなすことで、自らを一つの〈超越的行使〉にまで高めるのである」。

(22)　*PK*, p. 70.

(23)　こうした点からも、〈超越的行使〉が『純粋理性批判』のなかで言われる「超越的原則」とまったく異なることが理解できるだろう。何故なら、現象と物自体との間に打ち立てられた「境界柱」(Grenzpfähle) を踏み倒し、いかなる「境界設定」(Demarkation) も認めず、また純粋悟性の諸原則を経験的にのみ使用すべきだとする「制限」(Schranken) を除去し、これを踏み越えるように命ずる「超越的原則」は、一見すると〈超越的行使〉に類似しているが、しかし、そこで言われる〈限界を超出する〉ということも、結局は「可能的経験の制限」を超えること――現象から物自体への移行――しか意味していない以上、この「超越的原則」も、「超越的使用」と同様、可能的経験と不可分であることに変わりないからである (Cf. Kant, *KrV*, A295-296＝B352-353)。

(24)　Cf. *PK*, p. 34.

(25)　Cf. *F*, p. 140; Kant, *Kritik der Urteilskraft*, 《Allgemeine Anmerkung zur Exposition der ästhetischen reflektirenden Urteile》, Philosophische Bibliothek, Meiner, 7. Aufl., 1990, p. 122［以下、*KU* と略記］.「構想力は、感性的なものの外に自らを支える何ものも見出さないが、それにもかかわらず、その境界の消滅のおかげで、自らを〈無際限〉(unbegrenzt, illimité) だと感じるのである」。

(26)　Cf. *CC*, p. 49.

(27)　Cf. *DR*, p. 209. カントにおける諸能力の「置換の体系」は、結局のところ「再認の可変的モデル」と不可分である (Cf. *DR*, p. 179)。

(28)　Cf. *ID*, p. 84; Kant, *KU*, § 40, pp. 144-147.

(29)　*DR*, p. 174.

(30)　*PK*, p. 33.

(31)　*PK*, p. 80.

(32)　*ID*, L'idée de genèse dans l'esthétique de Kant, p. 88. ドゥルーズが「超越的行使」という措辞をはじめて用いたのは、この論文のこの箇所である。

(33)　Cf. *PK*, p. 57.

(34) こうした観点から言語について考察することも可能である。例えば、歯の痛みそれ自体は〈感覚されることしかできないもの〉であるが、しかし「歯が痛い」という言明によって、われわれはこの歯の痛みを、思い出したり、想像したり、考えたりすることができるものにする。したがって、この意味において言語は、まさに共通感覚と合致するのである。あるいは、ここでの諸能力の使用は、そもそも共通感覚における一致を前提とし、また適合されるべく使用されていると言うべきだろう。言語が感覚を無媒介的にその対象としないこと——あるいはわれわれを圧倒的なリアリティの刺激から守るための言語のオブラート機能（とりわけ、命題に傾斜した悪しき表面の言語）——は、この点からも明らかである。言語は、それが諸能力の間の〈再認の対象〉を構成する限りで、他の諸能力とともに共通感覚を定義する感性を作り出し、それと同時に対象の同一性の形式を、つまり感性の多様において同一的なものの形式を可能にするのである。しかしながら、われわれは、例えば初期ストア派の人々とともに、言語についてもっと別の能力、すなわち自らにその働きが委ねられた固有の能力を考えることができるし、また考えなければならない。つまり、超越論的経験論の観点から言うと、超越的に行使された言語の能力とは、〈言ワレルベキモノ〉（loquendum）、あるいは〈言われることしかできないもの〉（lekton）をその固有の対象とすることにある（Cf. *DR*, pp. 186-187, 198-213）。しかし、その際の言語とは、単なる〈言葉の言語〉ではなく、むしろ〈観念の言語〉あるいは〈身体の言語〉に、つまり〈パラ・グラフの言語〉に相応しいものとなるだろう。

(35) Cf. *DR*, p. 182.

(36) *DR*, p. 79. 超越論的経験論は「〈感覚されうるもの〉の学」であると言われているが、これをより正確に言えば、「〈感覚されうるもの〉の存在」（être *du* sensible）の知恵でなければならない（Cf. *DR*, p. 94, pp. 304-305）。

(37) Cf. *DR*, p. 80, 182.

(38) *DR*, p. 186.

(39) Cf. *NP*, p. 104.「われわれは、理性そのものの発生を、また悟性とそのカテゴリーの発生を問うのである」。

(40) *PK*, p. 89.「しかし、現象のマチエール、実在的経験の細部、あるいはしかじかの対象の個別的な諸規則を、悟性がア・プリオリに規定することはけっしてない。これらは、経験的にしか知られないのであり、われわれの悟性に対してどこまでも偶然的である」。Cf. *DR*, p. 95.「(…) 実在的経験（選択、反復、等々）」。

(41) Cf. *DR*, p. 221.

（42） Cf. *DR*, pp. 8-9, 211-212.「問題あるいは〈観念〉は、真の普遍性であるが、それに劣らず具体的な特異性である」［強調、引用者］（*DR*, p. 211）。

（43） Cf. Spinoza, *Ethica*, III, affectuum generalis definitio, ex., p. 204; IV, praef., pp. 208-209.

（44） *SPP*, p. 130.

（45） 持続における自然的諸条件は、常に一定の時間・空間の関係のもとに考察される個物に対してのみ用いられるべきであるが（Cf. Spinoza, *Ethica*, V, prop. 37, schol., p. 304）、これをスピノザは「公理」として示している。すなわち、「自然のなかにはそれよりももっと有力で、もっと強力な他のものが与えられないようないかなる個物もない。どんなものが与えられても、その与えられたものを破壊することのできるような他のものが与えられる」（*Ethica*, IV, ax., p. 210）。これは、謂わば自然の共通の秩序のもとでの個物の一つの〈可能性の条件〉として理解することができる。

（46） Cf. Spinoza, *Ethica*, V, prop. 10, schol., p. 288.

（47） *DR*, p. 182.

（48） Cf. *QP*, p. 146. これは、ドゥルーズ・ガタリによるベルクソン批判の一つである。

（49） *LS*, p. 17.

（50） ドゥルーズがスピノザの哲学について打ち出した共通概念の「適用の秩序」と「形成の秩序」については、*SPE*, pp. 260-261; *SPP*, p. 128, pp. 160-161 を参照。〈適用〉と〈形成〉は、同一線上の単なる上下運動ではない。両者は、まったく異なった線である。この差異を最も明確に表わすのが「静的発生」（genèse statique）と「動的発生」（genèse dynamique）という二つの「発生」の観念である（Cf. *DR*, p. 238; *LS*, p. 217, 281, pp. 286-287; *ID*, p. 269）。〈静的発生〉とは、「前提された出来事から物の状態におけるその実現へ、そして命題におけるその表現へと移行する」ことであり、他方の〈動的発生〉とは、「物の状態から出来事へ、混合物から純粋な線へ、深層から表層の産出へと直接に移行する」ことである（*LS*, p. 217）。われわれの課題に即して言えば、静的発生は、まさに潜在的なものから現働的なものへの現働化の運動にほかならないが、これに対して動的発生は、むしろ現働的なものから出発して当の潜在的なものそれ自体の発生を問題にすることであり、形成の秩序が反－実現としての意義を完全に果たすことができるなら、動的発生は、その現働化の運動を真に〈支持する〉位相であると同時に、その運動をまったく〈裏切る〉ような活動、形而上学的な〈鏡〉に対する破壊活動である。

(51) Cf. *DR*, p. 80.

(52) Cf. *B*, pp. 99-105; *DR*, pp. 272-274.

(53) Cf. *LS*, pp. 176-179; *QP*, pp. 147-152.

(54) *QP*, p. 151. 永遠回帰の思考と存在さえ創造的に解明するほどのこの二つの異質な線は、例えば、ブランショの〈出来事〉における二つの側面――〈その遂行が実現される出来事の部分〉と〈その遂行が実現されえない出来事の部分〉――に対応するかたちで形成された概念でもある。「死は、非本来的で不当な一つの出来事であるどころか、その不可視性の真っ只中にあっては、一つの出来事でさえなく、遂行されないもの、しかしそこに存在するものであり、その遂行が実在化しえないこの出来事の部分である」［強調、引用者］（Maurice Blanchot, *L'espace littéraire*, Gallimard, 1955, p. 202）。

(55) *DR*, p. 186.

(56) Cf. *SPP*, p. 103.「〈展開すること＝説明すること〉（expliquer）は、ものごとの外部での知性の作業ではなく、知性の内部でのものごとの作業を意味する」。ここには明らかに一つの「物活論」（vitalisme）（Cf. *SPE*, p. 14）――あるいは「非－有機的力能としての生の概念」（Lettre-Préface de Gilles Deleuze, in Mireille Buydens, *Sahara ―― L'esthétique de Gilles Deleuze*, Vrin, 1990, p. 5）――があるが、しかしながらそれ以上に重要な論点は、物の〈活動力能〉あるいは〈気息〉を肯定するためには、それらが単にわれわれに与えられていると言うだけではまったく不十分であり、そのための諸能力の超越的行使がわれわれの側に課せられていることの理解が必要である。

(57) Cf. Spinoza, *Ethica*, V, prop. 23, schol., pp. 295-296; prop. 29, dem., p. 298; prop. 40, corol., p. 306.

(58) このように考えると、カントについて少なくとも次のようなより積極的な論点（〈動的発生〉の観点）を析出することができるだろう。つまり、カントにおける唯一の受容的能力たる感性は、もっぱら〈感覚されることしかできないもの〉としての現象を、物自体との間に「超越論的区別」（transzendentaler Unterschied）（Cf. Kant, *KrV*, A45＝B62）が存在する固有の対象として捉えうる能力であること、またこれと同時に、現象の方はと言えば、それは逆に「感官」（Sinn）のうちに現実に「感性」（Sinnlichkeit）を生み出す、つまり「感官」を「感性」へと生成させる固有の対象的要素であり、その意味でわれわれに与えられる唯一の認識対象であること。

(59) Cf. *DR*, p. 182, 186.

(60) *ID*, pp. 87-88; cf. *DR*, p. 182.

(61) Cf. *PS*, pp. 120-121. 既に述べた〈経験的〉と〈超越的〉がそうであったように、「〈意志的〉(volontaire)と〈非意志的〉(involontaire)は、異なった能力ではなく、むしろ同じ能力の異なった行使を指示している」。例えば、ニーチェの〈力能の意志〉は、諸能力の超越的で非意志的な行使から構成された強度である。

(62) フーコーにおいて、〈知〉を形成する二つのア・プリオリな条件としての「可視性」(visivilité)と「言表」(énoncé)については、*F*, pp. 55-75(とりわけ、p. 67)を参照。ここでは、フーコーにおける新カント主義の側面が強調されているが、注意すべきは、ここでもこれら諸条件は「実在的経験の条件であって、可能的経験の条件ではない」と言われる点である。

(63) Cf. Spinoza, *Ethica*, II, prop. 17, schol., p. 106; I, def. 1.

(64) Spinoza, *Ethica*, II, prop. 17, schol., p. 106.

(65) Cf. *SPE*, p. 135, 204.

(66) Cf. *SPE*, pp. 135-136, note 17.

(67) Spinoza, *Ethica*, V, prop. 29, p. 298.

(68) Cf. *SPE*, p. 285, note 11.

(69) 例えば、マイケル・ハートは、スピノザにおける想像力と理性との〈相補的関係〉のなかで、理性を「一つの強められた想像力」(an intensified imagination)として理解している(Cf. Michael Hardt, *Gilles Deleuze —— An Apprenticeship in Philosophy*, University of Minnesota Press, 1993, p. 103)。しかし、感性的認識から出発して諸能力の間に「活発性の差異」という程度の差異を措定するのがまさに〈共通感覚的〉経験論であったはずである。そうだとすれば、ハートは、こうした程度の差異のなかでいかにしてスピノザにおける諸能力の間の〈調和〉や〈一致〉を論じようと言うのだろうか。スピノザにおいて共通概念の「形成の秩序」を問う経験主義を主張することは、諸能力の間の〈本性の差異〉の理解がなければ不可能な事柄である。

(70) *DR*, p. 182, 186.

(71) Cf. *DR*, p. 189, 250.

(72) Cf. *NP*, pp. 213-217. 「肯定は、最初は多様、生成、偶然として定立される。というのは、多様は一方のものと他方のものとの差異であり、生成は自己との差異であり、偶然は「すべてのものの間の」差異あるいは配分的差異だからである。次に、肯定は二重となり、差異は肯定の肯定において、すなわち第二の肯定が第一の肯定を対象とする反映の契機において反映されるのである」（NP, pp. 216-217）。第一の肯定としての差異は、〈自らが為しうること〉の間の差異、つまり力の差異〈差異的要素としての〈力能の意志〉であり、こうした差異についてのみ言われる〈唯一同一のもの〉（=永遠回帰）、すなわち差異を再び肯定するために回帰するものが第二の肯定たる〈肯定の肯定〉である。

第三章　逆－感覚と発生の問題

Ⅰ　逆－感覚の第一の特徴　〈より少なければ、それだけより多く〉

〈鏡のなかの生成〉――「一生覚めない夢ならば、それはもはや夢ではない」、と言われることがある。例えば、ギィ・フォワシィは、常に観る者に何らかの〈鏡〉を意識させるような作品を書く戯曲家である。彼の『相寄る魂』は、公園のベンチで幸せそうに語り合う主人公の男女を最後に無惨にも夢から現実に引き戻してしまう(1)。その瞬間に、彼らにとってまさに〈耐え難いもの〉となるのは、日常の現実ではなく、むしろ互いにそれまで語り合っていた当の夢の方なのかもしれない。現実が夢に対して測り知れないほど大きく重要だというわけでもないが、だからといって夢が現実よりもはるかに価値があるというわけでもない。或る意味でこの両者は、まったく対等であるのかもしれない。何故なら、夢は現実の鏡像だからである。つまり、〈対等〉と言っても、奇妙にも何かがまったく逆転しているという限りで、両者は等しいのである。しかしながら、現実の鏡と異なって、形而上学的な〈鏡〉のなかで逆転されるものは、何も空間的な配置に限られる必要はまったくないだろう。それでは、現実と夢との間にある鏡とは一体どのようなものであろうか。この鏡、つまりアクチュアルな何かを逆に映し出す鏡は、それがわれわれにもっぱら与えられる限りでは、あるいは鏡のこちら側にあるのが〈一般的な生〉である限りでは、おそらくそれ自体一般的に考察されるべき、謂わば単なる〈反射鏡〉であろう。

しかし、〈二つの生〉を鏡の前に提示しようとする限り、ひとはその鏡を一般性のうちで捉えることはできないだろう。何故なら、そのときその鏡は、潜在的な〈表現されるもの〉を反映する〈生ける鏡〉、つまり〈表現鏡〉でなければならないからである。この意味で人間は、単に〈夢を見る動物〉なのではなく、より深いところで〈鏡を創る動物〉であると言うべきだろう。しかし、こうした〈鏡〉をどのように創り出すのか、〈何を〉、〈どのように〉逆転する鏡を創るのかが問題である。『相寄る魂』の二人は、おそらく〈習慣〉という前意識のなかで、或る公園のベンチをそうした〈鏡〉へと生成させるのである。そして、特定の時間（例えば、工場の昼休み時間）だけ、そのベンチは現実を夢へと変換する或る特異な〈鏡〉に生成するのである。われわれは、〈鏡〉のこちら側では「様態」であるものがその〈鏡〉の向こう側では「実体」となるような、[2]そして、〈鏡〉のこちら側では空間と時間との現働的な「混合物」がその〈鏡〉の向こう側ではすべてのものがそこから生じてくるような或る「潜在的全体性」となるような、[3]また、〈鏡〉のこちら側では単に〈指示されるもの〉がその〈鏡〉の向こう側では〈表現されるもの〉となるような、[4]要するに、或るものを或る逆に－実現する〈鏡〉、つまり反－実現する〈鏡〉を形成する必要がある。ここではこうした問題のもとに諸能力の感覚を論じることにする。

さて、カントにおける〈不協和的一致〉は、依然として「共通感覚（＝常識）」(sens commun)を表わす諸能力の経験的使用が前提となっていたが、これに反して超越論的経験論における諸能力の超越的行使のもとでの〈不協和的一致〉は、ドゥルーズによれば、「逆－感覚（＝逆－識）」(para-sens)と称されるものによって規定される。[5]

われわれは、この〈逆－感覚〉をまず第一に以下のように定義することができる。すなわち、〈逆－感覚〉とは、例えば、諸能力の経験的使用のもとでの感性において感覚することがより少なければ、それだけ逆に〈感覚サレルべキモノ〉（強度）をより多く感覚するということ、あるいは共通感覚のもとで思考することがより少なければ、それだけ逆に〈思考サレルベキモノ〉（観念）をより多く思考することを意味する（〈逆－感覚〉の第一の特徴）。すなわち、感性の受容性と受動性との間の、あるいは概念の適用とその形成との間の〈逆比例的変化〉。ただ注意すべき点は、この変化は共通感覚と逆－感覚との間で起きる或る中立的な変移などではなく、むしろこの変化それ自体が奇妙な〈逆－感覚〉をわれわれに感覚させる変様であり、感覚の仕方そのものの変化（別の仕方で感覚すること）だということである。これに対して共通感覚は、むしろこの予測不可能な変化をマイナス化し固定化するような方向、つまり〈良識〉と不可分である。それゆえ、ドゥルーズは、共通感覚を諸能力の間の「再認のプロセス」として、また良識を諸能力の間の差異が消失していくプロセス、「予測のプロセス」として定義するわけである。[6] ここでは、追認と予想が創造と預言の力に取って代わるのである。

　諸能力の超越的行使においては、既に述べたように、現象を物自体の方向へと超越することはまったく問題にならない。超越的に行使された感性は、物自体へと自らの限界を超えるのではなく、或る意味で現象からけっして離れることなく、しかし現象において「感覚されうるもの」をわれわれに実際に感覚させるその〈存在〉、すなわちこれをわれわれに所与として与える「感覚されうるものの〈存在〉」を捉える能力である。つまり、「感覚されうるものの〈存在〉」は、「感覚されうるもの」においてしか見出されず、しかし、所与としての「感覚されうるもの」にけっして還元されないにもかかわらず、〈感覚されることしかできないもの〉である。要するに、現象としての所与とは異なる或る「対象性」（objectité）の次元[7]、すなわちいかなる主観性にも帰属しないような〈質〉、あるいはそれ以上に先行する主体的な知覚者なきパースペクティヴが捉える「被知覚態」（percept）あるいは「センシビリア」（sensibilia）の力の次元を定立しようという試みのうちにドゥルーズの思考は存している。[8]「被知覚態そのものの定義は、以下のようなものではないだろうか。すなわち、世界を充たし、われわれを変様させ、われわれを生成させる感覚しえない諸力を感覚しうるようにすること」[9]。こうした〈センシビリア〉は、既に『ニーチェと哲学』のなかで〈力の生成〉として定義されている[10]。差異のないところにいかなる力も生じえないし、また差異と同じではない力も存在しないだろう。何故なら、「力は、他の力以外の別のものを対象にもつことはなく、〈関係＝比〉とは別の存在をもたない[11]」からである。所与から区別される〈センシビリア〉とは、むしろ所与を与え、それを感覚可能にするもの、つまり「感覚されうるものの〈存在〉」としての力、〈被知覚態〉としての力の生成、すなわち諸能力を超越的に行使させる原因であるとともに、それによってはじめて知覚対象となるような力の要素を含むもののことである。したがって、諸能力の経験的使用が現象と物自体との間の境界線をめぐって特徴づけられるのに対して、それらの超越的行使の方は、現象における所与とセンシビリアにおける諸〈力〉との間の差異をその対象とするのだ。

このように、〈逆－感覚〉の第一の位相においてわれわれは、〈再認の対象〉としての「感覚されうるもの」（例えば、色見本に還元されるような〈色彩－質〉）を感覚することが少なければ、それだけより多く〈出会いの対象〉としての「感覚されうるものの〈存在〉」（例えば、概念化されたア・プリオリな色見本にけっして還元されない〈色彩－強度〉）を感覚予件とは区別されるセンシビリアのうちで感覚するということである。〈逆－感覚〉のこの第一の特徴は、まさにスピノザにおける能動と受動との、あるいは十全と非十全との間の逆比例の関係を継承したものだとも言える。すなわち、「同一の個体について、言い換えると、一定の限界のなかで不変であると想定された同じ一つの力能の度合について、その変様能力そのものはこの同じ限界において不変を保つが、活動する力能と受動する力能はともに逆比例的に（en raison inverse）根本的に変化するのである」[12]。ひとは普通、より多くの働きを為す力があれば、それに対応してそれだけより多く働きを受ける力を有すると考える。しかし、スピノザにおいてわれわれの身体あるいは精神の力能の度合が有する変様の能力は、自ら働きを為すことが多ければ、それだけ外部の原因によって説明されるような受動的変様を受けることが少ないのである[13]。

　諸能力の使用とそれらの行使との間に成立するこの逆比例的関係が表現する、われわれの実質的な変様内容である〈逆－感覚〉は、質の反対性や対立の形式（例えば、堅いと軟らかい、冷たいと温かい、大と小、一と多、等々）によって示されるものではない。逆－感覚の第一の規定は、〈より冷たいと感じるならば、それだけより温かいと感じる〉ということを意味しない。何故なら、そこでは単に反対の質の共存——「無際限な質的生成における〈より多いもの〉と〈より少ないもの〉の共存」——があるだけで、それゆえその感覚は共通感覚の感覚と共可能的であり、結局いかなる意味でも感覚のそれ自体の変化、別の仕方で感覚することへの問いがまったく存在しないからである。ドゥルーズがプラトンの『国家』における「同時に反対の感覚」の対象の例を取り挙げるのも[14]、まさに逆－感覚が、第一により根本的には、再認か出会いかという対象の違いの問題でもなければ、質の〈気違いじみた生成〉の問題でもなく、その間に非共可能的な関係に立つような〈より少なく〉と〈より多く〉から合成された部分的で分子的な感覚だからである。それは、例えば、冷たいと感じることが〈より少なければ、それだけより多く〉冷たさしか感覚しないこと、つまり或るものを冷たいと感覚すること、あるいは冷たい或るものを感覚することが〈より少なければ、それだけより多く〉冷たさの存在を感覚することである。ベンチが冷たいと感じたり、冷たいベンチを感じたりすることが〈より少なければ、それだけより多く〉その冷たさの強度——感覚されうるものの存在——を感じるということである。「深さは存在の強度であり、あるいは逆に、強度は存在の深さである」。こうして、諸能力の共通感覚的〈一致〉にけっして帰属することのない或る〈錯乱の感覚〉、諸能力の不協和一致における〈逆－感覚〉が、この場合に冷たさをめぐる被知覚態の〈風景〉(paysage) や冷たさをめぐる力の生成の〈闘い〉(combat) を開くのである。

II　逆－感覚の第二の特徴 〈より離接的であれば、それだけより十全に通じ合う〉

また、〈逆－感覚〉は、諸能力が経験的使用から超越的行使へともたらされることによって、それらの諸能力が相互に発散して離接的になればなるほど、逆にそれらの間の「連絡」(communication) を十全に為しうることを表わす感覚である(〈逆－感覚〉の第二の特徴)。[15] 「最も重要なのは次のことである。感性から想像力へ、想像力から記憶へ、記憶から思考へと――離接的な各能力をそれ自らの限界へともたらすような暴力をその各能力が他の能力へと伝えるとき――その都度、差異の一つの自由な形態こそが能力を目覚めさせ、またそれをこの差異の異なるものとして目覚めさせるのである」。これは、「観念(＝理念)」(idée) の形相についての言明である。観念が能力を超越的行使のもとで目覚めさせるということは、潜在的な〈差異の概念〉としての観念そのものが諸能力において現働化すること、[16] すなわち当の観念それ自体が諸能力として現働的に差異化すること、言い換えると、超越的行使のもとでの諸能力の〈存在の仕方〉をその観念の形相として規定することである。[17] それゆえ、ここで言われる〈連絡〉とは、諸能力の間が内包的な離接的距離を強めれば強めるほど、それだけ各個の能力の間でこの観念が反照され合い、反－実現され合うということである。

例えば、D・H・ロレンスは、諸要素の離反とともにそれら諸要素の間で反照される〈海〉――腐蝕液、強い水としての〈海〉――を述べている。「諸要素よ、抱き合うことをやめて、互いに離反せよ。海の男よ、人間の妻や子らから身を離せ。海の女よ、男の世界を忘れて、海だけを記憶せよ。こうして、彼ら、海で生まれた民衆は、海へと向かう。（…）海を越えよ、海を越えよ、心せよ、愛と家庭を棄てよ、愛と家庭を棄てよ。（…）狂暴で異様な諸要素に戻ろう。腐蝕をもたらす広大な海へ、あるいは〈火〉へ[18]」。諸要素を、すなわち海の男と海の女を相互に離反させるのは〈強い水〉としての海の観念であり、この観念は、離反する限りでしか知覚されえない海の風景、新たな海の被知覚態を知覚させる仕方、そのパースペクティヴである。非共可能的に離反するものだけが、一義的な〈海〉の上で通じ合うこと、その連絡を必然的なものとするのだ。この内側からの一つの暴力は、共通感覚における諸能力の間での再認の先行性のように、外部での異質なもの相互の、あるいは他者とのコミュニケーションに先立って、諸能力の間での離接と連絡——非共可能性と必然性——を同時に定立するものである。これがなければ、われわれのいかなる異質なものとのコミュニケーションも、結局は共通感覚におけるコミュニケーションの仕方とまったく同じものとなるだろう（例えば、自らの生成変化をともなうことのない、既存の体系に依存した解読や翻訳）。何故なら、そこには単に予想と予測——つまり、われわれが現に在るところのもの——による可能性のなかでのコミュニケーションがあるだけだからであり、離接の肯定もなければ、自己の生成変化——つまり、われわれが生成しつつあるところのもの——を必然的にともなうような〈伝エラレルベキモノ〉（communicandum）もけっして存在しないからである。

この観念の力たる〈暴力〉をさらに考えてみる必要がある。次のような疑念が生じるかもしれない。常にその経験的使用に閉じ込もろうとする諸能力を超越的行使へと強制する力は、既に各個の能力をその限界で発生させる原因としての固有の対象——ラテン語の動形容詞（gerundivum）の名詞化によって表現された、諸能力のあの発生的諸要素——として提起されたのだから、この観念について言われる〈暴力〉は単に力の数を増やしただけではないのか。しかし、そうではない。何故なら、〈逆－感覚〉のこの第二の規定においてわれわれは、観念あるいは理念の質料的側面がもつ自動性——あるいは諸能力の発生的要素をその表現的な内容としてもつ諸能力の受動性——からそれらの形相的側面の自律性の問題へと移行しているからである。したがって、ここで言う〈暴力〉とは、われわれの経験が単に条件づけられ根拠づけられるだけの可能的経験となるとき、あるいは悟性が一定の認識に閉じこもろうとするとき、あるいはわれわれの知性がもっぱら「自然に行使される人間の思考」でしかないとき、要するにすべての能力が共通感覚における道徳的使用でしかないとき、こうした経験や諸能力の傾向を批判して、あまりに人間的なこの「人間的条件を克服するための努力」[19]を触発するような〈非－有機的力能〉(puissance non organique) の成立を意味するのである。つまり、暴力とは、諸要素を離反させる力であると同時に、問う力をもった問題、〈問ワレルベキ問題〉をそれらの諸要素に伝える仕方である。こうした意味で〈逆－感覚〉の要素は観念である。観念は、それがまさに〈問題の様態〉である限り、諸能力が高次の行使に達するための形相上の条件であるが[20]、能力の方はと言えば、それは、こうした観念という問題によって喚起されたそれらの働きの形相、存在の仕方である。或る能力から他の能力へと飛び移るように伝えられる〈差異的＝微分的な微光の多様体〉である観念は、各能力をそれらに固有の限界へともたらす〈力〉として他の能力に伝えられることによって、この〈差異的多様体〉の異なるもの（形相）として成立させるのである。ストア派に習って言えば、働きの形相は、〈存在する〉(exister) というよりも、むしろ〈成立する〉(subsister) のである。それゆえ、観念は、それがいかなる能力に対しても固有の対象となることなく諸能力を貫通するという意味で、まさに〈生成の単位（一性）〉のごときものであり、これによって共通感覚や意識にけっして還元されない諸能力それ自体の自律性が保証されるのである。

ところで、カントは、理念（観念）が「解なき問題」であることを明確に理解していたが[21]、ドゥルーズによれば、これは、理念が単に〈偽なる問題〉だということではなく、むしろ逆に〈真の問題〉を意味するということである。〈解なき問題〉は、やはり一つの強制を表わしている。つまり、それは、〈超越的行使〉の別の表現として、いかなるイマージュもなしに或るものを表象するように諸能力を強いるということである。共通感覚のもとではけっして感覚されえないような対象、それゆえ諸能力の超越的行使の側面から言えば、〈感覚されることしかできないもの〉は、〈解〉としての或る特定のイマージュなしに問題的にしか表象されず、その限りでまさに「問題である限りの問題こそが観念の実在的対象」である。[22]したがって、一般的にあらゆる再認を構成する諸能力の協働形式のなかで、われわれに経験的に直接与えられることも認識されることもできないような対象は、この強制のなかでいかなる経験的形象としても規定されえないまま表象されなければならないだろう。そこで重要となるのは、この無規定的対象が「既に知覚において地平（horizon）あるいは焦点（foyer）として作用する完全に定立的な一つの対象的構造」を示しているという点である。[23]理念（観念）はいかなる〈解〉（イマージュ、不活性な表象像）ももたらすことのない肯定的問題であり、それは、われわれの知覚のなかで、超越的に行使される諸能力の形相を成立させるようにして或る能力から他の能力へと伝えられるのである。そのとき、われわれの〈存在の仕方〉は、もはや或る問題の一つの解ではなく、それ自体が〈問ワレルベキ問題〉の一つの強度的様態に、すなわち一つの〈問い方〉になるのである。

感性から思考へ、そして思考から感性へと移行する諸観念は、まさにそれらの能力に「〈存在〉の差異」[24]を伝えていると言うことができる。これは、ちょうど諸能力が〈再認の対象〉を構成する際に、或る能力がその対象を他の能力の対象と同一的なものとして捉えるのとはまったく逆の事態である。同一性としてではなく、差異として〈存在〉をわれわれに伝える諸能力の間の〈連絡〉こそが、既に論じた〈不協和的一致〉を定義するのである。そして、存在こそが差異なのであるから、同一的なものに転化することなく、この存在をまさに差異として、すなわち〈生成の存在〉としてわれわれに伝えるのが諸能力の超越的行使である。ここにおいて〈存在〉概念は、もはや同一的なるものの徴表ではなく、差異についてのみ言われる〈唯一同一のもの〉の観念となるのだ——しかも、その感覚（＝変様）をともなって。したがって、ドゥルーズが提起するわれわれの経験の新たな位相である実在的経験は、悟性概念が構成するものと感性が受容するものとの間のアナロジカルで大きな〈超越論的区別〉によってではなく、超越的に行使された諸能力の間の発散する〈差異〉と、その発散を一つの錯乱した内包的距離にしてしまうような〈反復〉とによって構成されるのである。言い換えると、〈連絡〉が図式作用にとって代わるのである。しかし、おそらくこの〈逆－感覚〉の第二の規定で最も重要かつ困難なことは、この諸能力の間の〈連絡するもの〉についてのより踏み込んだ概念形成である。純粋悟性概念の網状組織も、ア・プリオリな〈共通感覚〉を構成する諸能力の網状組織も前提されない以上[25]、超越的に行使された諸能力の間の不協和的一致を〈連絡〉というかたちで実現する観念についてどのような概念（差異の概念）を形成するかが問題なのである。何故なら、〈逆－感覚〉の第一の特徴が、依然として共通感覚に依存した部分を有しているという点で、その受動性の感覚を表わしているとすれば、この第二の特徴は、その能動性の感覚を定義するものだからである。こうして、概念の適用の秩序ではなく、まさにその形成の秩序が問われる次第である。

III　逆－感覚の第三の特徴

〈より判明であれば、それだけより曖昧な〉、あるいは
〈より明晰であれば、それだけより混乱した〉

さらに〈逆－感覚〉は、「明晰なもの」(claire) と「判明なもの」(distinct) との間に〈反比例の原理〉を定立する（〈逆－感覚〉の第三の特徴[26]）。これは、われわれの内在性の感覚を定義するものである。ドゥルーズは、カ

ントに即して、〈超越論的〉とは、われわれのア・プリオリな諸表象（時間・空間というア・プリオリな直観、実体・原因というア・プリオリな概念、等々）への経験的所与の必然的従属の原理と、これと完全に相関する経験へのそれらア・プリオリな諸表象の必然的適用の原理を形容する言葉であると的確に述べていた[27]。要するに、〈条件〉と〈条件づけられるもの〉との間の関係は、単なる原因・結果という因果的関係ではなく（カントにおいては、原因と結果は関係のカテゴリーの一つであった）、こうした必然的〈適用〉と必然的〈従属〉からなる複合的な超越論的関係であり、またこの関係は、既に述べたが、同時に一つのモラル（＝無差異性）を表示するものでもあった。しかし、エチカの一つの強力な方法論である超越論的経験論において、こうした関係は、適用も従属もない、まったく別の概念のもとで考えられることになる。つまり、〈条件〉と〈条件づけられるもの〉との間の超越論的差異は、ここでは〈潜在的なもの〉と〈現働的なもの〉との間の発生論的関係として把握されるのだ。まさに〈条件〉を〈条件づけられるもの〉の単なる外的な条件づけの原理とするのではなく、アクチュアルなものの内的な発生の原理として探究することが問題である。

さて、この「潜在的−現働的」（virtuel-actuel）という事柄は、〈逆−感覚〉における還元不可能な二つの価値として捉えられる[28]。ドゥルーズは、デカルト的な〈明晰であればあるほど、それだけより判明である〉という明晰なものと判明なものとの間の「正比例の原理」に対して、〈逆−感覚〉の特徴を次のように提起している。つまり、〈逆−感覚〉における「判明なもの」とは、〈それ自体からして曖昧でしかありえず、また判明であるだけにいっそう曖昧であるようなもの〉のことであり、また「明晰なもの」とは、〈それ自体からして混乱でしかありえず、また明晰であるだけにいっそう混乱したようなもの〉のことである。正比例の原理に反して、「明晰なもの」と「判明なもの」との間にはこうした反比例の〈関係＝比〉が存在するのである。したがって、〈明晰で判明なもの〉とは、一つの悪しき超越性である。それは、例えば、すべてのものを〈夢か、現実か〉という排他的選言のもとで認識しようとする。しかし、それ自体が一つの夢であるばかりか、たとえ独断論のまどろみというそのちょっとした平穏な睡眠から目覚めたとしても、その覚醒を保証するものは、そのまどろみのときと同様、再認の可能性、諸現象の結合とその整合性、諸表象の必然的連関、自我の同一性や連続性、等々の一貫したストーリー性や目的論性でしかない(29)。その間に〈共可能性〉という名の境界線をもつような覚醒と睡眠において、現実と夢の区別は、例えば、単に労働と遊びとの間の区別と異なるところがないだろう。夢はまどろみのなかでの途切れ途切れの覚醒であり、現実はどこまでも覚醒のなかでの連続的な夢でしかないのだ。それにもかかわらず、夢に対する覚醒や現実に優越性をおこうとする意志は、結局は〈存在のアナロジー〉を前提として、一貫した目的論的ストーリーのなかで最善のシナリオを見出そうとするモラルへの意志にほかならない。しかし、われわれにとって夢が問題となるのは、覚醒との間に非共可能性の錯乱した境界線を引くような〈夢なき眠り〉、すなわち、夢の器官なしに、しかしその眠りをむしろ身体のノイズで充たすような〈悪夢〉であり、まさに〈不眠者の夢〉である。それは同時に、不眠と非覚醒との間の、あるいは〈夢であれ、現実であれ〉(離接的綜合)の実在性であり、めまい、酩酊、陶酔によって再-開される実在性である。これらが、われわれに〈内在性〉についての或る圧倒的な実在的感覚を与えるのである。

さて、「明晰なもの」と「判明なもの」との間に成立する奇妙な反比例の〈関係=比〉は、一つには「数的区別」と「実在的区別」との間の関係を内的に表現したものである。現働的なものは潜在的なものが現働化しつつあるものとして捉えられるが、その際のこの潜在的なものは、確かに実在的であるが、しかしいまだ現働化していず、それゆえそれ自体において「差異化=微分化」(différentié)しているが、いまだ「差異化=分化」(différencié)していないという意味において、実在的に区別されるが、いまだ数的な区別を有していないという意味において、

「判明で−曖昧な」(distinct-obscur) 観念であり、まさに一つの〈差異の概念〉を形成している。あるいは、次のようにも言える。「曖昧」であるという点では「非正確」(anexact) であるが、しかし「判明」である限りにおいて「厳密」(rigoureux) であるという意味で[30]、潜在的なものは〈厳密で−非正確〉である。これに反して、経験のうちで現働化した潜在的なものの諸要素は、確かに数的区別をともなって明晰に把握されるが、しかし、経験的な諸形象のもとでしかその差異が捉えられず、実在的に区別される差異はそうした諸表象のうちで「取り消される」傾向にあるという意味において[31]、それらは混乱したものとなり、それゆえここには「明晰で−混乱した」(clair-confus)〈差異の概念〉しか存在しないことになる。言い換えると、実在的区別という事物の〈内部〉からの区別は、数的区別というその〈外部〉からの区別によって絶えず取り消される傾向にあるが、しかし、留意すべき論点は、たとえ〈混乱した〉かたちではあっても、そこには常に実在的に区別される潜在性が非−現働的に含まれ、したがってここにはこれを展開しようと努める〈明晰で−混乱した〉経験主義者が生まれる可能性があるということである。このようにして、「明晰なもの」と「判明なもの」との間には、〈程度の差異〉ではなく、〈本性の差異〉が存在するのである[32]。

さて、ここでも重要なのは、潜在的なものをめぐる「適用の秩序」と「形成の秩序」との差異である。潜在的なものから現働的なものへの〈現働化〉というその「適用の秩序」に満足してはならない。「適用の秩序」が或る意味でベルクソン的な存在論的問題を引き継ぐものだとすれば、「形成の秩序」はスピノザ的な実践的問題を展開することにつながると言える。ドゥルーズにおける〈潜在性の哲学〉を〈現働化〉の運動や論理からしか考察しないことは、単なる〈基礎づけ主義〉に陥る危険性が常にともなっている[33]。例えば、『差異と反復』における主調の一つは、明らかに次のような事柄にある。「われわれは、〈観念〉の潜在的内容の規定を〈差異化＝微分化〉と呼ぶ。

これに対してわれわれは、区別された種と部分におけるこの潜在性の現働化を〈差異化＝分化〉と呼ぶ」。そして、この「〈観念〉の潜在的内容が現働化されるとき、〔差異的＝微分的〕関係＝比の変化性は、区別される種において具体化され、これと相関的に変化性のさまざまな価値に対応した特異点がしかじかの種に特徴的な、区別される諸部分のうちに具体化される」[34]。観念におけるその潜在的なものの現働化は、一つの条件づけの過程であると同時に、潜在的なものの現働的なものへの必然的な適用の原理でもあり、その限りでこの全体は一つの適用の次元を示している。あらゆる現働的なものは、潜在的なものが現働化しつつあるものとして、あるいは現働化したものとして根拠づけられるからである（〈静的発生〉による根拠づけあるいはその安定化）。

これは、同時に〈再認の対象〉の同一性をその現働化とともに共可能的に基礎づけることにもなる以上、ドゥルーズはまさに適用の秩序のもとで次のように言うことになるのだ。「〔後になって〕相互に類似し、また類比的で、対立的あるいは同一的になるのは、常に〔先行する〕諸差異である。差異はあらゆる事物の背後に存在するが、しかし差異の背後には何も存在しない」[35]。確かに、ドゥルーズは、同一性を差異の中心に据えるような思考（例えば、差異はすべて〈偶有性〉として語られ、その背後には必ず〈実体〉という絶対的に同一的なるものが存在するという考え方）ではなく、逆にいかにして差異を同一性の中心におくかというニーチェ的な〈価値転換〉の問題意識のもとでこのように述べているわけであるが、しかし、経験的な再認の形式に対する差異の権利上の先行性・背後性に基づいてすべてのものを根拠づける適用の原理がそこに想定されていることは明らかである。そうだとすれば、同一性から差異を解放する〈闘い〉は、同一性が自らのうちに差異を内部化するための〈戦争〉と同じ戦い方に陥ってしまうのではないだろうか[36]。そうならないためには、この共通の戦い方をズラし、〈戦争〉を壊滅的に裏切る方法を作り出し、また現働化を真に支持するその分身であると同時に、それとはまったく異なった線を引く動詞＝活動を見出さなければならない。

注意すべき点は、〈現働化〉は単に不可逆的な過程ではないということである。それは、潜在的なものの一つの「展開」(explication)である限り、「包含」(implication)の反対ではない。「展開するものは包含するのであり、外に広げるものは内に含むのである」[37]。包含する力、内に含む力を失った展開は、潜在性の〈現働化〉ではなく、常に表象的な諸項間の移動にすぎない。つまり、〈現働化〉は、不可逆的な運動というよりも、むしろそれと不可分なかたちで潜在性それ自体に対するまったく別の本性をもつ運動あるいは速度を示しているのであり、これは、実は条件の条件づけられるものに対する複写不可能性から帰結する事態である。現働化とは別の実在性をもつこの活動(＝動詞)、それが〈反－実現する〉ことである。この二つの運動は、同一線上の単なる逆方向の動きなどではなく、あくまでも非－類似的な異なった線である。したがって、超越論的経験論における最も重要な課題は、まさに現働的なものから潜在的なものへの〈非－現働化〉の力能、あるいは同じことであるが、表象＝再現前化とはけっして共存しえない別の現働化の速度、すなわち〈反－実現〉の実在性を論究する立場でなければならない[38]。形成の秩序が〈反－実現〉の意義を獲得するのは、適用の秩序において既に形成され固定化された経験的形式をデフォルメするときであり、その限りで〈形成〉(formation)とは常に〈脱－形成〉(dé-formation)を出発点とするものである。

Ⅳ　逆－感覚の第四の特徴

スピノザ、あるいはディオニュソス的思考者の感覚

ドゥルーズのスピノザ論のなかでも特筆すべき論点は、まさにスピノザの思想における共通概念の「形成の秩

序」の創造的な実践的意義を際立たせたところにある。超越論的経験論は、この意味でカントの諸能力の理説を批判的に展開した所産であるばかりでなく、実はそれ以上にスピノザにおけるこの経験主義的な問いを、つまり概念の形成の位相を超越論的哲学として彫琢したものである。それと同時に、けっして形而上学に陥ることのないこの〈超越論的企て〉[39]は、逆にスピノザにおける〈実践的企て〉の次元を描き出すことになるだろう（〈エチカ〉による超越論的哲学は、形而上学の一つではない。この両者をけっして混同しないように注意しなければならない）。つまり、「われわれの力を逸らせ、われわれを〈われわれが為しうること〉から分離する、多くの非十全な観念がわれわれに必然的に与えられているのに、いかにしてわれわれは十全な観念を形成し、産出するに至るか」という問いを立てることによって、そのときスピノザは、まさに〈概念を創造する〉経験主義者となるのである。〈逆－感覚〉のなかでの経験主義者、それは〈明晰で－混乱した〉ディオニュソス的思考者である（〈逆－感覚〉の第四の特徴）――「〈ディオニュソス的〉という私の概念がここで最高の行為になったのだ。これに比べれば、その他のすべての人間の行為は貧弱で制限されたものに見える」[40]――〈反－実現〉、それはディオニュソスの属性であり、彼の本質を構成的に表現する出来事である。

人間は生まれながらに理性的なのではなく、むしろ理性的になるのであり、その際に喜びの受動的感情を理性それ自身の発生的要素と考えることができるという点にこそ、そのア・プリオリ性があると言える。感情は、私自身に私の身体とその外部に存在する別の物体（身体）との間の不在の関係、〈非－関係〉の関係を表示する、つまりその都度の私の身体の活動力能の連続的変移を精神に意識させる「〈混乱した〉観念」（confusa idea）である。[41]したがって、喜びの感情が共通概念の形成の端緒になるのだとすれば、それは、この感情が理性に〈この関係を思考せよ〉と命令することで、その概念形成のために理性を暴力的に目覚めさせるからにほかならない。何故なら、共通概念は、われわれの人間身体とその外部に存在する何らかの物体（身体）との間に分有された或る共通の構成的な〈関係＝比〉の観念だからである。つまり、受動的感情という非十全な観念には、〈混乱した〉かたちではあるが、或る〈非－現働的な〉ものが潜在的に含まれていて、それをいかにして説明・展開するかという理性以外の能力では為しえない、概念形成の次元に固有の問題圏があるということである（理性の発生は、常にこの十全な概念を形成するための理性の努力以外の何ものでもない）。したがって、問題は、この〈混乱した〉という語が潜勢的にもつであろう逆－感覚における固有の論理的価値である。というのは、それによってこの感覚の第四の特徴が示されるからである。

　さて、スピノザにおいて、受動性とは「人間の身体が或る外部の物体の本性を含むような仕方で刺激される」［強調、引用者］ことであり[42]、したがって、たとえその身体の変様の観念が非十全な〈混乱した〉ものであったとしても、そこには何らかの或る〈積極的なもの〉（positivum）としての物の本性が潜在的に含まれている。しかし、われわれの身体の活動力能のより小さな完全性への移行が悲しみの感情として表象されるのは、その移行のなかでわれわれ自身が〈われわれの為しうること〉から引き離され続けるからである。言い換えると、これは、その悲しみの原因となる外部の物の本性を含む観念を、その物の本性を説明し展開するような観念へと形成し直すことからわれわれ自身が遠ざかり続けるプロセスだということである。感情が私の身体と外部の物体（身体）との間の〈非－関係〉の関係への、あるいは〈不在〉の関係への或る積極的な視線だとすれば、この視線のなかで、喜びの感情はそうした関係を肯定的な〈非－存在〉（me on）として捉えるだろうし（ここでは、この視線は遠近法主義を実在的に定義する一つのパースペクティヴの作用原因となりうる）、逆に悲しみの感情はそれを否定的な〈否－存在〉（ouk on）とするだろう（ここでは、質を生み出す視線は単に外延の世界に付着した視点へと限りなく陥っていく）。

しかし、たとえ悲しみの感情であっても、そこに活動力能の「体験され、かつ実在的な移行」がある限り[43]、それは、受動性の働き、受動的綜合の力を示している。何故なら、こうした受動的綜合があるからこそ、活動力能の減少という事態も生じるからである。受動は、けっして綜合なき受容ではないからである。それゆえ、〈混乱した〉という語を「形成の秩序」に内在した表現として捉えるならば、それは、否定的な意味を含むというよりも、むしろ積極的に別の実在性を表示していると考えられるのだ。

時間の持続のもとで相互外在的な諸部分が数的区別によって〈明晰に〉認識されると同時に、これがわれわれの受動性のもとでの認識である限り、それらの対象は何らかの「〈混乱した〉観念」によって表象されるしかない。しかしながら、重要なのは、この〈混乱した〉という語がもつその特異な意義である。それは、現働化していないもの、すなわち、現働化を「逃れ」、あるいは現働化を「はみ出た」ようなものがその物の本性としてその観念のうちに含まれていることを示す表現なのである[44]。つまり、その〈明晰な〉観念のうちには、或る積極的なものが〈混乱した〉かたちではあるが、しかし〈非－現働的〉に内含されているということである。例えば、われわれが太陽を見て、それがわれわれから二百フィートの距離にあると表象する場合、太陽までの真の距離を知ることによってその誤謬は除去されるが、しかし、「表象は、すなわち身体が太陽から刺激される限りにおいてのみ太陽の本性を説明＝展開するような太陽の観念は、除去されない」。〈物の本性〉とは、この太陽の事例で言えば、われわれの知覚のうちであたかも自らを二百フィートの位置にあるかのように示す太陽のこの〈存在力〉であり、われわれがもつ太陽の観念には、太陽のこの本性が積極的なものとして潜在的に含まれているのだ[45]。より正確に言うと、形成の位相を考える限り、「或る何らかの観念における〈積極的なもの〉(positif)」ではなく、「或る喜びの感情における〈積極的なもの〉」［強調、引用者］がその非十全な観念に含まれているということである[46]。何故なら、その説明・展開（謂わばア・ポステリオリな現働化）が生じるかどうかは、まさにわれわれが自らの身体や精神の活動力能の増大（喜びの受動的感情）とともに共通概念の形成を実現できるかどうかにかかっているからである。言い換えると、想像力が、抽象概念と合致するような空想力や再現・表象力から解放されて、つまり経験的使用で充たされた記憶や知性と縁を切って、自らにその働きが委ねられることによって理性との間に「自由な調和」を実現できるかどうかにかかっているということである。この意味で、共通概念の形成の出発点となるような喜びの感情の形相を構成する観念は、まさに〈明晰で－混乱した〉観念であろう。感情こそが、スピノザの経験主義あるいはドゥルーズの超越論的経験論における「認識の一義性」の発生的要素なのである。

　それでは、〈非－現働的〉という言葉はいかなる意義をもつのか。それは、単に〈現働的でない〉ということを言わんとしているのではない。それは、「一定の時間や場所に関係して」その物を現働的に説明するのとはまったく別の現働性、すなわち持続における現働化とは異なった、或る別の現働性のもとにその物を考えることを表わしている。[47] しかし、スピノザにおいては、そのためには〈神の観念〉に至らなければならない。[48] ドゥルーズも強調するように、スピノザは共通概念と〈神の観念〉を明確に区別している。「人間が神については、共通概念についてほど〈明晰な〉認識をもつことができないのは、人間が神を物体のように表象することができないこと、そして〈神〉という名前を自分たちが見慣れてきた物の表象像に結びつけてきたことによる。このことは、人間にとってほとんど避けがたい事柄である。何故なら、人間は、絶えず外部の物体から刺激を受けているからである」[49]［強調、引用者］。共通概念はあくまでも存在する諸様態に適用される概念であり、その限りで概念の能力である理性は想像力との間に奇妙な調和的関係を有することができるのである。しかし、〈神の観念〉は、単に一般性の最も大きい共通概念ではない以上、もはや像として表象＝再現されうるような存在する事物に関わらない。それは、まさに

〈神の本質〉を包括する観念であり、われわれはそのもとでのみ〈物の本質〉についての十全な観念を形成できるのである。スピノザにおける〈神の観念〉は、実は〈差異的＝微分的多様体〉としての〈観念〉の最良の事例となるだろう。[50] しかし、もしそうだとすれば、この〈神の観念〉は、〈判明で－曖昧な〉観念として理解されなければならないことになる。はたして、スピノザにおいて、逆－感覚の第三の規定である「明晰なもの」と「判明なもの」との間の〈反比例〉の関係、内在性の感覚は存在するのだろうか。

　スピノザの言明を考えてみよう。実はわれわれが、権利上、神を物体のように表象することができないという限りで、逆にそれを〈判明〉に、しかし〈曖昧〉にしか認識することができないという規定が生じてくるのである。しかし、他方でわれわれは、事実上、〈神〉という名を存在する事物の表象像に結びつけて（言い換えると、〈神〉という概念を一般性の最も大きい共通概念と考えて、それを存在する事物の表象像に適用して）、神を絶えず〈明晰〉に理解しようとする限りで、それをもっぱら〈混乱した〉かたちでしか認識しないのである。何故なら、神のうちにはいかなる抽象的区別も、つまり外延量的区別も存在せず、その限りで持続における相互外在的な諸部分が共有する数的区別に対応するような〈明晰〉な認識に神を結びつけて理解したとしても、神における諸属性の間の〈実在的－形相的〉区別も、諸様態の間の〈様態的－強度的〉区別も、もっぱら〈混乱した〉かたちでしか認識されえないからである。それは、例えば、明らかに実在的区別を数的区別と混同することにつながっている。しかしながら、たとえそうであっても、上述したように、この〈混乱した〉という語が概念の形成の次元において重要な論理的価値を有することに変わりはない。

　さて、われわれの課題は、単に〈神の観念〉が共通概念ではないことを改めて確認しようというのではなく、むしろ形成の秩序のもとにその論点を表現することである。というのは、第三種の認識においても十全な観念を形成するための努力や欲望がわれわれには依然として必要だからである。[51] ここにおいて形成の秩序は、想像力から理性へのア・ポステリオリな〈現働化〉によって充たされるだけでなく、そこに理性を超えた直観知への〈反－実現〉の運動が付け加わってくる。自らを理解するがままに産出し、また自らが産出するすべてのものを理解する神に、〈反－実現〉は存在しない。何故なら、神は、まさに永遠にわたって現働的だからである。[52] スピノザにおいて、神も観念を「形成すること（formare）ができる」と言われるにしても、[53] その観念を表象知の水準から形成していかなければならないわれわれは、その限りで永遠の相のもとでの現働性を所有しえない。したがって、永遠に同一の現働性にとどまる神とは異なって、〈非－現働的な〉ものを説明・展開することは、われわれにとってはその〈非－現働的な〉ものを「永遠の相のもとに」反－実現するという、〈動的発生〉の意味をもった現働化である。言い換えると、この〈現働化〉は次のような意味での移行だと考えられるだろう。われわれにとっての〈永遠〉とは、謂わば生と死の間の境界線が意味を失い、死によって失うものがより少ない生のなかでより多く経験し感じるもののことである。言い換えることができるとすれば、〈死〉の存在が意味を失うということは、概念から直観へ、あるいは一つの〈生の存在〉から一つの〈生の本質〉へと実在的に移行することである。

第三種の認識とは、「身体の本質を永遠の相のもとで考えること」によってすべてのものを認識することであるから、そこで認識されるものは、まさに〈感覚サレルベキモノ〉あるいは〈知覚サレルベキモノ〉としての個物の本質である。しかし、それは、外延的諸部分をともなった個体化を有していないという限りで、実はわれわれにとってまさに〈曖昧な〉ものである。神の実在的に区別される属性の形相的本質の十全な観念から物の本質の十全な観念へのわれわれの移行は、確かに〈判明な〉認識を推し進めていくことであるが、しかしそれと同時に、〈明晰な〉認識は、ますます〈曖昧な〉と称されるものになっていくだろう。スピノザは、第一種の認識から出発して第三種の認識への移行が論究されたからといって、われわれの精神の全体がそのままこの認識の諸水準を推移していくとはけっして考えていない。スピノザは、こうした共通概念と直観知が常に精神の部分にしか生じないことを明確に理解していたのだ。しかし、この部分は、精神の全体を構成する要素ではなく、むしろそうした全体の傍らに産出される部分であり、〈永遠の相〉それ自体の発生的要素である。超越論的経験論において、物の〈実在的定義〉におけるその発生的要素は、形相的には定義されるものの〈動的発生〉を可能にする要素であり、また質料的にはその〈反－実現〉をその内容とするものだと言える。われわれは、単に〈明晰で－判明な〉ものへも、〈曖昧で－混乱した〉ものへも超出することなく、〈判明で－曖昧な〉ものと〈明晰で－混乱した〉ものとの間の内在性を感じ、経験するのである。以上のように、逆－感覚の最初の三つの特徴は、それぞれその受動性の感覚、能動性の感覚、内在性の感覚を定義していたが、この第四の特徴はそれらを感覚する身体あるいは精神に関わっていると言える。そして、これらすべての特徴が、共通感覚に抗して、或る反時代的な感覚と概念をわれわれに与える源泉なのである。こうした意味において、まさに〈逆－感覚〉のうちにこそ、一つの生のエチカを示すような真に〈よい－感覚〉（bon-sens）が備わっていると言うべきである。

V　二つの多様体（一）　その還元不可能な非対称性

経験の対象を単に感性的所与に限定せず、しかし他の諸能力に固有の対象を認めるというだけでなく、それら諸能力が超越的に行使されることで成立する実在的経験とこの〈経験の条件〉を論究する経験主義、それが超越論的経験論あるいは「〈観念〉の経験論」である。(54) ここでは〈問題的なもの〉の形相的存在である観念は、いかなる能力に対してもそれ固有の対象とならないという意味ではあくまでも〈潜在的〉であるが、しかし、すべての能力を貫徹してそれらの存在の仕方を超越的行使として規定するという意味では〈超越論的〉である。しかしながら、ここで注意すべきことは、われわれの諸能力が観念という潜在的多様体から現働的多様体への現働化の運動のなかで静的に発生するとしても、それは、あくまでも単に権利上ア・プリオリに諸能力が生じる（根源的に獲得される）というだけであって、必ずしも超越的行使のもとでの諸能力が経験のうちで生じる――そのとき経験は、まさに〈実在的〉経験となる――という意味ではないという点である。何故なら、この運動は、あらゆる経験的なるものを産出し基礎づける働きであり、その意味では経験的諸形象に適合した表象的で再認的な使用としての諸能力の産出であり、また適用の次元においてはそうした〈静的発生〉だけで十分だからである。しかし、諸能力について超越的行使を肯定することは、それ自体が〈反－実現〉の問題を構成し、また〈定義サレルベキモノ〉(definiendum) そのものの発生、すなわち〈動的発生〉を問うことである。

観念は、一つの〈多様体〉(multiplicité) である。[55] あるいは、〈多様体〉という概念それ自体が一つの表現的観念であると言ってもよい。何故なら、観念は、それ自体で差異化＝微分化された〈表現サレルベキモノ〉を有し、またこれによって少なくとも「内包する」と「展開する」という動詞的表現のもとで観念の言語（表現）活動――これを言葉の言語活動と混同してはならない――が生産されるからである。いずれにせよ、「〈観念〉の経験論」を論じるには、ベルクソンに由来するこの〈多様体〉という概念がどのようなものであるのかをまず考えてみる必要がある。そこで、この問題に入っていくために、まず二元論の考察から始めることにする。ドゥルーズによれば、二元論は以下の三つの類型をもつと言われる。すなわち、(1)二つの実体の間に（デカルト）、あるいは二つの能力の間に（カント）、還元不可能な差異を強調する真の二元論、(2)一元論へと超え出ていくために仮の段階として立てられる二元論（スピノザ、ベルクソン）、(3)多元論の真っ只中でおこなわれる配分によって、二つの対立状態にある多様体として成立する二元論（フーコー）[56]。まず第一にベルクソンにおける二元論をそのまま構成することになる二つの多様体は、確かに一元論へ向けて超出するための仮の段階として立てられたものである。ドゥルーズにおける多様体の理説の基本的枠組は、ベルクソンが『意識に直接与えられたものについての試論』のなかで論じたような、「持続と空間」、「質と量」、あるいは「継起と同時性」といった概念によって代表される二つのタイプの多様体の考え方にその多くを負っている。ベルクソンにとって最も重要な問題の一つは、「〈多様なもの〉を〈一なるもの〉に対立させることではなく、反対に多様体の二つの類型を区別すること」である[57]。何故なら、〈多〉を〈一〉に対立させる思考そのものが、実は一方の多様体に帰属した発想だからである。経験はわれわれに空間と持続あるいは知覚と記憶が混じり合った「混合物」（mixte）を与えるが、しかし重要な点は、この〈混合物の状態〉を分離することによって多様体の二つの類型を見出すこと、すなわち、〈程度の差異〉（différence de degré）しかもたない空間と〈本性の差異〉（différence de nature）の場である持続とがそれぞれに形成する多様体の二つの類型を区別することである[58]。

例えば、「運動には、通過した空間と空間を通過する行為、継起する位置とこれらの位置の綜合という区別すべき二つの要素がある」が、これら諸要素のうち、各対の前者の項は外延的で同質的な〈量〉として表わされ、その後者の項はわれわれの意識のなかでのみ実在性をもつような〈質〉に本質的に関わるものである[59]。このように区別された諸要素を、ベルクソンは〈多様体〉という概念に綜合して、それを哲学に導入したのである。〈空間〉と〈持続〉という概念によって代表されるこの二つの多様体は、それらの概念と類似した他の諸概念から構成される二つの系列のもとでさまざまに表わされる。一方の〈程度の差異〉しかもたない多様体は、「外在性、同時性、並置、秩序、量的差異の多様体」として示される「非連続で現働的な、数的多様体」であり、他方の〈本性の差異〉からなる多様体は、「継起、融合、組織化、異質性、質的区別の内的多様体」として表現される「数に還元不可能な、潜在的で連続的な多様体」である。[60] この後者の潜在的多様体は、本質的に〈持続〉の領域に属し、分割の度にその尺度を、つまりその数の原理を変えなければ規定されえないものであるが、逆に前者の現働的多様体は、分割されてもその性質を変えないような、不変的な数の原理を備えたものである。例えば、〈歩く〉という空間を通過する活動が分割不可能な、あるいは分割の度にその性質を変えるような連続的多様体であるのに対して、〈歩いた空間〉は分割可能で計量可能な等質的多様体である。つまり、〈歩く〉という属性（出来事あるいは動詞）は、〈走る〉や〈スキップする〉といった属性から判明に、あるいは形相的に区別され、分割されればその性質が別のものになってしまうような本性を表現しているが、〈歩いた空間〉は、今度はこうした属性を明晰にすべく数的区別をその手段として用いて、本性が分割されてもその性質を変えないように脱−本性化（＝現働化）されたもののことである（〈脱−本性から脱−形成へ〉についての註。われわれの課題から言うと、重要な論点は、こうした脱−本性化されるしかない本性をむしろ非−本性化するような別の本性を見出すことである。例えば、〈歩く〉は、〈走る〉や〈スキップする〉から判明に、あるいは形相的に区別される。しかし、この〈歩く〉という漠とした属性を〈歩き〉――その移動時間やその距離、歩幅やその経路、空間移動に使われる筋肉の動きや重心の移動――へと還元するならば、確かに〈歩く〉という性質は、〈歩き〉として固定化された分だけ、数的区別をともなってますます明晰に把握されるだろう。しかしながら、〈歩く〉という属性は、実はこうした明晰性のもとでそれ固有の出来事の性質を失い――何故なら、もはやここでは〈歩く〉は、〈走る〉や〈スキップする〉との間に程度の差異しかもたないような、通過した空間を単に移動する運動としてしか把握されないからである――、それゆえ、その形相的な意味が実在的区別をもたないような単なる混乱した観念へと堕するのである。しかし、われわれは、この〈混乱した〉もののなかに〈歩く〉から〈歩き〉への展開を封鎖すると同時に、それ以上にこの〈歩く〉という属性をデフォルメするような諸力を見出すことがある。すなわち、およそあらゆる外延性から離脱したような散歩を発生させる〈明晰で–混乱した〉歩きの経験――一つの超越論的経験[61]を)。

さて、問題はここからである。空間と持続、物質と記憶、現在と過去といった二つの多様体の間には、そのどちらか一方への他方の還元が不可能であるという意味で、それらの間には本性の差異が存在するのである。しかし、この二つの傾向の間に〈本性の差異〉があると言うだけでは十分ではない[62]。何故なら、「差異は、それが展開される延長においてのみ〈程度の差異〉であり、他方でこの延長において差異を覆い直しにくる質のもとでのみ〈本性の差異〉である」からだ[63]。すなわち、未分割な混合物の状態から出発して、空間と持続という二つの方向のうちの一方のみが〈程度の差異〉をもち、また他方だけが〈本性の差異〉のなかにあるとすれば、この二つの方向の間の差異が〈本性の差異〉であると考えることは、結局われわれを再び単純な一元論へと引き戻すことになるのである。そもそも空間と持続によってそれぞれ表現される二つの多様体は、一方を他方へ――とりわけ質を量へ――と還元することが不可能な〈多様〉として考えられなければならない（つまり、〈多様〉とは、外部の一性あるいは何らかの綜合力によって絶えず統一されることを必要とするような「乱雑なもの」(Gewühle)でも、「雑多なもの」(divers)でもなく[64]、それ自身のうちに内的な綜合の原理を備えた〈肯定的なもの〉のことである）。したがって、この二つの多様体の間に本性の差異を想定できないとしても、その間に何らかの差異が存在する以上、相互に〈還元不可能な〉という意味において〈本性の差異〉が言われるだけでなく、まさに〈程度の差異〉をも肯定的に包括した〈差異の概念〉を形成することがここで要求されるわけである。その際に、確かにこの二つの多様体はベルクソンにおいて「効力が弱められ、補正された二元論の契機」［強調、引用者］として理解されるが、しかし問題は、これらの性質の異なる多様体を共存させうるような〈差異の概念〉を積極的に導入すること、〈程度の差異〉と〈本性の差異〉とを共可能的に綜合した〈差異の概念〉を形成することである。言い換えると、混合物を純粋物質と純粋持続、純粋現在と純粋過去とに分割する「反省的二元論」(dualisme réflexif) からただちに一元論へと向かっていくのではなく、そこから鏡の向こう側の別の第二の分割を通して、すなわち持続がその各瞬間に過去と現在とに分割されるという「発生的二元論」(dualisme génétique) を契機としてはじめてベルクソンにおける〈弛緩・収縮〉の一元論へ、つまり〈根拠としての差異〉へと至ることができるのである(65)。

それは、〈差異の本性〉という概念である。「持続、記憶、あるいは精神は、即自的で対自的な〈本性の差異〉である。そして、空間あるいは物質は自らの外にあり、われわれにとっての〈程度の差異〉である。したがって、この二つの差異の間には、あらゆる〈差異の程度〉、あるいはむしろ〈差異の本性〉の全体が存在するのだ」(66)。ここからドゥルーズは、「程度の差異は〈差異〉の最低の度合であるが、本性の差異は〈差異〉の最高の本性である」［強調、引用者］という重要な結論を引き出してくる。つまり、二つの多様体が形成する二元論から、これらを〈弛緩・収縮〉の度合の差異として共存させる一元論への移行がここで達成されるのである。例えば、視点（知覚）と視線（記憶）との間には、純粋な〈視〉(vision) の無限に多くの弛緩と収縮があるだけである。換言すれば、持続という〈潜在的多様体〉があらゆる〈差異の度合〉の共存たる〈差異の本性〉として定義し直されたわけであり、この一元論は、結局、潜在的なものの〈現働化〉というかたちですべての現実的なものを根拠づけ、「エラン・ヴィタール」として把握されるのである。このようにベルクソンにおける一元論は、〈程度の差異〉と〈本性の差異〉による二元論が〈差異の本性〉へと超え出た持続一元論であり、また、ドゥルーズによって二元論の第二のタイプとしてスピノザとともにベルクソンの名が挙げられている理由は次の言明からもわかるだろう。「持続は物質の最も収縮した度合にほかならず、物質は持続の最も弛緩した度合である。しかしまた、持続は〈能産的自然〉のようなものであり、物質は〈所産的自然〉のようなものである」。さらに、この持続の表現的「属性」として〈記憶〉や〈エラン・ヴィタール〉を考えれば、スピノザにおける適用の秩序との対応関係はさらに深まるだろう。しかしながら、われわれはここで、逆に〈多様体〉という概念が放棄されているのをみることになるだろう。

VI　二つの多様体（二）　その和解不可能な〈生存の様式〉

〈差異の本性〉は多様体の内的な諸力を衰弱させる。それは、とりわけ潜在的多様体だけがもちうる固有の表現的展開を弛緩した物質の表層で為されるわれわれの〈言葉の言語〉活動に従属させると同時に、この一方向のみにその展開を目的論化し、これによってこの多様体だけがもちうる観念の表現的言語活動を既存の混合物の表面で繰り広げられる言葉の指示的言語活動と共存させつつ、〈本性の差異〉を〈程度の差異〉の根拠づけの原理に仕立てあげるのである。その結果、ドゥルーズが言うように、この多様体としての〈観念の言語〉活動の一切が、その効力を弱められ、中和されるのである。そうだとすれば、そもそも出発点が間違っていたのではないか。反省的であれ、発生的であれ、それらの二元論のベクトルは絶えず〈鏡〉の表面に向けられている。出発点の現働的イマージュがその潜在的イマージュと重ね合わされ、たとえそれらが識別できなくなったとしても、それは、どこまでいっても〈鏡〉越しの出会いであり、一つの安定化をもたらす分析行為以外のものではない[67]。これこそまさに、適用の秩序にのみ特徴的な言語使用ではないのか。そうであるからこそ、ドゥルーズは、フーコーをモデルとする二元論の第三のタイプを提起するのである。そもそも二つの多様体が存在すれば、その両者をいかなる〈統一性〉にもたらすことができないという限りで、多様体は常に〈諸多様体〉として成立するのである。換言すれば、〈諸多様体〉とは、相互に「外在性の形式」として把握されなければならないということである（ただし、フーコーと違って、われわれのここでの課題から言うと、この外在性の形式——例えば、時代的可能性に対して、その真っ只中で配分された反時代的実在性がもちうる形式——を保持し続けるのはただ批判的関係によってのみである）[68]。すなわち、諸多様体は、それらが相互に還元不可能で、いかなる統一性にも回収されないという条件のもとでのみ、はじめて思考されるような〈非-統一性〉概念である。

ドゥルーズは、例えば、「二つの任意の多様体」から出発するバディウを批判して、次のように述べている。「諸多様体、すなわちはじめから必要なのは、二つ、つまり二つのタイプの多様体である。だからといって二元論が統一性よりもよいというわけではないが、しかし、多様体はまさに二つのものの〈間〉で生起するものである。したがって、その二つのタイプは、確かに一方が他方の上に（au-dessus）あるのではなく、一方が他方の傍らに（à côté）あるか、あるいは一方が他方に対して（contre）あるかであり、また互いに対峙して（face à face）いるか、あるいは背中を合わせて（dos à dos）いるかであろう」[69]。この〈間〉は、還元や根拠づけといったニュートラルな関係によってけっして表象的に把握されることはない。多様体における「適用の秩序」は、ベルクソンのように、二元論を超えてその統一に向かって、一方の異質的多様体が他方の同質的多様体の理由となるだけでなく、あるいはこの二つの多様体をその統一性という〈間〉の特殊で純粋な極限的タイプとして両立させるだけでなく、それと同時にその二つの多様体の〈間〉にある無限に多くの〈差異の度合〉を共存可能にするのである。多様体に関するこの構図は、適用の秩序のもとで考えられる限り不可避的である。これは、スピノザにおいてさえそうである。神は「存在〔在る〕が言われる」すべてのものの〈内在的原因〉であり、ここでは完全性の概念によって喜びの感情だけでなく、悲しみの感情でさえ根拠づけられ、これによってそれらはどこまでも肯定されることになる（これは、〈静的発生〉の最大の特性の一つでもある）。言い換えると、喜びの感情と悲しみの感情との間の、すなわち身体あるいは精神の活動力能の増大とその減小との間の〈本性の差異〉は適用の秩序のなかではけっして見出されず[70]、それゆえ異なった実在性を生み出すそれら移行方向の〈本性の差異〉は、同一線上の単なる上下運動のごとき〈程度の差異〉――〈より大きい〉あるいは〈より小さい〉――としかみなされないのだ。形成の秩序から言い換えると、スピノザが言う活動力能の減小とは、この〈間〉が消失していく過程の多様体であり、それに対して活動力能の増大とは、そこでより多くのものがこの〈間〉で生起するような多様体のことである。

　適用の秩序において、〈作用原因〉は「存在〔在る〕が言われるもの」のすべてを結果として産出しつつある原因であり、それと同じ意味で潜在的なものは現働的なものの起源であり、根拠である（現働化とは、この意味での〈しつつ〉であり、不定詞節から分詞節への運動である）。例えば、スピノザにおいて適用の秩序のもとでは、より小さな完全性からより大きな完全性への移行（喜びの感情）とそれとは逆方向の移行（悲しみの感情）との間にある――〈程度の差異〉ではなく――〈本性の差異〉が無視されてしまうのと同様、実は潜在的なものの〈現働化〉においては単なる表象的現在と現働的なものがまったく同一視されてしまうのだ。しかし、〈多様体〉は、まさに二元論の第三のタイプのもとで思考されなければならない。相互に還元不可能な二つの多様体の間に「外在性の形式」を想定することは[71]、表象的〈現在〉(présent) と現働的〈今〉(maintenant) との間の本性の差異について問題提起することを意味しているからである。問題は、スピノザが言うような、いかなる可能性の枠組（つまり、〈善・悪〉や〈真・偽〉に代表されるような、モラルを背後にもつアナロジカルな諸条件）とも和解しえない、それとは非共可能的なものが生成するような時間、すなわちクロノスの時間秩序のうちに〈生成の今〉という名をもつ〈間〉を生み出すことである。生成とは、循環運動の数として規定されるようなクロノス的時間に依存することなく、しかしそのクロノスの時間を寸断するような〈合－間〉の実在性のことだからである。

「新たなもの、興味深いもの、それが現働的なものである。現働的なものは、われわれが〔現在〕そうあるところのものではなく、むしろわれわれが生成していくところのもの、われわれが生成しつつあるところのもの、つまり、〈他なるもの〉、われわれの〈他なるものに－生成すること〉である」[72]。形成の秩序における多様体の二類型の差異は、現在と過去との区別ではなく、むしろ現在的なものと現働的なものとの、〈表象的現在〉と〈生成の今〉との区別に基づかなければならない。〈現在〉とは、われわれが現にそうあるところのもの、この意味で〈生成すること〉を一切止めたところのものである。これに対して、〈他なるものに－生成する〉とは、単に別の現在的なものや別の現働的なものに移行すること（例えば、主体化の無際限な過程）を示しているのではなく、むしろ或る〈潜在的なものに－生成すること〉、〈知覚不可能なものに－生成すること〉、すなわち別の〈生存の様式〉を意味する。この点こそが、諸能力のあの超越的行使に本質的に内含された問題であり、〈逆－感覚〉における「明晰なもの」と「判明なもの」との間に成立する〈反比例の原理〉のなかで現働的なものから潜在的なものの動的発生を問う〈反－実現〉の問題である。何故なら、現働的なものにおいて、混雑したかたちで、つまり非－判明なかたちでしか含まれえない判明なものを〈逆－実現する〉のは、単に条件づけられるだけの〈表象的現在〉から批判的に区別される〈生成の今〉だからである。適用の秩序における潜在的なものは現働的なものと表象＝再現前的なものを無差異的に根拠づける特性をもつが、この傾向ゆえにひとは、例えば、ベルクソンにおける〈持続〉という異質的多様体を〈空間〉という等質的多様体の起源とみなし、その発生の根拠と考えてしまうのである。しかし、この異質的多様体の展開は、それが潜在性から現働性への一方向的説明＝展開以上の存在論的価値をもつ以上、等質的な空間化に尽きたり、そこで疲労したりすることなどない。しかし、そのためには、つまりこうした展開が必ずしも等質的〈延長化〉を意味しないということを示すためには、別の出発点が必要となる。この新たな次元を開くもの、すなわち現働化の運動とはまったく別の速度をもつ実在性を再‐開する際の出発点となるのは、もはやベルクソン的な混合物ではなく、〈明晰で‐混乱した〉ものの領域である。

VII 潜在的〈観念〉の図式論

〈観念〉はそれ自体で差異化された多様体であり、ここではこれを具体的に規定することにしよう。われわれがこれまで論じてきた超越論的経験論における諸能力とそれらを超越的に行使させる観念との関係は、端的に言えば、諸能力それ自体がこの観念の「図式」であるような関係である。何故なら、超越的に行使された諸能力は、観念が展開される際のその非共可能的な働きの形相（＝動詞）になるという意味で、観念の概念作用、表現活動そのものだからである。カントとは異なるが、[73]ドゥルーズは、或る意味で「図式論」に極めて大きな可能性を見ている。「カントの図式が表象の世界における単なる媒介の状態にこの図式を切り縮めている諸カテゴリーに不当にも従属したままであるということがなければ、図式は、そこから飛翔して、差異的＝微分的な〈観念〉の概念作用に向かって自己超出していくだろう[74]」。諸能力の超越的行使とは、諸能力それ自体がこの潜在的多様体である〈観念〉の一つの図式となって実在的経験を産出する働きだと言える。しかし注意すべきことは、それは、潜在的なものの〈現働化〉としての図式機能を改めて表現しているのではなく、潜在的なものの展開あるいはその発生を同時に言明するものだという点である。〈観念〉の経験論は、単にわれわれが既存の感性的所与と同様に観念をも感じ経験するということを主張しているわけではまったくなく、いかにしてわれわれ自身が当の観念の〈実在的定義〉における発生的要素のうちに身をおくことができるかを問題としているのだ。

さて、カントにおいては、構想力だけが図式の機能を担っていたが、ここではあらゆる能力の働きそれ自体が〈観念〉の図式となる。[75] 何故なら、図式は、ここでは〈伝エルベキモノ〉だけを諸能力に伝えるコミュニケーション（連絡）に生成変化するからである。こうした図式作用としての働きを多様体との関係において明らかにするために、まずカントの図式論を論じておこう。その際の例として、「量」のカテゴリーに関する「図式論」及び「原則論」を取り上げることにする。純粋悟性概念としての「量」（quantitas）（＝規定する量）は、現象を「客観」として規定することを可能にする第一の観点である。それでは、その際に純粋直観の多様は、いかにして感性的直観に与えられうるような「数量」（quantum）（＝規定される量）となるのか。ここでのカントは、経験論的な〈関係の外在性〉の契機を活かして、外延量によって表示される諸部分の相互外在性の観点から幾何学的図形を〈実在的定義〉――例えば、作図という行為を最近原因として――のもとで捉えようとしているように思われる。[76] 何故なら、直観に与えられる「数量」が時間において規定的に生じるのは、意識の統一に従って、つまり「数」（Zahl）という時間的図式に由来する規則（時間系列）に従って、空間的直観における延長的な多様性を時間のうちで同種的に捉えるとき、すなわち部分を一つずつ順番に付け加える操作を可能にする同種的なモーメントへとこの多様性を変形させるときだからである。[77] したがって、これによってすべての図形は、経験的位相におけるア・ポステリオリな〈実在的定義〉のもとでア・プリオリな綜合的認識として把握されることになる。すなわち、定義されるべき図形を〈作図によって〉発生させると同時に、その図形がもつ多様性を図式化されたア・プリオリで等質的な〈数え方〉によって綜合するということである。換言すると、この意味は、綜合的統一は必ず〈直観の多様〉のうちでの統一だということである。カントにおいてその統一は、経験的な「覚知の綜合」においても、知性的な「統覚の綜合」においても、常に〈直観の多様〉のうちで為されるのだ[78]。それゆえ、直観の多様の諸部分が相互にまったく外在的になり、この意味でア・ポステリオリの度合が高くなればなるほど、それだけ対象の客観的構成のア・プリオリな必然性はより確実なものとなるのである（まさに、認識の内側から達成された合理論と経験論との見事な統合である）。諸部分の相互外在性（partes extra partes）は、一般的に部分である所与としての関係項に対して関係それ自体が外在的であることを明らかにするが、これは、外延量の場合、こうした外在的関係の領域を〈時－空〉連関全体のア・プリオリな潜在的構造として明確にするのである。すなわち、「全体を定義しなければならないとすれば、それは〈関係＝連関〉（Relation）によって定義されるだろう。関係は、対象の特質なのではなく、関係項に対して常に外在的だからである[79]」。

「数」と「数量」（Größe）は、明確に区別されなければならない。ヘルマン・コーエンは、「数は、時間のなかで、また時間との関係で、つまり形成されつつある（sich bildend）多様性の形式との関係で生じてくる。それに対して数量は、既に生じた（einmal entstanden）数的統一として、空間における多様性の統合のうちにさらに書き込まれるのである[80]」、という仕方で「数」と「数量」を的確に区別している。図式論によれば、悟性概念としての「量」（quantitas）の純粋図式は「数」であり、それゆえ感性的直観としての「数量」（quantum）は、空間にこの図式としての「数」を適用した結果にほかならない。カントに従えば、「数」は、われわれが直観を覚知しながら規定された等質的時間そのものを産出することによって、同種的な直観における多様性を綜合・統一する〈働き〉である[81]。つまり、習慣のなかの反復から差異を抜き取るのではなく、直観の多様から最大の反復可能性を抜き取ること。それゆえ、換言すれば、「量」のカテゴリーに対応する「超越論的図式」としての「数」は、マルブランシュの言葉を借りれば、「数える数」(nombre nombrant) であり、これに対して感性的直観における「量」は、超越論的観点から言えば「数えられる数」(nombre nombré) であり、経験的観点から言えば「数えた数」になるだろう[82]。まさに適用の秩序に合致するように、相互に外在する諸部分は、同種的なものを一つ一つ継時的に付け加えていくことが「包括する一つの表象」である「数」に内在する限りでのみ、〈数えられる数〉あるいは〈数えた数〉として把握されるのである。しかし、いずれにせよ、この〈数える数〉は、〈数えられる数〉を同種的モーメントの要因として用いて、〈数えた数〉という結果を産出する原因あるいは根拠としてそれらの背後から作用するものである。この場合の、つまり概念の適用のもとでの〈数える数〉は、反復から最小の差異しか抜き取らないという意味で最大の反復可能性であり、また概念の同一性を前提としてそのもとで最小の概念的差異(数的区別)を或るものの間に刻み込む媒介者である。

しかし、〈数える数〉は、純粋悟性概念から、あるいは共通感覚における諸能力の協和的一致から引き離され、「量」(quantité＝quantitas) と「大きさ」(grandeur＝quantum) との間の媒介的機能から解放された図式として、それゆえ適用が従属ではなく、反-実現(＝自由)を意味する限りで、〈観念〉の非-図式的コミュニケーションとして捉えられる必要がある。何故なら、図式とは、同一性を前提としない異質な〈他なるもの〉とのコミュニケーションの仕方だからである。ドゥルーズは、こうした〈数える数〉と〈数えられる数〉という概念を用いて、既に述べたような多様体の二つの類型を特徴づけている[83]。その場合に、〈数える数〉は、計量が不変的原理を備えているような「〈大きさ〉の多様体」——これは、〈数えられる数〉あるいは〈数えた数〉に関わる——ではなく、その計量が分割とともに変化するような、すなわち分割の度にその尺度と分割されるものの性質とが変わるような

「〈距離〉（distance）の多様体」に関わる。ただし、この分割は分割不可能性における分割であり、それゆえここでの或る段階の分割は、それ以前の分割に対しても、それ以後の分割に対しても、そもそも〈分割〉の意味を有していない。〈数える数〉は、カントのように「大きさ」という外延量、〈数えた数〉に関わるのではなく、むしろ感官のうちに感性を生み出し、その感性を超越的に行使させるような謂わば「固有数」（nombre propre）――〈固有名〉（nom propre）に匹敵する[84]――としての〈強度〉に関わると同時に、それを数える活動である。したがって、〈距離〉は、その間の差異を否定すべきものと捉えるならば、一つの対立として現われるしかないが、しかしその差異を肯定すべきものとしてまさに肯定の対象と考えるならば、それは内包的な〈強度の差異〉を意味しはじめるのだ[85]。何故なら、距離とは、〈間〉の実在性を示す度合のことだからである。あるいは、言い換えれば、〈数える数〉とは数えることの超越的行使であり、それは、数的区別のなかで或るわずかな実在的区別を数えようとする努力であり、〈固有数〉の発見である。例えば、ダニの三つの情動（力）、スピノザにおける二つの属性（動詞）、アダムの四つの特異性（出来事）、ドメニコにとっての水の数「1＋1＝1」（物質に内在する不等なものの等式）。

　このように、〈数える数〉は、それが強度的な性質を有する限り、「数えられることなく空間を占める」多様なものについて言われる〈固有数〉に関わるが[86]、注意すべきことは、形成の秩序のもとで考えれば、〈数える数〉は、単に〈数えられる数〉や感性の対象である数量に向けられた現働化の働きではない――つまり、〈数えた数〉を形成するための途上にあるような形成過程の数ではない――という点である。適用の秩序においてのみ、〈数える数〉は〈数えられる数〉をファクターとして〈数えた数〉を産出し、これによって二つの多様体の間には作用原因による因果関係とそれによる統一が措定されることになる。しかし、ドゥルーズが言いたいのは、おそらく〈数える数〉はこれらの事柄すべてを裏切るということである。それは、例えば、純粋な幾何学的概念としての「円」と経験的概念としての「皿」を媒介する「丸さ」(Rundung) という単なる中間者から飛翔して、それ独自の自律性(〈丸さ－強度〉という観念の言語活動――〈丸〉をめぐる言葉の言語活動ではなく――)を獲得し、〈丸さ〉それ自体の強度(情動)、あるいは〈丸さ〉の諸属性(出来事としての〈丸くなること〉――例えば、「円が〈丸くなる〉」、「彼の性格が〈丸くなる〉」――、あるいは感覚的事物を工具類によって実際に〈丸くすること〉)を実在的に区別するのである[87]。観念を〈差異の概念〉として形成するには、けっして一方が他方の上にあるのではなく、むしろ一方が他方の傍らにあって、背中合わせに対立したかたちで共立するような、和解不可能な二つの多様体を定義すると同時に、その一方の表象的現在から批判的にしか区別されえない他方の現働的なもの、つまり〈明晰－判明なもの〉としての現在とは区別される、混乱したかたちで〈非－現働的なもの〉を内含する現働的なものを起点とするしかない。こうした〈非－現働的なもの〉(あらゆる価値の価値転換)を潜在性における〈判明で－曖昧なもの〉として形成することとは、現働化を強調する適用の秩序において潜在的多様体を考えるのではなく、潜在的に多様なものをいかにして形成するのかという形成の秩序を、すなわちそれら潜在的なものそのものの発生(動的発生)を問題提起することなしにはありえない[88]。それは、例えば、民衆の潜在的な諸力をコード化された既存のあらゆる政治形態へと現実化し集結させることではなく、自らに生起する出来事の数、あるいは自らに固有の属性の数を数えることから実験的に作り出された〈民衆〉の観念(差異的＝微分的な多様体としての)を狐火のごとく無数の諸力に伝達し、それによって生気を帯びたマイノリティの諸部分を結合することである。〈非－現働的〉とは、単なる未展開を表わす語なのではなく、表象からけっして開くことのできない、それとは非共可能的な別の実在性(〈よい・わるい〉と〈非－真理〉を生の条件とすること)を肯定するための或る反時代的使命――カントのように、予－定された道徳的存在への諸能力の超感性的使命ではなく――を示しているのである。

諸能力は、それ自体が〈数える数〉によって捉えられるような反復的作用である限り、単に〈数えられる数〉を対象として〈数えた数〉を産出するような、それらの経験的使用のもとで理解されてはならない。むしろ観念という潜在的な〈差異の概念〉をどのように形成するのかという問題構制のもとで生じる差異と反復こそが、われわれに諸能力の超越的行使を理解させるのである。何故なら、そのときわれわれは、「各能力の根源的差異と各能力の永遠の反復、各能力の作用の瞬間的産出と各能力の対象の永遠の反芻といった各能力の差異的・反復的要素、各能力の既に反復しながらの生まれ方」にはじめて直面するからである[89]。超越的に行使された諸能力は、実在的経験の内的発生の条件としての〈観念〉の非－図式的コミュニケーション（連絡）の働きをもつ限りでのみ存在するのである。図式がもしこれに関わるすべてのものに何の生成も与えないとすれば、ここで言う〈非－図示〉は、むしろ積極的な意味で生成についてのみ言われる〈コミュニケーション〉を表わしているのだ。実在的経験がそもそも〈実在的〉と言われるのは、絶えずこの観念を自らの〈発生の原理〉とするという適用の観点からではなく、むしろ〈差異の概念〉としての観念の形成を可能にするという理由からであり、またそれ以上に、諸能力の超越的行使のもとにこうした経験が自らの条件の発生的諸要素となるからである。可能的経験と実在的経験の違いは、まさにこの点に存している。現在の諸条件を変えるための思考を促す超越論的経験論、それは、諸能力が超越的に行使されることによって〈観念〉をも受動すると主張するような経験論を提起しているのではなく、当の〈観念〉をその潜在性に向けて逆展開できる力をもった経験論、すなわち〈差異の概念〉として観念を形成するような〈経験＝実験〉を肯定する一つのエチカである[90]。

（1）ギィ・フォワシィ『相寄る魂』（*Cœur à deux*）、梅田晴夫訳、『相寄る魂——ギィ・フォワシィ一幕劇集』所収、ギィ・

フォワシィ・シアター編、一九九〇年、二三一-三八頁。

彼　（……）僕たちは一日中魔法のメダルを身につけているのですから。幸福のメダルですよ。結婚のメダルをね。
彼女　ああ、結婚！
彼　愛はすべてに打ちかつのです。鳴りわたる鐘の音とともに。
彼女　鳴りわたる鐘の音！（鐘が鳴りわたる）鐘が鳴っていますわ、鐘が！
彼　ええ、鐘が鳴っています。
彼女　愛の鐘ですね！　愛の鐘よひびけ！　ひびけ、ひびけ、愛の鐘よ！
彼　あの……あれは工場の鐘の音ですよ。
彼女　まァ、もう……
彼　今、二時です。
彼女　さよなら。
彼　さよなら、また明日。
彼女　ええ、また明日ね。

幕。

この戯曲のなかで、相寄る二つの心を夢から現実へと引き戻すために、〈工場〉の鐘の音が用いられたのは偶然ではない。何故なら、〈工場〉には想像（「すべてに打ちかつ愛」）も象徴（「結婚のメダル」）もいらないからである。そこには、ただ実在的なものを生産し、その実在的諸部分を切断したり接続したりするプロセスが存在するだけだからである。だからと言って、この〈工場〉が日常の現実を構成したり、それに全面的に帰属するというわけでない。むしろ〈工場〉の鐘の音は、ストーリー（あるいは寸断されたストーリー）に充ちた夢、その意味で器官に溢れた夢を生み出すような意識化された日常の現実性をも脅かす、無意識における自己保存のノイズである。あらゆる意味で〈劇場〉（théâtre）とはまったく異なる〈工場〉（usine）において、その鐘の音は、工場それ自体が発する一つの作動音でなければならず、またその限りでまさに〈結びつきの不在によって〉結ばれたものが立てる作動音、すなわち調子を狂わせることでしか動かない〈欲望する諸機械〉の作動音でもある。工場の哲学。〈工場－内在性〉には金属についての流動的意識があるが、それは欲望する諸機械の概念から構成されている。しかし、われわれの生一般を豊かにみせるような、現実と夢との間で生起するその境界線をめぐる闘争、この〈鏡〉越しの戦いからみれば、この充実した〈工場〉(無意識としての)は、そうした境界線や鏡に対して決定的に無差異であり、それゆえ逆にまったく不毛で、非生産的で、無益なものに思われるだろう (Cf. *AŒ*, p. 11, 14, 31 et passim; *ID*, pp. 323-324)。

(2) Cf. *SPE*, p. 69.

(3) 〈鏡〉のこちら側の現働的出発点としての「混合物」と、鏡の向こう側の潜在的出発点としての「潜在的全体性」については、*B*, p. 97-98 を参照。

(4) Cf. *LS*, p. 38, 209.

(5) Cf. *DR*, p. 190, pp. 250-251.

(6) Cf. *DR*, p. 292.

(7) Cf. *DR*, p. 206, pp. 213 214.

(8) Cf. *QP*, p. 154. 「〈被知覚態〉は、それらを感じる者の状態から独立している」。しかし、この〈被知覚態〉をいかなる視点からも独立した無視点的な客観性のごとく考えてはならない。客観とは、一般的に現にそうある者の主観的状態に対応した相関者にすぎないからである。われわれは、〈被知覚態〉を感覚与件から区別された、その意味でア・プリオリに語られた〈質〉——客観に帰属された〈質〉——に貶めないように絶えず注意する必要がある。

(9) *QP*, p. 172.

(10) Cf. *NP*, p. 72. 「力能の意志そのものは、力の生成のごとき、諸々の質、センシビリアをもつ。力能の意志は、まず第一に諸力の感性として、次に諸力の感覚可能な生成として自らを表明する。つまり、パトスは、生成をもたらす最も基本的な事実である」。

(11) *F*, p. 77.

(12) *SPP*, p. 41.

(13) Cf. Spinoza, *Ethica*, II, prop. 13, schol., p. 97; III, def. 2, p. 139; V, prop. 40, p. 306; SPP, pp. 40-41.

(14) Cf. Platon, *Respublica*, , VII, 522e1-526c7, in J. Burnet, *Platonis Opera*, *IV*, Oxford, 1902; *DR*, pp. 184-186, 304-305.

(15) Cf. *DR*, pp. 189-190.

(16) 「概念的差異」から区別される「差異の概念」については、必ずしも明確に述べられているわけではないが、とりあえずは、*DR*, pp. 40-41 を参照。しかし、この問題が多義的な「超越概念」と一義的な〈存在〉概念との間の違いに必然的につながる限り、この両者が混同されてしまうことの最良の説明は、スピノザのなかに求めることができるだろう（Spinoza, *Ethica*, II, prop. 40, schol., 1, pp. 120-121.）。すべての概念は、身体の何らかの状態とともに形成される。スピノザによれば、少なくともわれわれが、われわれ自身の本性に反する感情に、すなわち〈われわれが為しうること〉からわれわれ自身を引き離すような外部の物体（身体）によって刺激された悲しみの感情にとらわれない間は、精神は十全な観念を形成する力能を有する（*Ethica*, V, prop. 10, p. 287）。したがって、われわれがこの悲しみの感情にとらわれているとき、つまりわれわれの身体の活動力能が妨げられて、その力が減少方向に推移していくとき、われわれはこの身体の状態とともに或る諸概念を形成する。それが、例えば、非十全な観念としての「一般概念」や「超越概念」である。「人間身体は制限されたものであるから」、われわれの身体がその能力をはるかに超過した数の刺激を外部に存在する諸物体から受けるならば、それらの表象像はわれわれの身体のうちで相互にまったく混乱しはじめ、したがって精神は、それらを「いかなる区別もなしに」（sine ulla distinctione）、それら相互の差異が無視されたかたちで、つまり各個の表象像が他の諸々の表象像に対してもっているであろう固有の活発性をまったく欠いたかたちで一括して表象するようになるだろう。あるいは同様の理由によって、例えば、個々の人間の「些細な差異」（differentiae parvae）（例えば、肌の色や体の大きさ、等々）を表象することができない場合、精神はすべての人間に一致する点だけを判明に表象しようと努めるだろう。こうして形成された概念が、前者の場合には〈存在〉や〈物〉といった超越概念であり、また後者の場合には〈人間〉や〈犬〉といった一般概念である。したがって、それらは抽象的概念である。何故なら、そのとき人間身体は単なる受容器となってしまったからである。さらに、スピノザは、これらの概念が人々によって同じ仕方で形成されるのではなく、身体をしばしば刺激するものに応じて、それゆえ精神がしばしば表象し想起するものに応じて異なった仕方で形成されると指摘している。つまり、われわれが自らの身体の状態に応じてこうした非十全な観念を形成するとき、それと同時にわれわれは、この概念を用いて、その同一性を前提とした概念的差異を、われわれの身体をしばしば刺激する諸対象の間に刻み込むのである。こうして、ひとは、記憶や習慣の秩序の違いに還元されるにもかかわらず、各人の身体の状態に応じて形成される物の一般的表象像を、すなわち〈概念的差異〉を、むしろ〈非－カテゴリー的思考〉のもとで形成されるべき〈差異の概念〉（共通概念）と混同するのである（差異を概念的な差異から解放するようなこの〈非－カテゴリー的思考〉（pensée a-catégorique）については、Foucault, Theatrum philosophicum, in *Dits et écrits*, *II*, Gallimard, 1994, p. 91, 93, 98［以下、*DE* と略記］を参照）。

（17） Cf. *DR*, pp. 250-251.「この〈逆－感覚〉は、諸〈観念〉を要素とする。何故なら、まさに諸〈観念〉は、共通感覚におけるいかなる同一性の形式も前提することなく、反対に超越的な〔超越的行使の〕視点からの諸能力の分離した行使に生気を与え、それを描き出すような純粋多様体だからである。このように、諸〈観念〉は、まるで一つの能力から別の能力へと飛び移る狐火、〈火の潜在的な尾〉のような、差異的＝微分的な微光の多様体であって、共通感覚を特徴づけるあの自然の光の等質性などけっしてもってはいない」［強調、引用者］。

（18） David Herbert Lawrence, *Studies in classic american literature*, in *The shock of recognition — the development of literature in the United States recorded by the men who made it*, edited by Edmund Wilson, W. H. Allen, 1956, p. 1032; cf. *D*, pp. 51-53.

（19） Cf. Henri Bergson, *La Pensée et le mouvant*, p. 1425＝218（ベルクソンに関しては、*Œuvres*, édition du centenaire, PUF, 1959 を用い、最初にこの『著作集』の頁数、次に各著作の単行本の頁数を示す）; *NP*, p. 118, 123.

（20） Cf. *DR*, p. 190.

（21） Kant, *KrV*, A482＝B510.

（22） Cf. *DR*, p. 219.

（23） *DR*, p. 220, cf. pp. 213-214.

（24） *DR*, p. 252.

（25） ドゥルーズはカントにおける諸能力の間の関係を表わすのに「網状組織」（résaux）という語を用いているが、これをとりわけ純粋悟性概念の体系的枠組に対して用いている例としては、以下のものがある。Cf. Foucault, *Les mots et les choses — Une archéologie des sciences humaines*, Gallimard, 1966, p. 352; Bergson, *Cours III — Leçon d'histoire de la*

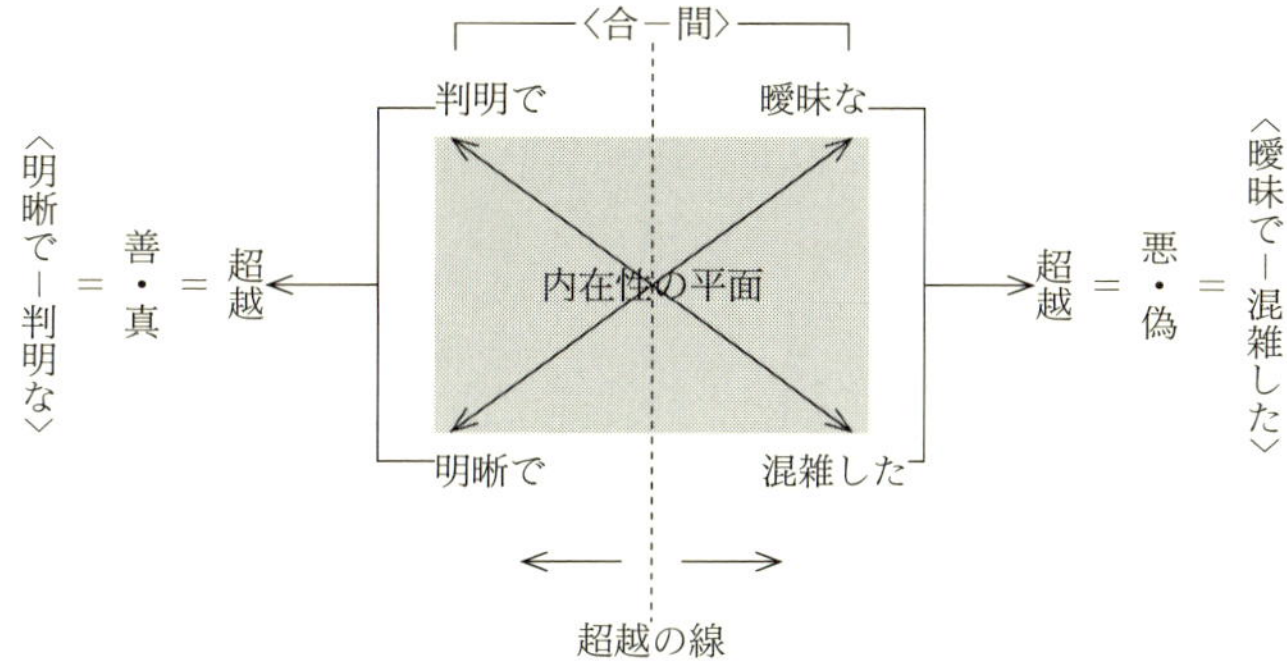

（これは，われわれが善・悪や真・偽の概念を形成することのない，自由である〈合－間〉であり，また同時に〈生成の今〉に生じる内在性の平面である）

philosophie moderne. Théories de l'âme, PUF, 1995, p. 167.

(26) Cf. *DR*, p. 325, 340.

(27) *PK*, p. 22.

(28) Cf. *DR*, pp. 275-276.

(29) Cf. René Descartes, *Meditationes de prima philosophia*, Meditatio VI, *Œuvres de Descartes*, publiées par C. Adam et P. Tannery, Vrin, 1964-1975, *VII*, pp. 89-90; Gottfried Wilhelm Leibniz, *Nouveaux essais sur l'entendement Humain*, liv. IV, chap. 2, § 14, *Die philosophische schriften von G. W. Leibniz*, hrsg. von C. I. Gerhardt, *VII*, p. 355; Kant, *Prolegomena zu einer jeden künftigen Metaphysik, die als Wissenschaft wird auftreten können*, § 13, Anmerkung III, philosophische Bibliothek, Meiner, 7. durchges. Aufl., 1993, p. 44. また、覚醒時と類比的な、身体の器官に対する夢の効用については、Kant, *KU*, § 67, p. 243を参照。

(30) Cf. *MP*, p. 507, 603.

(31) Cf. *DR*, p. 288.

(32) *DR*, p. 275. これらの点を簡単に図示しておく（上図）。

(33) Cf. Alain Badiou, *Deleuze* ——《*La clameur de l'Etre*》, Hachette, 1997. バディウのこの著作は、反道徳主義としてのドゥルーズ哲学における最も重要な思想の一つである「存在の一義性」を中心としたドゥルーズ論であり、それゆえ極めて興味深いものとなっている。しかしながら、バディウ自身、例えば、まさに〈明晰で－混雑なもの〉と〈判明で－曖昧なもの〉との間に成立するような「一つの二重運動」（un double mouvement）を明確に認めているにもかかわらず（*Deleuze*, p. 56）、実はこの著作全体にわたって「適用の秩序」における一義的

〈存在〉しか考えられていないために、その必然的な帰結として、潜在的なものは、もっぱら現働的なものの「基盤」（fondement）という意味しかもたないことになる（Cf. *Deleuze*, Le virtuel, pp. 65–81）。

（34） *DR*, pp. 266–267.

（35） *DR*, p. 80.

（36） Cf. *CC*, chap. XV: Pour en finir avec le jugement, pp. 158–169. これは、「闘い」（combat）と「戦争」（guerre）の差異、また『判断力批判』のなかでカントが言う〈夢のない眠りなどない〉に対する反論にもつながる「夢なき眠り」（sommeil sans rêve）等々が、神の裁き（あるいは判断力）から決別する方法として提起された極めて興味深いテクストである。カントの『判断力批判』は、はたして〈神の裁き〉批判になっているだろうか。

（37） *SPP*, p. 103.

（38） Cf. *QP*, p. 151. 運動と速度の違いについては、*MP*, pp. 471–473を参照。

（39） Cf. *AŒ*, p. 130. 「形而上学的ではなく、超越論的な（…）」。

（40） Nietzsche, *Ecce homo*, Also sprach *Zarathustra* 6, *KSA*, VI, p. 343; cf. *SPE*, pp. 134–135; *DR*, p. 276, 325, 332.

（41） Spinoza, *Ethica*, III, affectuum generalis definitio, p. 203.

（42） Spinoza, *Ethica*, II, prop. 17, p. 104.

（43） *SPP*, p. 56.

（44） Cf. *QP*, p. 147, 150.

（45） Cf. Spinoza, *Ethica*, II, prop. 35, schol., p. 117; IV, prop. 1, schol., pp. 211–212.

（46） Cf. *SPE*, pp. 277–278. この点が、幾何学的概念から出発する『知性改善論』と共通概念から出発する『エチカ』との最大の違いである。

（47） Cf. Spinoza, *Ethica*, V, prop. 29, schol., pp. 298–299. 「物は、われわれによって二つの仕方で現働的なものとして（ut actuales）考えられる」。

（48） 共通概念は、その一般性の大小にかかわらず、その各々がそれ固有の水準で、神を表現し、またわれわれを神の認識へと導いていくのである（Cf. *SPE*, p. 278）。それゆえ、共通概念は、一般性が低く部分的であっても、むしろそうであるからこそいっそう〈至るところで〉と〈できるだけ早く〉を充たすのだと言える。

(49) Spinoza, *Ethica*, II, prop. 47, schol., p. 128.

(50) 〈神の観念〉は、無限に多くのものが無限に多くの仕方で〈想念的に〉(objectivement) 生じてくるところの「絶対的原理」である (Cf. Spinoza, *Ethica*, II, prop. 4, p. 88, prop. 7, corol., p. 89; *SPE*, p. 108)。この〈神の観念〉においては、神の本質をその質料的内容とする限りで、無限に多くの属性の間の〈実在的-形相的〉区別である質的差異と、その各属性のなかの諸様態の間の〈様態的-強度的〉区別である強度の差異が、想念的に、すなわち〈想念的-形相的〉区別として内包されていて、したがって〈神の観念〉は、それ自体がまさにこれらの区別によって自ら差異化=微分化されている (Cf. *SPE*, pp. 109-111)。

(51) Cf. Spinoza, *Ethica*, V, prop. 25, p. 296, prop. 28, p. 297.

(52) Cf. Spinoza, *Ethica*, II, prop. 3, schol., p. 87.「神の力能は、神の現働的本質にほかならない」[強調、引用者]。

(53) Spinoza, *Ethica*, II, prop. 3, dem., p. 87.

(54) *DR*, p. 356.

(55) Cf. *DR*, p. 236.

(56) CF. *F*, pp. 89-90.

(57) Cf. *B*, p. 31. 古代ギリシアに「双欄表」(systoichia) という言葉がある。この語は、本来、兵隊の列や合唱隊の歌手たちの列を表わしていたようであるが、しかし次第に或る同種的なものの系列や表を意味するようになった (Cf. W. D. Ross, *Aristotle's Metaphysics*, Oxford, 1924, vol. 1, p. 150)。アリストテレスは、『形而上学』においてこの語を用いて、今日のわれわれが所謂「二項対立」と呼んで理解しているような事柄を明確に図式化した。アリストテレスによれば、ピタゴラス派の人々は、カテゴリー表や反対概念表などとも言われる「双欄表」というものを作り、特に〈限定／無限定〉、〈奇／偶〉、〈一／多〉、〈右／左〉、〈男／女〉、〈静／動〉、〈直／曲〉、〈明／暗〉、〈善／悪〉、〈正方形／長方形〉という対立する十の原理を列挙したと言われる (Aristoteles, *Metaphysica*, A, 986a22-26, W. Jeager, Oxford, 1957)。これは、対立する事柄を存在するすべてのものの原理とみなそうとする考え方であるが、アリストテレスは、ピタゴラス派のこうした二項対立的系列の図式化を発展的に継承して、「反対概念の双欄表の一方に挙げられているものは、他方の欄のそれらの欠如概念 (steresis) であり、これら反対概念は、すべて〈存在〉(on) と〈非存在〉(me on)、〈一〉(hen) と〈多〉(plethos) とに還元されるのである。例えば、静は一に、動は多に」(*Metaphysica*, Γ, 1004b27-29)、という重要な指摘をおこなった。このようにアリストテレスは、ピタゴラス派が考えたような十の原理から構成された双欄表をさらに推し進めて、それらを「存在と非存在」、「一と多」といったより普遍的な概念に還元された双欄表を提示したのである。これによって、〈存在〉、〈一〉、〈実体〉といった項から形成される一方の「肯定的欄」(positive systoichia) と、これらの「欠如概念」として把握される〈非存在〉、〈多〉、〈偶有性〉といった項からなる他方の「否定的欄」(negative systoichia) との区別は (Cf. Ross, *Aristotle's Metaphysics*, vol. 2, p. 376)、後者に対する前者の存在論的・価値論的な絶対的卓越性のもとで、これ以後より強固に固定化されていくことになる。ここで「否定的欄」と言われる際の〈否定的〉という語が意味するのは、要するにそれ自体に内的な綜合の原理が欠如しているということに尽きる。しかし、この系列を占有しているものは、けっして単なる乱雑なものでも雑多なものでもない。この観点から言えば、アリストテレスがこうした双欄表がもつ価値序列を強化したのに対して、ベルクソンの哲学は、まさにこの場合に〈一/多〉あるいは〈静/動〉を中心として、このピタゴラス=アリストテレス的な古代的「双欄表」の価値転換をおこない、〈多〉と〈動〉それ自体を〈一〉と〈静〉とは別の綜合の原理をもつような一つの自律した〈多様体〉へと彫琢したと言うことができるだろう。

(58) Cf. *B*, pp. 22-24, p. 26; Bergson, *Essai sur les données immédiates de la conscience*, p. 59=65, pp. 80-82=90-92 [以下、*DI* と略記]．

(59) Cf. Bergson, *DI*, p. 75=83.

(60) *B*, pp. 30-31.

(61) Cf. *AŒ*, pp. 100-101.

(62) Cf. *B*, pp. 93-94.

(63) *DR*, p. 309.

(64) Cf. Kant, *KrV*, A111; *DR*, p. 286.

(65) Cf. *B*, pp. 98-99. 換言すると、「反省的二元論」が潜在的なもの(持続)の諸条件を本性の差異を以て析出することにあるのに対して、「発生的二元論」はこの諸条件のもとでの潜在的なものの現働化の運動を差異の度合を以て構成することにある。

(66)　*B*, p. 94.

(67)　この〈鏡〉の役割を演じる「〔経験の〕決定的な曲り角」については、Bergson, *Matière et mémoire*, p. 321＝205-206を参照。ドゥルーズはこれについて次のように述べている。「〔経験の〕曲り角の向こう側まで分岐線をたどった後に、それらの線は交叉するが、しかしそれは、われわれが出発した点においてではなく、むしろ潜在的な点、出発点の潜在的イマージュにおいてである。この潜在的イマージュは、経験の曲り角の向こう側にあり、結局、われわれに物の充足理由、混合物の充足理由、出発点の充足理由を与えるのである」(*B*, p. 20)。「あらゆる対象は二重であり、その二つの半身は互いに類似していず、一方は潜在的イマージュで、他方は現働的イマージュである。二つの非対称的で不等な半身」(*DR*, pp. 270-271)。また、この二つのイマージュの不可識別性については、*IT*, pp. 109-110を参照。

(68)　Cf. *F*, pp. 89-90.

(69)　*QP*, p. 144.

(70)　Cf. *SPE*, p. 266. 「反対に、最も一般性の高い共通概念はあらゆる物体に適用される。したがって、それらは、極めて異なった相互に対立する諸物体に適用される。しかし、われわれの身体と一致しない或る物体によってわれわれのうちに産出された悲しみ、対立感情は、けっして共通概念を形成する機会とはならない」。この言明を用いて言うと、ベルクソンの二元論の出発点は、実は或る意味でこの悲しみに対応した混合物だということになる。ベルクソンにおいてこうした〈情感〉(émotion) がたとえ「われわれにおける神」であり、またどれほど「創造的」であったとしても、混合物を共有する諸々の線は、けっして非共可能的に発散することなく〈鏡〉の向こう側の、出発点の潜在的イマージュにおいて予定調和的に収束し、交叉するのである (Cf. *B*, pp. 116-118)。

(71)　Cf. *F*, p. 90.

(72)　*QP*, p. 107.

(73)　カントにおける〈理念の図式〉については、Kant, *KrV*, A665＝B693, A681-682＝B709-710, A699＝B727, A833＝B861, etc. を参照。

(74)　*DR*, p. 365.

(75) 〈表現サレルベキモノ〉としての特異な諸対象によって、〈自動的〉(automatique) にその表現的内容の面から超越的行使へともたらされた諸能力は相互に発散するが、この発散を、例えば「自我」による統一性へと回収することなく、そのまま肯定すること、それが観念の言語活動における非－図式的〈連絡〉として諸能力を再生産すること——言い換えると、観念がもつ逆－感覚の論理によって〈自律的〉(autonome) に形相上の存在を諸能力に与えること——である (Cf. *DR*, pp. 249-250; *SPP*, pp. 106-107)。

(76) Cf. Kant, *KrV*, A162-163＝B203.

(77) Cf. Alexis Philonenko, *L'œuvre de Kant* —— *La philosophie critique, Tome I : La philosophie précritique et la Critique de la Raison pure*, Vrin, 1969, pp. 194-195.

(78) Cf. Kant, *KrV*, B162 Anm.

(79) *IM*, p. 20.

(80) Cf. Hermann Cohen, *Kants Theorie der Erfahrung*, Berlin, 1871, 3. Aufl., 1918, pp. 530-531.

(81) Cf. Kant, *KrV*, A142-143＝B182.

(82) Cf. Léon Brunschvicg, *Les étapes de la philosophie mathématique*, 1912, Nouveau tirage 1993, A. Blanchard, pp. 130-132.

(83) Cf. *MP*, Modèle mathématique, pp. 602-609.

(84) スピノザは、こうした意味での〈固有数〉についての問題に触れていると言える (Cf. *Ethica*, I, prop. 8, schol., 2, pp. 50-51)。またスピノザは、人々のほとんどの誤謬が物を正しい名で呼ばない点にあることも述べている (Cf. *Ethica*, II, prop. 47, schol., p. 128)。精神のうちにのみ生起すること、言い換えると、非物体的出来事は、正しい名で呼ばれなければならない。何故なら、出来事は、精神のうちでのみ展開され説明される物事の働きの形相だからである。つまり、精神のうちで〈指示されるもの〉は、単に表象されるものではなく、自らを表現するものであり、その〈表現〉は、何よりも出来事としてその物自身が告げる名だからである。

(85) Cf. *DR*, pp. 302-303; *LS*, pp. 202-203. 「異なったものの積極的な距離が問題である。すなわち、二つの反対なものを同一化することではなく、それらを〈異なったもの〉である限りにおいて相互に関係させるものとしてそれらの間の距離を肯定することが問題なのである。距離としての積極的距離（取り消される、あるいは飛び越される距離ということではない）という観念は、われわれにとって本質的なもののように思われる」（*LS*, p. 202）。

（86）Cf. *MP*, p. 447, 460, 484, etc.「空間に対する数の独立は、数の抽象性によるのではなく、それ自身数えられることなく占められるという平滑空間の具体的本性に由来する」（*MP*, p. 484）。また〈固有数〉という言葉が用いられるのは、*MP*, p. 509 においてである。

（87）Cf. Kant, *KrV*, A137＝B176; *MP*, pp. 507–508.

（88）Cf. *SPP*, p. 128.「『エチカ』の第二部が共通概念の論理的適用の秩序にとどまっているのに対して、第五部の冒頭で、スピノザはその形成の秩序あるいは発生を提示するのである」。

（89）*DR*, p. 186.

（90）〈反－実現〉の意義をもつ形成の秩序の線上には、「ただ一つのこと、〈実験－生〉(expérimentation-vie) しかありえないのだ」（*D*, p. 59）。

第II部　存在の転換

第四章　存在の一義性の〈実在的定義〉

I　〈存在〉という一義的なものについて

目や耳による外の世界との多義的交渉に先立って、既に呼吸のリズムがわれわれの〈一つの生〉をかたちづくっている。同様に呼吸は、味わうことや嗅ぐことからさえ区別され、それらに先立っている。それゆえ、〈呼吸〉(respiration) によって存在が伝えられるとき、それは、ただ一つの声をその存在に吹き込む〈気息〉(souffle) となって、呼吸の効果としての多様な声を肯定することになる。気息は、それゆえわれわれに真の感性論（超越論的経験論）と真の存在論（存在の一義性）を既に準備していると言える。気息（あるいは呼吸）に対立するのは、一つには、感性を窒息させ、一つの生を衰弱させるだけでなく、真理と同時にその真理の複製世界をも捏造するような、懐疑と知性の自発性という神話である。こうした気息は、モラルを背後にもつ諸能力の共通感覚的組織化――例えば、カテゴリーの多義的構成と感性の一義的受容――に対応するような諸器官の有機的組織化に対抗して獲得されるべき、諸器官を強度的な地図上での綜合体に帰属させるもの、すなわち〈器官なき身体〉の力動的属性である。ここまで私が論じてきた反道徳主義としての〈エチカ〉における諸能力の行使と感覚は、言い換えるならば、存在に一つの声を吹き込むような気息によってもたらされた差異的=微分的観念の種子的ロゴスであると言えるだろう。ここでは、ほとんど沈黙に等しいこの一つの声が〈存在〉にもたらす変革を超越論的〈差異〉のなかを流れる一義的〈存在〉として論究していきたいと思う。

「かつて、〈存在は一義的である〉という存在論的命題しかなかった。唯一の存在論、存在にただ一つの声を与えるドゥンス・スコトゥスの存在論しかなかった」、とドゥルーズは言う。そして、この唯一同一の〈声〉は、実はパルメニデースからハイデガーまで何度も繰り返されてきたものであり、「ただ一つの声が存在の喧騒(clameur)を創り出すのである」[1]。〈存在は一義的である〉という単純な言明がドゥルーズにおけるあらゆる哲学的主張に関わり、この言明の多様な変奏的表現(パラ・グラフ)が新たな超越論的哲学を形成し、その内在性の哲学を構成するのは、「存在の一義性」が〈エチカ〉以外の何ものにも関わらないからである。そもそも〈差異〉を思考の対象とするには、すなわち「同一的なもの」を考えるのとは別の仕方で——同一性を前提とせずに——〈差異〉を思考するには、〈一義性〉という概念が、あるいはそれ以上に〈一義性〉についての問題構制が不可欠である。〈差異〉を同一性の派生概念や従属概念として、つまり否定的なものとしてではなく、まさに肯定的なものとして捉えるには、同時に〈一義性〉の概念が不可欠だということである。〈一義性〉とは、差異に対して無差異的なもの(例えば、超越的一般者、アリストテレスの不動の動者)の特性ではなく、差異についてのみ言われる同一的なもの(例えば、永遠回帰、スピノザの神)の本質である。こうした意味での〈差異〉の言説を形成することが、まさに「〈存在〉の一義性」が有する〈エチカ〉の論理を展開することになるのだ。

　スコトゥスの名とともに、一見唐突に〈存在の一義性〉という言葉が最初にドゥルーズの著作に登場するのは『差異と反復』においてであるが、そこでの〈存在の一義性〉についての最も根本的な定義は次のようなものである。「〈存在〉(Être)は、〈存在〉〔在る〕が言われるすべてのものについて唯一同一の意味において言われるが、

〈存在〉〔在る〕が言われるものの方は異なっている。すなわち、〈存在〉は差異それ自体について言われるのである」[2]。〈存在〉は、複数のカテゴリーのもとで「多義的に」(aequivoce) 語られたり、他のすべてのものに対して特権的な卓越性を付与された或る一つのものとの関係において「類比的に」(analogice) 語られたりするのではなく、〈差異〉それ自体について等しく「一義的に」(univoce) 言われるのである。あらゆる多様な声に対するただ一つの〈声〉であり、それらの多様な声を単に肯定するだけでなく実在化する〈声〉、それゆえむしろ沈黙であるようなこの唯一同一の〈声〉(＝一義的沈黙[3])、この一義的〈存在〉にドゥルーズはまず命題をモデルに用いて接近しようとする。

命題においては、一般に次の三つの次元、つまり「意味」(命題において〈表現されるもの〉)、「指示されるもの」(命題において〈自らを表現するもの〉)、そして「表現するもの」あるいは「指示するもの」(〈表現〉と〈指示〉の働きを備えた、数的に区別される諸様態)が区別される。この三つの次元によって一つの特異な〈表現の理説〉を形成することができるが、〈存在の一義性〉の場合に、まず第一に重要な点は、「形相的に区別される複数の意味が、しかし存在論的には一なる唯一の〈指示されるもの〉としての存在に関係づけられる」ということである。例えば、「明けの明星」と「宵の明星」という数的に区別される表現の様態は、それらがともに〈指示するもの〉と考えられれば、同一の〈指示されるもの〉としての金星を指示していることになる。しかし、この二つの様態を次に〈表現するもの〉と考えれば、それらはそれぞれが表現する非物体的な〈意味〉、すなわち〈表現されるもの〉によって形相的に区別されることになり、こうした複数の意味が今度は同一の〈指示されるもの〉に関係づけられるのである。既に初期ストア派の人々に認められていたように、或る名辞 a が与えられると、その名辞 a (semainon) によって指示される対象Ａ (tynchanon) とその名辞によって表現される意味 α (semainomenon) が区別されるが、[4] ここでの重要な論点は、複数の名辞によって表現され形相的に区別される複数の意味――〈表現されるもの〉――が、存在論的にただ一つの〈指示されるもの〉としての存在に関係するということである。しかし、このままでは〈意味〉が類比的なものと見なされたり、存在の〈一性〉が類比と見なされたりする危険があるとドゥルーズは言う。つまり、形相的に区別される複数の意味をその唯一の〈指示されるもの〉の多義的な諸「特性」と考えたり、あるいはその〈指示されたもの〉の一性に何らかの卓越した超越的完全性としての特権的な意味を帰したりするのを妨げるものは何もないということである――類比（アナロジー）は、常に多義性を出発点とし、また卓越性をその到達点とするのだから。[5] つまり、類比は、存在を完全性・不完全性のもとで欠如と否定性を以て多義的に理解し、最後に唯一の卓越した完全性を目的とするのである。言い換えると、〈指示〉は、一般的に形相的に区別される複数の意味に対して当の〈指示されるもの〉を無差異な中立的存在として外化したまま、諸能力の経験的使用における共通感覚と類比的存在観とを共可能的にするのだ。

　こうした指示と類比の領域を脱するには、自らを表現し、また共通に指示される〈存在〉が数的に区別されるすべての〈表現するもの〉あるいは〈指示するもの〉について唯一同一の意味において言われるという点を付け加える必要がある。つまり、こういうことである。質的・形相的に区別される複数の意味に対して存在論的に同一なのは〈指示されるもの〉であるが、さらにこの〈指示されるもの〉の当の非物体的な意味は、今度は数的に区別される複数の〈指示するもの〉あるいは〈表現するもの〉にとって存在論的に同一の〈表現されるもの〉だということである。要するに、〈一なるもの〉と〈多様なるもの〉との間に、そして〈多様なるもの〉それ自体のなかにいかなる類比的関係も導入しないために存在の一義性において言われるべき点は、複数の指示の様態が関係づけられる同一の〈指示されるもの〉のその意味の一義性である。すなわち、存在論的命題における〈指示されるもの〉の唯一同一の意味、すなわちその〈存在〉の意味は、数的に区別される多様な様態たりうる〈指示するもの〉あるいは〈表現するもの〉について、多義的にではなく、唯一同一の意味において言われなければならないのだ。これによって、様態である〈指示するもの〉あるいは〈表現するもの〉において、形相的に区別される意味上の〈差異〉と同時に、存在論上の〈等しさ〉の次元が確保されるわけである。しかし、そのためには、さらに〈指示されるもの〉が多様な〈表現するもの〉において〈自らを表現するもの〉(ce qui s'exprime) として把握されるかどうかが問題である。これが実在的となれば、差異の要因としての〈表現するもの〉は、この同一の〈自らを表現するもの〉を形相的に異なる仕方で、しかし唯一同一の意味である〈表現されるもの〉として表現するのである。これによってわれわれは、指示の外在性から表現の内在性へと移行するのである。留意すべき点は、こうした存在の一義性において、〈指示されるもの〉とは必ず〈自らを表現するもの〉のことであり、〈表現されるもの〉とは表現の差異についてのみ言われるこの〈自らを表現するもの〉の唯一同一の存在の意味だということである。何故、こんなことを考えるのか。もう一度言う。それは、差異を肯定し、差異の多様性を肯定的に把握するためである。「私は、実在性と完全性とを同じものであると理解する[6]」。

〈一義性〉について、次の二つの事柄がまず区別されなければならない。(1)質的(形相的)に区別される複数の意味にとって存在論的に同一のものは、自らを表現する〈指示されるもの〉としての存在である。(2)様態として数的に区別される〈指示するもの〉あるいは〈表現するもの〉にとって存在論的に同一のものは、今度は〈表現されるもの〉としての存在の意味である。ここに出てきた二つの〈区別〉は、前者が「形相的区別」あるいは「実在的区別」、後者が「様態的区別」として、とりわけスコトゥスとスピノザの〈存在の一義性〉における差異の契機として主要な役割を担うものである。さて、数的に区別される様態である〈表現するもの〉は、それぞれに質的

（形相的）に区別される意味を有する。それゆえ、あらゆる様態について唯一同一の意味で言われる〈存在〉とは、実はそれら複数の意味が共通に有する同一の意味、あるいはむしろ〈非－意味〉（non-sens）――意味の過剰――である。したがって、〈存在〉が命題において〈指示するもの〉あるいは〈表現するもの〉について唯一同一の意味で述定されるということは、存在論的なすべての差異の要因たるこうした〈表現するもの〉についても、これらを〈表現〉として、それによって〈表現されるもの〉である〈存在〉が唯一同一の意味で言われるということである。善悪の彼岸において〈存在〉は、それが実体について言われようが、どれほど儚いようにみえる偶有性について言われようが、常に同じ意味で理解されなければならないのだ。〈存在〉は、その〈存在〉が言われるすべてのもの、すなわち〈存在〉が述定されるすべてのもの（指示し、表現するもの）にとって同じものであるが、しかし、それら〈存在〉が言われるものの方は、単に数的に区別されるだけでなく、質的にも区別される差異的要因（あるいは強度の様態）として規定された異なったものである。一義的〈存在〉とは、そもそも差異についてしか唯一同一の意味で言われないような「最小限の存在」（minimum d'être）についての概念であると同時に、あの〈差異の概念〉そのものである。何故なら、〈一義性〉は、同一性に奉仕する概念ではなく、むしろ差異についての概念だからである。

このように、一義性は、〈一なるもの〉と〈多様なもの〉との間に成立する単なる表象的でニュートラルな論理関係を表わしているのではなく、重要なことは、一義的〈存在〉は一つの「超越論的原理」として論究されなければならないという点である。それは、〈条件づけられるもの〉の単なる外的な条件づけの原理ではなく、それらの作用原因的な内的発生の原理である。それゆえ、ドゥルーズは次のように言うことになるのだ。「一義的存在は個体化の諸要因に本質的にかつ無媒介的に関係すると言われるとき、その個体化の諸要因ということでわれわれが理解するものは、確かに経験において構成されたような個体ではなく、むしろその個体において超越論的原理として、すなわち個体化の過程と同時的な、無始源的で遊牧的な、可塑的原理として作用しているものであって、それは、一時的に諸個体を構成するが、それに劣らずそれらを解体し破壊することのできるものでもある」[7]。一義性の〈圏閾〉は、こうした意味で超越論的に把握されなければならない。〈条件づけられるもの〉に対する表現的で肯定的な〈内的発生の原理〉として、さらには自らが条件づけるものとともに自らも潜在的に変化する実在的な〈可塑的原理〉として定義される超越論的圏閾は、したがって、存在の一義性の問題構制によって展開される必要があるが、それと同時に一義性の方は、逆にこれら超越論的諸原理の要請を十全に充たすものとして練り上げられる必要があるのだ。

II　存在の一義性の〈名目的定義〉から〈実在的定義〉へ

さて、ドゥルーズによれば、存在の一義性について哲学史において三つの主要な契機が特定される。すなわち、スコトゥスにおける中立的な〈存在〉、スピノザにおける〈無限実体〉、そしてニーチェにおける〈永遠回帰〉が、それぞれ存在の一義性についての特異な思想として定立されるのである。ただし、この三つの契機を存在の一義性についての発展史のごとく理解してはならない。何故なら、何であれ、発展史として時間の系列上の出来事を整理することは、まさにそこに自分たちにとって都合のいいストーリーを投げ入れるモラルにこそ相応しい目的論的行為だからである。そうではなく、われわれは、この存在の一義性の三つの契機を、むしろそこにおいて〈存在〉の概念が一つの〈差異の概念〉として形成される秩序だと捉える必要があるだろう。さて、「〈存在〉は、〈存在〉〈在る」が言われるすべてのものについて唯一同一の意味において言われる」という場合のこの〈存在〉は、差異についてのみ唯一同一の意味において言われる〈存在〉、すなわち一義的〈存在〉であり、この言明に、上述したスコトゥス、スピノザ、ニーチェにおける一義的〈存在〉をそれぞれ代入すれば、そのいずれについてもこの定義が妥当することがわかるだろう。一義性についてのこの極めて形式的な定義は、その意味では、おそらくドゥルーズにとってもっぱら事後的に見出されるようなまさに〈名目的定義〉にすぎないだろう。したがって、問題は、むしろこの形式的な定義が引き出されてきた存在の一義性についての〈実在的定義〉の方である。そして、この問題は、究極的には次のような決定的な問いにつながっていくように思われる。すなわち、この〈名目的定義〉はいかにして〈実在的定義〉としてそのまま理解されうるのか、と。存在の一義性は、それが内在性の哲学を創建するものである限り、〈実在的定義〉しかもたないことがわかるだろう。

　差異を思考するだけでなく、差異を肯定するには、〈存在の一義性〉についての問題をいかに構制するかが不可欠である。何故なら、一義性は、単に〈存在〉が唯一同一の意味において言われることではなく、異なったものについて〈存在〉が唯一同一の意味において言われることを本質とするからである。差異が否定的に理解されるならば、差異についてのみ言われるこの一義的〈存在〉も差異とともにまったく不可能となるだろう。「存在が差異について言われるという意味において、存在こそが〈差異〉(Différence)である[8]」。したがって、あらゆる多様なものの間の差異について唯一同一の意味において言われる一義的〈存在〉は、そもそもそれ自体が〈差異〉である以上、この「〈存在〉〔在る〕が言われる」すべてのものについて「中立的」(neutre)、あるいは「無差異的」(indif-férent)ではありえず、さらにそれは、言い換えると、超越論的なものとして、〈条件づけられるもの〉の外側から作用する条件づけの原理ではなく、それらの内的発生の原理であり、またそれら現働的な〈条件づけられるもの〉に逆に依存し、それゆえそれらとともに潜在的に変化する可塑的原理である。この最後の論点は、最も重要である。何故なら、〈超越論的圏域〉が可塑的原理となるのは、ただそれによって〈条件づけられるもの〉が反−実現の力能（実在的経験）を有するときだけだからである。ここでわれわれは、ドゥルーズの存在の一義性についての諸条件を以下のように列挙することができるだろう。(1)質的（形相的）に区別される複数の意味が存在論的にただ一つの〈指示されるもの〉としての〈存在〉に関係する。(2)数的（様態的）に区別される〈表現するもの〉について唯一同一の意味において言われるのは、この〈指示されるもの〉の存在の意味、すなわちその〈表現されるもの〉である。(3)一義的〈存在〉は、個体化の要因たる差異についてのみ唯一同一の意味において言われる限りで、この〈存在〉こそがむしろ差異であり、したがって、それは「中立的」でも、「無差異的」でもない。(4)一義的〈存在〉は、〈条件づけられるもの〉の作用原因的な内的発生の原理であるのと同じ意味で、その〈条件づけられるもの〉とともに自らも変化する自己原因的な可塑的原理を備えた〈超越論的圏域〉として定義される（〈自己原因〉(causa sui)と〈作用原因〉(causa efficiens)との原因の一義性。[9] しかし、後に述べるように、私がドゥルーズの哲学から肯定的＝批判的に引き延ばしてくるのは、こうした〈自己原因〉はまた〈反−実現の原因〉(causa contra-efficiens)でもあるという意味での原因の一義性である）。

III　スコトゥスにおける存在の一義性

生きること、それは偏ることである。何故なら、存在することがそもそも必然的に偏ることだからである。しかし、重要なのは、その偏りが、オリジナルのあるコピーとしての真正な、しかし否定的な偏り（道徳的遠近法）であるのか、それともニーチェにおける遠近法主義を生み出し、観念の表現的言語活動から構成されるような一、つ、の、遠、近、法、的偏倚であるのかを見極めることである。何ものにも偏ることのない、その意味でいかなる偏りにも無差異的で中立的な〈存在〉はまったくの欺瞞である。適用の秩序のなかでの偏りは、こうした傾向を否定的にしか承認できないような、偏りなき存在への意志によって既に衰弱している。それゆえ、この中立的〈存在〉は、たとえそれが存在の一義性（＝遠近法主義）として主張されたとしても、単に超越的――例えば、単に論理的な対象として扱われるだけの遠近法主義（相対主義の一種）の様相――であるだけであり、それゆえその属性は、範疇を前提とした超範疇（超越概念）として把握されるしかないだろう。しかし、異なったものについてしか〈同じ〉と言われず、また不等なものについてしか〈等しい〉と言われないものがあるとすれば、確かにそれは、一義的なもの、一義的〈存在〉である。そして、この〈存在〉は、それが多様な異なったものについてしか言われないという意味で、それ自身が〈差異〉である。さて、一義的〈存在〉は、個体化し、現働化する差異的要因に対して単に外的なものとして関係づけられるような、無差異な中立的〈存在〉ではない。一義的〈存在〉という最小の、それゆえ差異についての〈差異〉という意味で最も力能のある普遍性が、いかなる媒介もなしに、直接に特異性について言われるということは、まさにその普遍的なものがあらゆる特異なものについて無差異ではないということである。

そこでまず、スコトゥスにおける一義的〈存在〉の考察から始めることにしよう。「存在は、十のカテゴリーに分類されるのに先立って、無限と有限とに分類される。というのは、有限と無限の一方、つまり有限は十のカテゴリーに共通だからである。それゆえ、有限と無限とに中立的なものとしての、あるいは無限存在に固有なものとしての存在に適合するすべてのものは類に限定されず、それに先行して、存在に適合している。またそれゆえ、それは超越的であり、すべての類の外部にある。神と被造物とに共通のものは、すべて無限と有限とに中立的＝無差異的なもの（indifferens）としての存在に適合するのである。実際に、それらは、神に適合する限り無限であり、被造物に適合する限り有限である。したがって、それらは、存在が十の類〔カテゴリー〕に従って分類されるのに先立って、優先的に存在に適合するのだ」[10]。スコトゥスは、このように述べている。神と被造物、無限と有限とに共通のものは、それらに対して無差異な中立的〈存在〉である。しかし、あらゆる差異に対して中立的＝無差異的であるようなこの〈存在〉（ens）概念は、神の本質をけっして構成することなく、単にその本質が分有的に帰属されるだけの〈受動的属性〉、神の「特性」（propre）であり、それゆえ、それは単なる「超越概念」（transcendentia）として表わされるものにすぎない。しかしながら、およそ〈存在〉概念以外に上位の概念が見出されなければ、それを超越概念とみなして、その数が増大していくスコトゥスにおけるこうした超越概念の間には、それでも積極的な差異の概念を提供する「形相的区別」（distinctio formalis）が想定される[11]。この区別は、ドゥルーズによれば、まさにスピノザにおける属性の間の「実在的区別」（distinctio realis）の起源でもある。何故なら、これによって、「同名同義」という単なる名称上の一義性ではなく、〈神の無限性〉を条件として存在論的には一であるが、形相的には多様であるという規定が当の属性に与えられ、ここに概念上の一義性が創建されるからである[12]。換言すると、これは、スコトゥスの「形相的区別」においては、まさに形相的に区別される複数の意味が存在論的にはただ一つの〈指示されるもの〉に関係することを表わしているからである。

さらに無差異な中立的〈存在〉を差異に関係させる仕方として、形相的区別とは別のタイプの区別、「様態的区別」（distinctio modalis）もまた考えられなければならない。スコトゥスの場合、それは、「存在あるいは諸属性と、それら存在や諸属性が為すことのできる強度的諸変化との間に確立される。この諸変化は、白色のさまざまな度合のような、個体化の様相であり、無限と有限はそうした様相のまさに特異な強度を構成するのである」[13]。神と被造物とに共通の存在（諸属性）と、それらによって可能となるすべての強度的諸変化との間の区別は、個体化するものの内在的様相の差異、すなわち内包的な〈強度の差異〉として表わされる。これは、個体化の要因たる様態が、外延量の表示のもとに数的に区別されるだけでなく、それと同時に〈強度の差異〉という内側からの区別をも有しているという点に対応している。そうなると、例えば、個体化の様相として把握され、特異な質的強度を構成すると言われる「無限」と「有限」は、そこではいかなる規定性を与えられるのであろうか。こうした視座から「神は無限〈存在〉である」と述べられたならば、この言明は、〈存在〉という最も普遍的な類に「無限」という種的差異の機能をもった概念が付け加えられ、その結果として神という「〈存在〉〈在る〉が言われるもの」が定義された、というような事態を少しも意味していない。また、「被造物は有限〈存在〉である」という言明もまったく同様である。何故なら、存在の一義性とは、われわれの外側に対象化され、そのなかで分割されたり付け加えられたりすることを拒絶するような〈存在〉概念を形成することだからである。白色のさまざまな内在的様相が表現する多様な〈可変的強度〉は、「或るものが別のものに付け加えられるように、つまりその上に描かれる図形が壁に付け加えられるように、白色に付け加えられるのではない[14]」。

「無限〈存在〉」と言う場合の「無限」とは、〈存在〉それ自体の或る内包的な強度に対応する質的表現であり、したがって、「無限〈存在〉」は、非物体的なものとして表現される〈無限になること〉の動詞的表象のもとで当の〈存在〉が構成される[15]——つまり、無限存在とは、〈無限になる〉という動詞と、この動詞に超越論的な絶対的沈黙としてともなう〈存在論的に〉という副詞から構成される——ことを表わしている。これは、例えば、すべての認識されるものの全体を或る一つの類と捉えて、これに〈それ自身によって考えられる〉と〈それ自身によって考えられるものに依存する限りで考えられる〉という種的差異を示す概念を付け加えて、そこから実体と様態がそれぞれ定義されるということから理解されるような種的区別とはまったく異なっている。〈一義性〉における実体と様態は、「〈存在〉〔在る〕が言われるもの」である限り、それらの内在的様相である〈強度の差異〉によってあくまでも様態的にあるいは現働的に区別されるのだ。「あらゆる無限は現働態においてある、あるいは現働的である」。さて、一方で可変的強度は一義的〈存在〉の様態を多様に変化させるが、他方でこの〈存在〉そのものはいかなる内在的様相のもとに考えられようと一義的に同じものにとどまり続ける。しかしそうなると、この一義的に同じものにとどまり続けるのは、それがどれほどこうした様態的区別に関係づけられたとしても、実際にはそれら区別の間に見出されるいかなる差異に対しても無差異な中立的〈存在〉の概念ではないのか。白色のさまざまな度合に対して常に一義的に同じものにとどまる〈白色〉とは何か。要するに、それは〈白色〉という概念の同一性ではないのか。したがって、ここでの問いは次のようになる。スコトゥスは、結局、〈存在〉を一つの抽象概念として中立化しただけではないのか。したがって、この意味でスコトゥスは、一義的〈存在〉をもっぱら「考えた」だけではないのか。

さらに言うと、先に述べた形相的区別についても問題があった。そもそもスコトゥスにとって何が神の「属性」であったかを考えてみなければならない。スコトゥスにおいて、〈全知〉、〈全能〉、〈叡知〉、〈意志〉といった神の「属性」は、要するに神の「特性」にすぎないのではないか。もしそうだとすれば、神の〈本質〉は、これら諸特性によってけっして構成されえない以上、実際にはこうした特性=属性に依拠しなくても理解されうることになるだろう。[16] つまり、これら諸特性は、神の〈本質〉を単に形容するだけの「形容詞」であり、また神の本質が単に帰属させられるだけの受動的属性であって、したがってその本質を逆に神に「帰属させるもの」(attributeur)、すなわち神の本質を構成するような〈能動的属性〉でもなければ、神の「動詞」(Verbe)でもないということである。[17] これらの特性は、実体の本性あるいは本質を形成し表現する属性、つまり〈構成する属性〉ではなく、既に形成された本質の様相を外的に指示し形容するものにすぎないのだ。したがって、本質がその〈存在〉を含む神の、その当の〈存在〉は依然としてここでは単に形容され続けるだけであり、それゆえその限りでのみその〈存在〉は一義的であることになる。これが、実体の本質をめぐる系譜学から考察されたスコトゥスにおける一義的〈存在〉の中立性の理由である。「超越概念」が表わす神の特性は、けっしてその一義的〈存在〉を本質的に表現すると同時に構成さえもするような動的な〈能動的属性〉ではない。[18] 形相的に区別される複数の属性によって表現される一義的〈存在〉の本質が、それら諸属性によって表現的に構成されるのでなければ、その一義的〈存在〉はそれらによってもっぱら共通感覚のもとで類比的に形容されるだけである。すなわち、被造〈存在〉と非被造〈存在〉、有限〈存在〉と無限〈存在〉、特異なものと普遍的なもの、これらに対して中立的で、またそれらの双方に単に「含まれる」(includi) だけの〈存在〉は、[19] まったく非表現的であり、それゆえこうした差異に対してどこまでも無差異である。言い換えると、スコトゥスにおいて「特性」としての諸属性によって雑多に形容されるだけのこの一義的〈存在〉は、無限〈存在〉としての神によっても、有限〈存在〉としての被造物によってもけっして実在的に定義されることはないだろう。つまり、この一義的〈存在〉は、神と被造物という「〈存在〉〔在る〕」が言われるもの」をその〈発生的要素〉(élément génétique) として定義されることはけっしてないということである。[20] スコトゥスの存在の一義性において、一義的〈存在〉の〈実在的定義〉はそもそも不可能であり、そこにあるのは形相的区別と様態的区別という二つの区別一般のもとで中性的で一義的なものが異なったものに力なく外側から関係づけられることを示す〈名目的定義〉だけである。

スコトゥスにおける一義的〈存在〉は、たとえそれがアリストテレスの十のカテゴリーと共可能的であったとしても、確かに神に関する類比的判断を無効にするために、それに先立って定立されるべき概念である。しかしながら、それが中性化された一つの抽象概念である以上、存在の一義性は、「一般概念」や「超越概念」といったあらゆる抽象概念一般を批判して[21]、一義的〈存在〉を唯一の普遍的な「無限実体」あるいはむしろ「絶対に無限な〈存在〉」と同じものとみなしたスピノザにおける〈一義性の哲学〉へと必然的に移行しなければならないことになる。われわれの課題である〈超越論的圏閾〉の問題から言うと、この移行は、「〈存在〉〔在る〕が言われる」すべてのものの外的な条件づけの原理としてではなく、それらの内的な発生の原理としての一義的〈存在〉を問うことの必然的な結果である。そのためにも絶えず留意されるべきことは、スコトゥスにおいては、その一義的〈存在〉がたとえ中立的＝無差異的でしかなかったとしても、明確に「形相的区別」と「様態的区別」という差異に関する二つの区別のもとで〈存在〉概念が把握されたという点である。しかし、われわれは、スピノザにおける存在の一義性を論究する前に、アリストテレスの十のカテゴリーの数とその意義とを変更し、さらに超越概念を自らのカテゴリーに還元することによって、一義性を経験の領域に関係づけたカントの哲学について、どうしてもこの観点から論じておく必要がある。

IV　超越概念の一義性から超越論的概念の一義性へ　カントの革新性

カントが批判する悪しき形而上学の根底には、常に「物自体」が前提されているが、実はそれ以上に、類比的な存在観、あるいはアナロジーに基づく思考が働いている。このことは、例えば「比例性の類比」(analogia proportionalitatis)のように[22]、神とその被造物である世界との間に本性上の差異を引くことによって、絶対者としての創造神の超越性を守ろうとする考え方であっても、[23] そこに物自体としての〈神〉が想定される限り、[24] この神の無限性への安易でアナロジカルな上昇を容易に可能にするだろう。したがって、カテゴリーの無批判的使用を禁止し批判することによって、あるいはより本質的には人間の諸能力の間の本性の区別とそれらの限界を明確にすることによって、[25] その働きの有限性に定位しようとするカントの哲学は、これと同時にそうしたアナロジーの無限界的使用を批判することで、すなわちロゴスの上昇的使用を切断することで、自らの超越論的哲学あるいは批判的形而上学に合致した〈アナロジー〉を用いなければならない。しかしながら、さらにこのことは、制限されたかたちでの一義性についての、スコトゥスとはまったく別の仕方での思考を要請するものでもある。すなわち、カントにおける有限性に定位するためのアナロジーの批判的・内在的使用と一義性についての思考。しかし、ここでは後者の問題だけに焦点を絞ることにする。前者については、例えば、ハイデガーがカエタヌスを参照しつつ『存在と時間』において、「スコラ学は〈存在〉の意義づけの積極的意味を、一義的（einsinnig）意義づけあるいは単なる同名的（gleichnamig）意義づけから区別して、〈類比的〉（analog）意義づけとして捉えている」が、しかし「デカルトは、この問題の存在論的な仕上げという点に関しては、スコラ学よりもはるかに遅れている」と述べているが、[26] これと同様に批判期に特徴的なカントの〈アナロジー〉概念も、[27] 実際にスコラ哲学以上の展開があるわけではない。しかしながら、関係の構造あるいはその秩序に関して「二つの関係＝比の完全な類似」だけを問題にする〈比例性の類比〉を基本にしつつも、[28] 上述したようにこれに批判的制限を加えたかたちでのカントにおける〈アナロジー〉は、この制限によって可能となる〈一義性〉の領域との両立性を兼ね備えているという点からみても極めて特異であると言える。

カントの「批判的理性」を超越論的哲学における諸能力の一つとして捉えるならば、それは、その本質において超越論的な意味での〈概念の一義性〉の「圏域」（Sphäre）を定立することにあるだろう。何故なら、或る概念の厳密な一義性を定立することは、同時にその概念の限界、その外部（この概念によって一義的に確定されない領域）、あるいはこうした外部との「限界線」（Grenzlinie）、すなわち「境界」（Begrenzung）を明確に設定することだからである。[29] カントにおいては、こうした作業のすべてが超越論的な概念の一義性に基づいて経験のうちに書き込まれ、それ固有の概念的領域の定立が悟性のあらゆる働きに先立って〈批判的理性〉によって為されなければならない。しかし、カントの場合、直接に〈存在〉概念に基づいてその一義性が主張されるわけではなく、或る特定の概念、つまり超越論的概念（「超越論的対象」、「超越論的統覚（私は考える）」、「一なる可能的経験」（eine mögliche Erfahrung）、これらが『純粋理性批判』における最も根本的な一義性の概念として析出される）の一義性が、「存在〔在る〕が言われる」すべてのもの、つまり経験の対象と経験そのものの定立の前提となるのである。要するに、〈存在〉を前提にして概念の一義性を確立するのではなく、反対に概念の一義性に即して「存在〔在る〕が言われる」認識の対象、経験の対象を成立させることが問題なのである——これが、カントのコペルニクス的転回である。

このように、カントの批判哲学においては、概念の「圏域」の一義的な確定ということが、〈経験〉が言われるすべての事柄について問題となるわけである。ここでの〈経験が言われるすべての事柄〉とは、一義性の領域を異にする多様なもの、すなわち諸現象、諸表象、現実的諸経験（例えば、現存在を含んだ現象の諸連関）という三つの領域の多様性のことである。そして、これらの多様性の各々についての一義的概念がそれらのア・プリオリな「相関者」（Korrelatum）として考えられる以上、[30] 概念の一義性における〈一なるもの〉と〈多様なもの〉との関係は、この意味で内在的で必然的な関係である。カントにおける超越論的概念の一義性の最大の特徴は、自己自身について一義的であること、あるいはそれ自体で同一であることが主張されるのではなく、むしろそれ自体としてはまったく空虚で無内容であるがゆえに、その内容面の一切は〈他なるもの〉によって、したがって相互に異なる多様なものによって展開されるしかないというところにある。それゆえ、その一義性とは、あらゆる多様なものに対して唯一同一であり、〈存在〉に代わって、それら多様なものに新たな共通性——例えば、〈現象〉概念——を与えるものである。これらの構造をカントにおける〈一義性〉は本質的に有しているのだ。さて、カントにおけるこうした一義性の位相を明らかにするには、スコトゥスにおける、(1)概念の一義性の定義、(2)超越概念への一義性の拡張、(3)類・種及びカテゴリーに対する一義的〈存在〉概念の先行性といった観点が不可欠であり、またカント自身における、(1)カテゴリーへの超越概念の還元、(2)「超越論的対象」あるいは「超越論的統覚」といった空虚な概念の一義性、(3)(2)にア・プリオリに相関する〈現象〉というわれわれの認識に固有の圏域の定立といった事柄を考慮することによって、そのうえにカントの超越論的哲学が成立するような、まさに一義性の思考が析出されると思われる。

それでは、概念が一義的であるとは、いかなる条件を充たせばよいのであろうか。スコトゥスは、概念の〈一義性〉を次のように定義している。第一に、「同じものについて、その概念を肯定し、かつ否定するとき、矛盾をきたすに足るような一性を有する単一概念」であること、また第二に、「三段論法の中項におかれて、諸項を多義性の誤謬〔=媒概念多義の虚偽〕(fallacia aequivocationis) を犯すことなく結合して、結論を生じさせるのに足るような一性を有する単一概念」であること。[31] まずスコトゥスは、矛盾律を充たすのに十分なほどの〈一性〉を有することが一義的概念の条件であると言う。そして、この条件を充たしてできあがった一義的概念を含む諸命題が今度は推論として結合される際の条件が、次の第二の定義である。三段論法において中項がもし二義的に用いられているとしたら、その結論は論理的妥当性を欠いた誤謬推理ということになるだろう。例えば、「走るものは足をもつ。南の空に雷が走る。ゆえに雷は足をもつ」という推論は、媒概念「走る」の二義性による誤謬推理である。周知のように、カントも『純粋理性批判』の「弁証論」において、合理的心理学の三段論法や宇宙論的三段論法における「媒概念多義の虚偽」（sophisma figurae dictionis）による誤謬推理を指摘しているが[32]、その例を一つ挙げておく。「主語として以外に考えられることのできないものは、また主語として以外には存在しない、したがってそれは実体である。さて、考えるものは、考えるものとしてのみ考察されれば、主語として以外に考えられることができない。ゆえに、考えるものは、また主語としてのみ、すなわち実体としてのみ存在する」[33]。この推論において、媒概念「主語として以外に考えられないもの」は多義的に用いられている、とカントは言う。何故なら、この媒概念は、大前提においてはわれわれの感性的直観に与えられうるような「存在体」（Wesen）について述べられているが、これに反して小前提においては、まったくこの直観に関係しえないような、主語としての単に「考えるもの」あるいは「意識の統一」に関して言われているからである。

しかし、こうした一義性についての形式的な規定が与えられたからといって、ここでわれわれがカントの批判哲学から析出しようとしている一義的概念や、これによって成立する固有の圏域が、それによってただちに得られるというわけではまったくない。スコトゥスは、一義性を、〈種〉や〈類〉、さらには〈最高類〉を超えた超越概念にまで適用し、またカテゴリーに対するこうした超越概念の先行性を明確に主張するが、これは、カントにおけるカテゴリーのあらゆる働きに対する〈批判的理性〉によって定立される一義性の圏域の先行性とまさに共通しており、一義性における本質的な論点である。何故なら、カントにおいて認識が成立する次元、すなわち現象を〈多様に〉語ること、より正確に言えば、諸カテゴリーによって現象を〈多義的に〉構成することは、そもそもこれに先立って、この悟性の働きに適合すべく、現象という領域が理性によって〈一義的に〉定立され、感性によって直観として〈一義的に〉受容されなければならないからである。スコトゥスが述べていたように、一義的〈存在〉は、カテゴリーに分類されるのに先立って、有限と無限とに分類される。一義性が類と種を超えて超越概念にまで拡張されることによって、〈存在〉は、それが判断における述語によって多義的に分化されるのに先立って、すなわちカテゴリーの諸形式によって多様に、多義的に語られるのに先立って、いかなる類をも、さらには有限と無限との区別をも超えて、これらすべての限定に対して〈中立的〉(＝無差異的)であると考えられる。われわれにとってとりわけ重要な点は、一義的〈存在〉があらゆる限定に先立って、とりわけカテゴリーに先立って優先的に定立されることである。それでは、形而上学の対象としても第一のものである〈存在〉をその一つとして数える超越概念は、カントにおいてどのように捉えられていたのであろうか。

『純粋理性批判』の「概念の分析論」においてカントは、「存在するところのものは、一、真、善である」(quodlibet ens est unum, verum, bonum) というスコラ哲学の命題を取り上げて、〈一〉と〈真〉と〈善〉という「対象についてのア・プリオリな概念」である超越概念が、実はカントによるカテゴリー表に従うならば、「量のカテゴリーを、すなわち単一性、数多性、総体性のカテゴリーを認識の根底におくものである」と述べている。[34] つまりカントによれば、まず〈一〉は対象のあらゆる認識に存する「概念の統一」であり、また認識の多様の結合における統一を意味する限りで、それは「質的単一性」(qualitative Einheit) と言われるものである。次に〈真〉は、帰結に関する「真理性」であり、或る与えられた概念から真なる帰結が導き出されることが多ければ多いほど、その概念の「客観的実在性の指標」はそれだけ多くなるので、それを指標の「質的数多性」(qualitative Vielheit) と呼ぶことができ、最後に〈善〉あるいは〈完全性〉(perfectum, Vollkommenheit) は、[35] この数多性が逆に概念の統一に帰着し、この概念と完全に合致することを意味し、このことが「質的完全性」(qualitative Vollständigkeit）と言われるのである。

以上のようにカントは、超越概念という本来カテゴリーを超えるもの（超範疇）を、悟性のうちに、すなわち特にこの場合は量のカテゴリーというかたちでそのうちに取り込もうとする。そうなると、超越概念の中軸である〈存在〉（ens）概念は、自らと「可換的な」（convertibile）諸概念[36]を失うことによって空虚な概念とならざるをえなくなる。そして、一義性が超越概念にまで拡大されていたならば、〈存在〉概念は、あるいはより一般的な言い方をすれば、超越概念が機能していた場所（トポス）は、空虚な概念の一義性としての残滓――あるいは虚焦点（カント哲学に固有の〈鏡〉の発生）[37]――となるだろう。こうした事態は、超越概念がカテゴリーのうちに取り込まれることによって生じたことである。しかし、これは、カントにとって単なるカテゴリーへの超越概念の還元という以上に、批判哲学において肯定的で決定的な意味を有している。〈存在〉が空虚な概念となったために、ここにおいて根本的に実体性を喪失した概念と呼べないような概念[38]が、要するにあらゆる意味で実体性を欠いた空虚な概念が、主観性における「私は考える」――これは、客体性の側面において完全に等価な相関者としての「対象＝X」をもつ[39]――としてその場所を占有することになり、したがって、これによってそれ以前の形而上学から、つまり「物自体」を前提とした類比的存在観から批判哲学を区別する最も特異な徴表が一義性の哲学として与えられるのである。より正確に言うなら、超越概念の位相において主張される一義性ではなく、超越論的に――すなわち、この場合は、ア・プリオリに〈多様なもの／相関者〉の定立の仕方を含むという意味で――一義的な諸概念、つまり、「超越論的対象」、「超越論的統覚」、「一なる可能的経験」[40]が批判的理性の内在性の「平面」（Ebene）として、あるいはむしろ「球面」（Sphäre）として定立されるような思考にわれわれは到達するのである。[41]こうした意味での一義性は、まさにカントにおける超越論哲学に固有の〈一性〉として捉えられるだろう。それゆえ、この〈一性〉は、それ固有の〈多性〉をア・プリオリな相関者としてもたなければならない。何故なら、一義的概念は、自己についてその一義性が主張されるわけではなく、むしろそれ自体としてはまったくの無内容であるがゆえに、その内容の一切が他なるものにおいて、すなわち相互に相異なる多様なものにおいて展開されるしかないからである。これが、対象をア・プリオリに認識せしめる「直観の多様」について言われる〈現象〉概念である。したがって、この限りでこうした多様性は、それに内的に対応する相関者としての一義的概念に固有の〈圏域〉の限界を同時に示している。そして、〈一義的〉であるのは、あらゆる多様なものについて唯一同一であると言われる限りでの超越論的概念のことである。実際には「媒概念多義の虚偽」に陥らないことは、既にカントにとっては、単に概念の一義性を保証する条件の形式性以上に、より強い意味において批判哲学の根幹を形成する一義性の〈圏域〉を定立する超越論的に一義的な概念のあらゆる実体化を否定するということが含意されていたのである。

スコトゥスの場合、「被造的〈存在〉」と「非被造的〈存在〉」、つまり「有限的〈存在〉」と「無限的〈存在〉」に対して、あるいは「偶有性」と「実体」に対して、〈存在〉と他の諸々の超越概念が一義的であることが主張されるが[42]、上述したように、カントにおいて一義的なのは、もはやこうした意味での〈存在〉概念ではない。空虚で無内容な一義的概念は、その内容のすべてがこれを展開し表現する多様性のうちにあり、またそれら多様性に対して唯一同一である以上、そもそも相互に異なる多様なものについて〈共通なもの〉と「可換的」でなければならないだろう。すなわち、それが、〈存在〉に代わる新たな共通概念、〈現象〉という概念であり、それゆえ、われわれが提示するカントにおける三つの基本的な一義的概念は、この〈現象〉概念の一義性をそれぞれに異なった非－現象的なものの概念として表現するものである。〈現象〉は、それが言われるすべてのものに対して唯一同一の意味で言われる。つまり、これは、〈現象〉という概念があらゆる多様なものに対して唯一同一であるということ、例えば、或る経験の対象に対して一方の直観が他の直観よりも卓越した特権的関係に立つことがないということである。しかし、〈現象〉のこの一義性は、超越論的観念論に固有の内包的全体という圏域と不可分である限り、常に「超越論的対象＝X」をはじめとする他の一義的な諸概念と同時に定立されなければならない。現象は多様に語られる。それは、カントにおいては、カテゴリーによる認識の対象の構成、すなわち現象の多義的構成の意味をもつのだ。しかし、こうした悟性の多義性の能力に帰着するような働きに先立って、批判的理性によって、超越概念からそのあらゆる類比性が削ぎ落とされ、以上のような一義性の位相が定立されることなしに、カントの超越論的哲学は不可能である。

V　スピノザにおける存在の一義性

このように、スコトゥスにおける中立的〈存在〉の一義性の場所は、カントにおいては可能的経験の領域を定立する超越論的概念の一義性へと決定的にずらされたのである。しかし、それにもかかわらず、カントのその体系性において〈条件〉が〈条件づけられるもの〉の外部に存在し続け、またそれ以上に悟性の諸カテゴリーによる現象の多義的構成と感性の一義的受容に先立って、批判的理性によって樹立されるべきヌーメナルなものの概念の一義性の圏域というかたちで確かにスコトゥス的な中立的な無差異性が保持される以上、一義性の哲学から言えば、それはやはり名目的なものにすぎないだろう。〈可能的経験〉は名目的経験である。それは、けっして自らの諸条件の発生的要素となることはなく、ア・プリオリな条件によって一方的に規定されるだけの、経験と呼ぶことのできないような経験、言わば中立的経験だからである。また、カントにおける〈私は思考する〉は、自らのすべての表象にともなっているが、しかしそれらに対してまったく無差異であり、現象はと言えば、それは、或る〈対象＝X〉に収束する系列の一部を占有する限りでしか知覚されず……、これらのすべてが名目的で形式的な一義性を超え出ることのない指標となっているのである。さて、われわれがスコトゥスとカントを通して改めて理解すべきことは、存在の一義性の〈実在的定義〉を探究することは必然的に〈超越論的なもの〉の概念を変革するようなものでなければならないという論点である。そのためにも、先に課題として提起しておいたスピノザにおける表現的な一義的〈存在〉を次に考察することにする。

　スピノザの『エチカ』第一部における定義三と四はそれぞれ実体と属性についての〈名目的定義〉であり、「神とは、絶対に無限な〈存在〉(ens absolute infinitum)、言い換えれば、その各々が永遠・無限の本質を表現する(exprimere) 無限に多くの属性から成り立つ実体である、と解する」[強調、引用者] という定義六のみが神の〈実在的定義〉にほかならない[43]。何故なら、ここでは、神は、自らを表現する実体、その実体の本質を表現する無限に多くの属性、そしてこれら諸属性によって表現される本質という〈表現〉の三つの項の関係によって、「絶対に無限な〈存在〉」として発生的に、すなわち実在的に定義されているからである[44]。この〈表現の運動〉において、属性のうちに自らを表現する実体はその無限に多くの属性によって唯一同一のものとして〈指示されるもの〉であり、また各々の属性はこの実体の絶対的本質を相互に形相的あるいは実在的に異なった仕方で〈表現するもの〉であり、さらにこの本質は無限に多くのこうした表現的属性にとって唯一同一のものとして〈表現されるもの〉である。そして、この〈表現されるもの〉は、表現する属性を離れて、その外部に存在するようなことはけっしてない。これによって、神は、属性という表現の外部にその存在が定立されるような「無限に完全な〈存在〉」(自らを表現することのない単なる〈指示されるもの〉)として——そのとき属性はこの〈存在〉の単なる特性となる——ではなく、無限に多くの属性によって表現されることしかできない「絶対に無限な〈存在〉」として発生的に論じられることになるのである。[45]〈実在的定義〉とは、まさに定義されるべき対象の〈発生的定義〉でなければならない。それゆえ、定義三の実体に関する定義は、あくまでも単に実体性の基準を述べただけの名目的定義であり、神と実体が同一に考えられるのは、定義六の神についての実在的定義を以てはじめて可能となるのだ。いずれにせよ、そのすべては、スピノザにおける〈属性〉をいかに解するかにかかっていると言ってもよいほどである。そして重要なことは、属性が実体を指示すると同時に、その実体の本質を表現するという点である。

相互に形相的にのみ区別される諸属性、そこでの形相的区別は、スコトゥスにおけるような「最小限の実在的区別」ではなく、まったくの実在的区別となった区別であるとドゥルーズは言う。[46] つまり、いかなる数的区別も許容せず、また唯一同一の〈存在〉を分割することなく、その本質を形相的にまったく異なった仕方で、しかし同等に（＝一義的に）表現する諸属性の間に定立される区別、それが〈実在的区別〉だからである。スコトゥスのところで述べたように、ドゥルーズはスピノザにおける神の属性を神の本質を形相的に表現する〈動詞〉と考え、神の名とはそもそもこの〈動詞〉の名であると主張する。[47] 属性は、神の本質を表現することによって逆にそれを神に帰属させる限りで、まさに神自身の「構成する表現」である。[48] この意味で〈表現されるもの〉は、〈表現〉の外部にはけっして存在しない。このように、神の動詞としての属性が各々に〈形相的―質的〉に異なった仕方で実体の本質を構成的に表現するのであれば、これによって〈表現されるもの〉はそれらの動詞の各々の意味であり、したがってそれら複数の意味にとって唯一同一の〈表現されるもの〉とは、まさに神の絶対的本性の意味、すなわちその一義的〈存在〉の意味、本質に含まれるその〈存在〉の意味である。スピノザにおける無限に多くの属性が実在的に異なった仕方で神の本質を無限に多様に、しかし一義的に同等に表現するということは、換言すれば、〈存在する〉

という神の一義的〈動詞〉を、例えば、〈思惟すること〉、〈延長すること〉といった形相的に区別される〈動詞〉としての諸属性が構成的に――質的に異なった仕方で、しかし存在論上は同等に――表現するということである。あらゆる動詞（不定詞）にとっての唯一の動詞（不定詞）、あるいはあらゆる出来事にとっての唯一の出来事こそが、力動的で能動的な属性によって構成的に表現されなければならないのである。動詞――神の絶対的な〈存在する力能〉の形相。

　しかし、スピノザにおける属性は、こうした「実体の本質の系譜学」においてだけでなく、「物の真の産出」の水準からも理解される必要がある。[49] 言い換えると、それは、一義的〈存在〉が形相的あるいは実在的区別に関係する次元から様態的区別に関係する次元への移行である。つまり、これは、形相的に区別される無限に多くの〈表現するもの〉（属性）が存在論的にただ一つの〈表現されるもの〉（実体の本質）に関係する位相から、各々の属性のうちで様態的に区別される無限に多くの「形相的存在」たる〈表現するもの〉（様態）が等しく「それ自体における存在」としての〈表現されるもの〉（属性のみを異にする無限に多くの様態のもとで表現される実体の唯一の変様、「様態的変様」（modificatio））に関係する位相への移行を示している。[50] ドゥルーズは、この点を、神の動詞として属性を理解することを活用して、無限に多くの属性によって構成される実体の「最初の不定詞節」から、これに由来する様態の「真の分詞節」への〈表現の運動〉の移行として的確に説明している。[51] さてここで重要となるのは、神の実在的定義における「絶対に無限な〈存在〉」は、もはや様態というあらゆる個体化の要因に対して単に外的に関係づけられるような無差異な中立的〈存在〉（指示されるもの）ではなく、そもそも「それ自身のうちに」（in se）存する実体と「他のもののうちに」（in alio）存する様態という〈存在の仕方〉がまったく異なるものについて同じ意味で言われる属性から構成される一義的〈存在〉だということである。すべての属性は、神の永遠・無限の本質を質的に異なった仕方で表現するが、しかしその同じ形相のもとで同じ意味において諸様態の本質に包含され、表現されるのである。[52]スピノザにおいて、実体と様態とに共通な〈存在〉とは、この両者にとって共通の形相であるところの属性によって構成される「絶対に無限な〈存在〉」であり、それゆえこの一義的〈存在〉のもとに実体と様態という「〈存在〉〔在る〕が言われる」すべてのものが内在するのだ。実体と様態は、この内在性の平面〔一義的〈存在〉〕における異なった諸様相なのである。

さて、〈表現の運動〉は、「物の産出」の次元においても貫徹されなければならない。ここにおいて、今度は様態のうちに自らを表現するのは属性であり、またあらゆる様態によって同一のものとして〈指示されるもの〉はその様態が依存している各々の属性である。ここでは様態が〈表現するもの〉そのものとなり、これによって今度は形相的に区別されるあらゆる属性に対して存在論的にただ一つの変様（affection）である実体の〈様態的変様〉が表現されるのである。この〈再－表現〉の運動において明確に区別されるのは、「様態は属性の変様であり、様態的変様は実体の変様である」という点である。[53]属性の変様たる〈様態〉はあくまでも形相的に理解され、また実体の変様たる〈様態的変様〉は存在論的に理解される必要がある、とドゥルーズは言う。そうなると、実際に属性の変様を表現する直接無限様態、間接無限様態、有限様態という様態に関する三つの水準は、まさに共通概念の適用の秩序のもとで考察された、様態そのものの形相上の諸決定、あるいはむしろ秩序づけであることが理解されることと思う。そして、実体の唯一同一の様態的変様が、この形相上の個体化の要因（様態）を唯一の〈表現の条件〉として、しかし無限に多くの内在的様相のもとで、つまり無限に多くの様態が各個においてもつ本質あるいは力能のもとで、形相的には多様であるが、しかし存在論的には一なるものとして表現されるのである。[54]したがって、あらゆる様態は、属性の変様という〈形相的存在〉の次元と、実体の様態的変様という〈それ自体における存在〉の次元とを有することになる。[55] 各属性がそれに依存するあらゆる様態によって唯一同一のものとして指示されることと、実体があらゆる様態の異なった力能の度合に応じて唯一同一の〈様態的変様〉として表現されることとは、スピノザにおける存在の一義性の第二段階を示していると考えられる。何故なら、この〈再－表現〉の水準においても、形相上の多様性は、存在論上の分割をまったく意味せず、むしろ〈分割なき区別〉において何が一義的に同一のものとしてとどまるかを明らかにするからである。

　確かにスピノザにおいて存在の一義性は、とりわけ「属性の一義性」として定義される。[56] つまり、実体と様態とに共通の形相は属性であるが、それと同時にこの両者を区別するのもこの同じ属性であった。しかしながら、ここで最も重要な論点は、それにもかかわらず、「依然として実体と諸様態との間には、或る無差異が存続する」ということである。[57] 何故なら、属性は、実体の本質を様態とは無関係な、様態に対して中立的な仕方でしか構成せず、また、たとえ諸様態が実体の表現である属性を産出の次元において再－表現し、それと同時に各属性のもとで唯一同一の実体を指示するとしても、[58] 属性による神の表現は、様態にけっして依存することのない表現だからである。その定義から言っても、実体は様態に依存せず、また属性は様態なしにも理解されうるからである。[59] したがって、スピノザにおける実体が様態にまったく依存せず、それゆえこの限りで必ずしも様態について言われる必要がない以上、まさにこの意味での実体は、確かに諸様態におけるあらゆる差異について依然として〈中立的＝無差異的〉であると考えられるかもしれない。しかし、それは間違っている。何故なら、スピノザにおいて、無差異は存在せず、あらゆる存在するものの唯一の肯定的様相、〈必然性〉の概念がまさにそのことを十全に示しているからである。そうではなく、ここで言いたいのは、無限実体の〈実在的定義〉において様態は、当の定義されるべき対象の発生的要素としてけっして関わらないということである。原因の一義性から言っても、神は、確かに様態なしに神ではありえないが、しかしそうだからと言って様態によって神であるわけではない。確かにスピノザにおける無限実体としての一義的〈存在〉は、それが産出の次元においても能動的属性におけるすべての様態によって存在論的にはただ一つのものとして、しかし形相的には多様に、再-表現される限りでは、様態という〈表現するもの〉に対してけっして無差異ではありえない。しかし、ここでドゥルーズが言う〈無差異〉とは、もはやスコトゥスの存在の一義性において主張されたような〈無差異〉とは違って、極めて強い意味をもって、スピノザにおける一義的〈存在〉の発生的定義が様態についての言及なしに成立することに向けられた言葉であり、さらに言うと、そこには様態に依存したかたちでの無限実体の変化の問題が含まれていることを付け加えなければならない。いずれにせよ、一義性と差異による問題構制においてスピノザにただ一つ欠けていたもの、それは、やはり「実体を諸様態の回りで回転させること、つまり一義性を永遠回帰における反復として実在化すること」であるのかもしれない[60]。それゆえ、永遠回帰として一義的〈存在〉が把握されるならば、そこでは何よりも諸様態（差異の生成）を自らの発生的要素としてその唯一同一のもの（反復の発生）が実在的に定義されることになるだろう――つまり、無限実体の変化は、〈反復〉として論じられることになるのだ。

VI　可塑的原理としての一義的〈存在〉

ここで問題点を整理しておく。実在的定義は、定義される対象の単なる「論理的可能性」ではなく、「実在的可能性」あるいは「超越論的可能性」の根拠に関わっていなければならない[61]。つまり、実在的定義は、当の〈定義サレルベキモノ〉の発生の最近原因（発生的諸要素）を言明しなければならないというわけである。そこで、「〈存在〉は、〈存在〉〔在る〕が言われるすべてのものについて唯一同一の意味で言われる」という存在の一義性についてのドゥルーズのこの定義をそのままその〈実在的定義〉と解したらどうなるであろうか。そうすると、この定義は、「〈存在〉〔在る〕が言われるすべてのものについて唯一同一の意味において言われる」ことによって、そもそも当の一義的〈存在〉の発生が述べられていると考えなければならないことになる。実在的定義においては、そこで定義されるべき対象の存在は、ア・プリオリに措定されることなく、その〈最近原因〉(causa proxima)によって因果的に、[62] あるいはその発生的要素によってまさに発生論的に定義されるのである。すなわち、単純に、「〈存在〉〔在る〕が言われるすべてのものについて唯一同一の意味において言われる(se dire)」ことそれ自体が、その一義的〈存在〉の最近原因であり、またその発生的要素だということである。

しかし、スコトゥスにおける一義的〈存在〉は、神と被造物という「〈存在〉〔在る〕が言われるもの」から因果的・発生論的に定義されることはない。ましてや、スコトゥスが創造説をとる以上、[63] この一義的〈存在〉が「〈存在〉〔在る〕が言われるすべてのもの」の内的発生の原理でないことは明らかであり、ましてやそれが自己原因であると同時にすべてのものの作用原因であると言われることもないだろう。たとえスコトゥスにおいて創造者たる神がすべてのものの作用原因だと考えられたとしても、それが自己原因と同じ意味で言われることはけっしてないだろう。スコトゥスの一義的〈存在〉が〈中立的＝無差異的〉と称されるのは、まさに以上のような事柄から理解されうるのだ。それでは、スピノザの場合はどうであろうか。まず、「無限実体」あるいは「絶対に無限な〈存在〉」としての神は、あらゆるものの「内在的原因」(causa immanens)であり、この意味で「〈存在〉〔在る〕が言われるすべてのもの」の内的な発生の原理である。[64] そして、神の本質を構成するとともにその存在をも構成する属性は、実体と様態という「〈存在〉〔在る〕が言われるもの」に対する〈共通の形相〉である限り、それらの本質においても、またそれらの存在においても、異なったものについて唯一同一の意味で言われる一義的〈存在〉を神に関して構成している。しかし、この無限実体がいかなる意味においても様態に依存しないことは明らかであり、それゆえ、その実在的定義に関して様態がこの一義的〈存在〉の発生的要素として含まれることはありえず、また様態という積極的な意味でのみ〈決定されるもの〉あるいは〈条件づけられるもの〉によって、あるいはそれらとともに、この無限実体という内在的〈条件〉が逆に規定され、これによってそれ自体が様態的に変化することもけっしてないだろう。したがって、スピノザにおける存在の一義性が本質的に内含するこの究極的〈無差異性〉を乗り超えるべく、ドゥルーズが主張するとき、そこには「実体は、それ自体、様態について言われ、しかも様態についてのみ言われなければならない」と〈条件づけられるもの〉に依存して、それらとともに或る仕方で変化する可塑的な〈条件〉である超越論的圏閾の探究と、この圏閾を実在的に定義される一義的〈存在〉として論究することが同時に含意されていると理解する必要がある。そして、この要請を十全に充たすものとして、ニーチェにおける〈永遠回帰〉という超越論的条件が、すなわち「条件づけられるものとともに変成し（se métamorphoser）、いかなる場合にも、自らが規定するものとともに自らも規定される」［強調、引用者］ような〈内在性〉の条件が新たに提起されるわけである(65)。

形相的に区別される複数の意味が存在論的にただ一つの〈指示されるもの〉に関係すること、また様態的に区別される〈表現するもの〉あるいは〈指示するもの〉について唯一同一の意味において言われるその〈存在〉の意味は〈表現されるもの〉であること、これらはそれぞれ存在の一義性における形相的区別と様態的区別を表わし、この二つの〈分割なき区別〉によって〈存在〉は一義的に差異に関係づけられた。スコトゥスとスピノザはこの形式を充たすべくその〈存在〉の一義性を展開したが、しかしドゥルーズは、まさにこうした〈区別〉に関する議論をさらに推し進めて、「存在が差異について言われるという意味で、存在こそが〈差異〉である」と言うのである。これは、要するに〈存在〉からあらゆる意味での無差異性とこれに対応した思考を排除しようとする言明である。何故なら、例えば、スピノザにおいて、神は絶対に無限な〈存在〉、すなわち絶対に無限な〈差異〉だからである。神の名、それは〈差異〉(Différence) である。それゆえ、差異に対して無差異な〈存在〉は、神あるいは自然のなかに可能性や偶然性をもち込むことと同じである。〈表現されるもの〉とは、その〈表現〉の外部にはけっして存在することのない、唯一同一の〈存在〉の非物体的な〈意味〉である。それでは、この〈意味〉それ自体は何であるか。スピノザにおいてそれは、無限に多くの属性によって無限に多くの仕方で、表現されることしかできない神の本質たる〈力能〉(potentia) であるが、しかしこの絶対的能力でさえ、属性というそのア・プリオリな形相上の〈条件〉を離れてはありえない。[66] 何故なら、神の力能は神の本質そのものであるが、[67] これは、差異のないところに〈力〉の関係はけっして生じえず、また差異（非–関係の関係性）としての〈力〉も存在しないからである。意味とは、言葉の〈意味されたもの〉ではなく、常に表現の〈表現されるもの〉のことであり、その限りで〈非物体的〉とは、単に固定した或る一つの領域を示すのではなく、この〈意味されたもの〉から〈表現されるもの〉への意味の価値転換を表わす語である。

存在の一義性において一義的なものは差異についてしか言われず、この一義的〈存在〉の本質こそが力能あるいは力としての差異である。このように、スピノザの一義的〈存在〉は、能産的自然として確かに「〈存在〉〔在る〕が言われるすべてのもの」の内在的原因であったが、しかし、実体を中心的要素にして構成されるこの一義的〈存在〉は、けっして様態をその発生的要素として実在的に定義されることはないだろう。ただし、共通概念の「形成の秩序」は必ずしもこれに妥当しない。何故なら、スピノザにおいて、「〈存在〉〔在る〕が言われるすべてのものについて唯一同一の意味において言われる」ことがその一義的〈存在〉それ自体の発生的諸要素になるということは、要するに諸能力の超越的行使によって一つの共通概念を形成するということだからである（言い換えると、この場合に〈唯一同一の意味で〉という、実際の言明ではけっして聴かれることのない沈黙の副詞（＝超越論的副詞）は、あるいはその限りでその潜在性は、〈共通概念〉という観念の表現的な言語活動として現働化されるということである）。つまり、われわれの活動力能は、〈唯一同一の意味において言われる〉という一義性を、あるいはむしろこの一義性を配分する〈力〉を所有するがゆえに、〈共通概念を形成する〉という発生的諸要素の一つとなりうるような〈動詞〉をその力能の増大として用いるのである（端的に言うと、共通概念を形成すること、それは存在の一義性を配分する〈力〉を所有しようとする努力である）。言い換えると、例えば、この実在性を〈数える数〉として展開することによって[68]、すなわち、自らの身体の現働的存在のもとで一般性のより低い共通概念を形成し（局所的表現論）、身体の本質のもとで永遠なるものを部分的に感じ経験すること（局所的経験論）によって、一義的〈存在〉はまさにそこに発生するのである[69]。重要なのは、内的な発生の原理（内在的原因）は、自らが或る作用に決定し条件づける その様態とともに変化するような可塑性を備えた〈超越論的圏閾〉でなければならないという点である。この強い意味において、存在が生成についてのみ言われ、同一性が差異性についてのみ言われ、等しいものが不等なものについてのみ言われるためにわれわれが為し遂げなければならないこと、それはあらゆるカテゴリー上でのこうした〈価値転換〉――或る裏切り――であり[70]、〈一つの生〉のうちにしか生起しえないこうした非－現働的な出来事を欲することである（ここでは論じないが、これは、批判の問題と当時に、器官と意味とを裏切り、生命や世界といった一般性と縁を切るような〈或る身体〉（＝器官なき身体）への移行という臨床上の問題が含まれていることを指摘しておく[71]）。

VII　永遠回帰　〈実在的定義〉と〈超越論的圏閾〉との絶対的一致

〈回帰する〉こと、それは、例えば、〈それ以前〉と〈それ以後〉と言う場合の、この〈それ〉についてのみ言われる反復である。この〈それ〉は、一つの出来事であり、またこうした〈それ以前〉や〈それ以後〉といった言葉のなかで用いられていることからもわかるように、確かに時間のなかに現われるが、しかし、この〈それ〉に関してひとは、そのいかなる時－空間上の始点も終点も正確に規定したり測定したりすることはできないだろう。何故なら、出来事は、いかなる意味でも物体的性質としての〈可入性〉(pénétrabilité)をもたないからである。しかし、ここで言われる〈それ〉は、〈非可入性〉という出来事の一般的性質以上に、あるいは〈言葉の意味〉と同一視された一般的な出来事――すなわち、自然や世界という名をもった反動的な時代や共同体性を常に潜在させた出来事――以上に、むしろこうした一般的規範性や世界性という基底を打ち抜くような、それらとどこまでも非共可能的なもの（これが出来事の〈非可入性〉の別名である）を〈肯定する〉出来事として捉えられる必要がある。何故なら、回帰として語られる〈反復〉は、単なる繰り返しや、これに何らかの能産性のイメージを単に重ね合わせたような差異化ではないからである。この反復は、むしろ選択であり、残酷な選択である。例えば、有限ではあるが、しかし無際限に多くの現象からなる世界は、こうした意味において選択された現象からなり立つ世界であり、現象としての選択の世界である。しかし、これではまったく不十分である。何故なら、現象の世界という経験的領域は、われわれに安定性という悪しき一般的描像しか与えないからであり、永遠回帰として反復が言われるとき、ここからふるい落とされるのはむしろこうした反動的諸力によって構成された一切のもの、例えば世界を知的に所有しようという意志に溢れた、道徳的＝科学的知性がもつあらゆる様態だからである。いずれにせよ、いま確認しておくことは、〈それ〉は非共可能的なものの生成だけを肯定する反復、選択的出来事であり、それがこの唯一の世界を信じる理由にならなければならないということである。(72)現代に真に必要なのは、懐疑ではなく、むしろ信仰であり、心ではなく、むしろ精神であり、〈善・悪〉の科学ではなく、〈よい・わるい〉の哲学であり、単なる生命一般の倫理ではなく、一つの生の真の〈不倫理〉であり、言葉の意味ではなく、むしろ〈観念の表現〉であり、語や命題ではなく、変形する〈パラ・グラフ〉であり、フィロソフィアではなく、むしろ〈ミソフィア〉である——一つの〈エチカ〉のために。

さて、こうした点に留意しつつ、われわれの存在の一義性についての課題に沿って〈永遠回帰〉という問題的思想を考察しなければならない。〈永遠回帰〉という概念でドゥルーズが提起する事柄は、まさに〈条件〉から〈条件づけられるもの〉へ、そして逆に〈条件づけられるもの〉から〈条件〉へという「一つの二重運動」であり、(73)これが〈存在〉それ自体を構成し、その〈存在〉の意味を担った不定詞的表現、「回帰すること」(Revenir)を形成するということである。この前者の運動は〈現働化〉として、そして後者の運動は〈反－実現〉として捉えられるわけであるが、しかし、この両者は相互に還元不可能な二つの異なった線である。(74)〈現働化〉だけでなく、〈反－実現〉を含んだこの最も特異な運動が成立するためには、既に述べたように、〈条件〉そのものが逆に〈条件づけられるもの〉に依存し、したがってそれとともに変成するような可塑的原理でなければならなかった。(75)〈反－実現〉ということで理解されるべき点は、〈現働化〉という単なる一方向的な条件づけの論理を超えて、逆に〈条件づけられるもの〉がいかにして自らの生成変化を一つの出来事として潜在的なもの(＝表現されるもの)において表現できるかということである。つまり、この〈反－実現〉による〈存在が生成についてのみ唯一同一の意味において言われること〉それ自体が当の一義的〈存在〉（永遠回帰）の発生の原因あるいは発生的諸要素となるのである（形成の秩序とは、まさに〈生成の秩序〉である）。先に、スピノザにおける属性が一義的〈存在〉を表現的に構成する不定法の〈動詞〉として規定されたのと同じ事柄がここでも成立するが、しかしここでは、もはや神の属性としてではなく、〈差異の生成〉それ自体が「同一的なものに－生成すること」（devenir-identique）として規定されるような唯一の〈出来事〉が問題となるのである。[76]

〈存在〉は、ここでは一義的〈存在〉の意味を、すなわち〈同一的なものに－生成すること〉を表現する〈回帰する〉という動詞によって構成される。したがって、ドゥルーズによる最終的な「存在の一義性」の定義は、次のようになる。「回帰することは、存在することであるが、しかし、もっぱら生成の存在である。永遠回帰は、〈同じもの〉を回帰させないが、しかし回帰することは、生成するものについての唯一の〈同じもの〉（Même）を構成する。回帰すること、それは、生成それ自体についての〈同一的なものに－生成すること〉である」［強調、引用者］。一義的〈存在〉は〈回帰すること〉によって構成され、さらにこの〈回帰すること〉は生成についてのみその「〈存在〉〈在る〉が言われる」すべてのものによって発生的に定義されるのである。この意味において永遠回帰は、一義的〈存在〉を、単に考えられたもの、肯定されるものにとどめておくのではなく、現実に実在化させるのだ（先に述べた、一義性を配分する〈力〉の形成を考えてみよ）。〈回帰すること〉（反復）の一義性は、単に異なるものが回帰し、その異なるものについてのみ〈回帰〉が唯一同一の意味において言われるという以上に、あらゆる差異の生成それ自体についてのみ言われる〈同一の生成〉が当の一義的〈存在〉の真相であるということを表わしている。ニーチェは言う。「生成に存在の性格を刻印すること――これが最高の力能の意志である」[77]、と。まず生成に存在の性格を〈刻印する〉とは、あたかも運動に停止を押しつけるような否定的な事柄ではなく、生成の速度をそのまま肯定すること、生成をその極限の形相のもとで肯定することである。また〈存在の性格〉とは、その肯定的な性格のこと、つまり差異についてしか言われない〈存在〉の唯一同一の意味、すなわち存在の一義性のことである。それゆえ、「生成に存在の性格を刻印する」とは、生成についてのみ〈存在〉が一義的に肯定されることである（これを〈遠近法主義〉の言葉で言い換えると次のようになる。最高の〈力能の意志〉とは、共通の認識などありえないような、多様な解釈の生成――例えば、現象の意味と価値の決定――に対して、それでも唯一同一の〈存在〉の新たな意味を、つまり〈すべては解釈である〉（非－意味）という遠近法主義（一義的〈存在〉）を与えることである）。この肯定は、既に生成そのものが一つの実在的肯定性であるのだから、肯定の肯定という二重の肯定、すなわち肯定の形相であり、生成の極限的形相としての〈存在〉である。だからこそニーチェは、〈回帰する〉ことが生成と存在との「極限的近接」(die extremste Annäherung) だと言うのである。言い換えると、差異の生成による唯一同一の存在の発生であり、当初の問題提起の仕方で言うと、ここで実体は、まさに様態を発生的要素として実在的に定義されるのである。(78)

ドゥルーズは、「永遠回帰において、回帰するのは同じものでも、一なるものでもなく、回帰それ自体が、多様なものと異なるものについてのみ言われる一なるものなのである」という仕方で、既にこの『ニーチェと哲学』の段階で〈永遠回帰〉を一義的〈存在〉として主張している。(79) 確かにこの著作のなかに〈一義性〉という言葉はけっして見出されないが、しかし、既にそのときのドゥルーズは、存在の一義性の〈実在的定義〉をもっぱらニーチェ哲学の諸原理のもとで探究していたと言える。そして、さらにこの一義的〈存在〉を新たな超越論的条件として、つまり自らが条件づけるものとともに常に自らも変化し、これによって絶えず反復的に刷新されるような超越論的圏閾として把握することが、存在の一義性の実在的可能性あるいは超越論的可能性を思考しえた理由である。永遠回帰としての一義的〈存在〉は、その発生的要素を示す生成についてしか唯一同一の意味において言われず、またそうした生成における差異についてのみ言われる〈反復〉であり、それゆえそれらについて「無差異」(adiaphorie)ではない[80]。まさに生成とともに反復されるような条件、すなわち〈反復〉としての一義的〈存在〉こそが、生成それ自体を自らの発生的要素として実在的に定義され、これら発生的諸要素とともに変成し、脱中心化する円環となるのである(こうした〈変成〉(métamorphose)は、けっして現働的な次元における物的な状態の変化でもなければ、こうした変化と類似的に把握されえないという意味で、まったく潜在的であり、非物体的である)。永遠回帰について言われる〈脱中心化〉とは、中心を前提し続けて滑走することでも、またそうした中心を消滅させることでもなく、中心を差異から構成すること、中心を民衆の身体、距離の多様体で充たすことである。〈条件〉と〈条件づけられるもの〉との間のけっして完結することのない一致——これは単なる不一致ではない——こそが、一つの系列を発散する多系列にするのである。存在の一義性に固有の実在的定義とは、したがって、〈定義サレルベキモノ〉の発生的要素をその作用原因として含むものであるという通常の定義に加えて、この発生的要素によって当の〈定義サレルベキモノ〉が変化するような可塑性を有する新たな自己原因についての定義だということである。ツァラトゥストラは言う。「君は、一つの新しい力、一つの新しい権利であるか。一つの第一運動であるか。一つの自ら転がる車輪であるか。君は、星々をも強制して、君の周囲を回転させることができるか[81]」、と。

われわれは、したがって、次のように言うことができるだろう。可塑的原理は、超越論的なものの領域を形成し構成すべく、出来事を〈反-実現する〉可能性を確証するものである、と。現働的なものの現在をもたない〈出来事〉を潜在性において展開するこの極限の動詞がなければ、すべての超越論的なものは、変化も、脱中心化もすることなく、あたかも〈不動の動者〉のごときものにとどまり続けるだろう(しかし、自己原因は、こうした不動の動者でも、不動の中心でもない）。反−実現は、現働化の線を単に逆に辿ることをまったく意味しない。永遠回帰について言われる円環は、単に〈条件〉から〈条件づけられるもの〉へ、そして〈条件づけられるもの〉から〈条件〉へと、一つの根拠によって作られる同一の円のなかを、すなわち現働化の運動しかもたない円環のなかをわれわれが引きずられる――これは、われわれがあらゆる現行の可能性の条件に従属したままでいることである――のとはまったく別の事柄を表現している。すなわち、この〈表現の運動〉とは次のようなものである。反−実現によって変成する一義的〈存在〉は、これによって新たな現働化のもとに自らを表現するが、しかしそれと同時にこの現働的なもののうちに〈明晰で−混雑した〉かたちでしか表現されない非−現働的なもの（現働化からまったくはみ出た或る特異な出来事、例えば、あらゆる価値の価値転換）をその〈判明で−曖昧〉な潜在性へと逆に展開できるような諸能力の超越的行使によって反−実現される、また、この反−実現によって変成する一義的〈存在〉は、これによって新たな現働化のもとに自らを表現するが（例えば、あらゆる価値の価値転換という出来事の部分的実現）、しかしそれと同時に……、こうして存在の一義性が配分され、無際限に偏心的円環が形成されていく。それゆえ、脱中心化することでしかその円環たりえないような円環、すなわち永遠回帰は、こうして潜在的なものから現働的なものへの〈現働化〉と、これとはまったく別の実在性をもつ現働的なものから潜在的なものへの〈反−実現〉との綜合の概念である。[82]

これは、ドゥルーズにおいて、「第一の命題の意味は、今度はそれ自身新たな意味をもつ第二の命題の指示されるものとならなければならない、等々」という表面の言語のうちで展開される〈表現の運動〉にとりあえず形式上は合致している。重要なことは、この運動は一つの「無際限な退行のパラドクス」(paradoxe de la régression indéfinie)を形成するという点である[83]（批判と臨床との平行論からさらに言うと、この運動は、表面と深層との間の安定した共可能性を破壊するということである）。しかし、スピノザにおける〈表現の運動〉は、適用の秩序だけでは再‐表現の段階で停止してしまう。つまり、永遠は単にア・プリオリに前提されただけであって、けっしてア・ポステリオリに支持されないことになる。第一の実体の三つ組（〈表現するもの〉、〈指示されるもの〉、〈表現されるもの〉）においては、動詞の不定法的表現として把握された諸属性によって一義的〈存在〉は不定法節として表現されるが、第二の様態の三つ組の次元においては、今度は様態がこの不定法節に由来する分詞節を構成することになる。まさに「表現は、それ自身において再‐表現の充足理由を所有するのである」。このように、スピノザの場合、少なくともその表現の適用の意識だけでは、そこに反‐実現（観念それ自体の反省あるいは反照の超越的行使）の意義を内含する形成の秩序、経験主義のもとでの表現の運動が存在しない以上、その動きは第二の命題の段階で停止してしまうのだ。何故なら、そこには実体から様態への「下降」しか存在しないからである(84)。これに反して、永遠回帰における表現の運動は、反復から出発した〈差異の産出〉あるいは〈差異の選択〉（＝下降）と差異から出発した〈反復の発生〉（＝上昇）という「車輪」（roue）から構成される。この車輪の回転は、〈現働化〉と〈反‐実現〉という相互に還元不可能な二つの運動からなる脱中心化された時間――単なる来たるべき現在としての未来、現在と過去の後塵を拝するような未来ではなく、無規則に転移する、つまり選択する〈生成の今〉としての未来についてのみ言われる唯一の時間、物質や空間といった物体的なものといかなる意味でも相互浸透しない非物体的時間――を産出しつつ、その上を無限の速度で動いていく一つの破格の出来事である(85)。脱輪状態でしか自転しない車輪。したがって、表現の理説における一般的な三つの次元は、存在の一義性においては次のようになる。〈指示する〉とは、〈指示されるもの〉がこの働きをもつ〈指示するもの〉を産出すること、あるいは〈指示されるもの〉が〈指示するもの〉へと現働化することを表わすが、これに対して〈表現する〉とは、〈表現されるもの〉

が〈表現するもの〉に依存し、それとともに潜在的・非物体的に変成すること、つまり反−実現されることを意味する。こうしてひとは、単なる現在的なものを真にアクチュアルなものに変えることができるのである。例えば、〈革命〉という最もアクチュアルであるべき出来事でさえ、もし反−実現による潜在的なものの非物体的変化を同時に為し遂げていないとすれば、それは単なる表象的なアナロジーのなかでの闘争、つまり既存の境界線の争奪戦、アクチュアルな諸項の単なる置換作業以上の意味をもたなくなるのである。

われわれは、ドゥルーズの〈一義性の哲学〉を、主にその実在的定義の探究と新たな超越論的哲学の創建としての意義を有する思想として論究してきた。そこでの超越論域圏閾とは、一方で〈条件づけられるもの〉が〈条件〉による現働化の過程のなかで無際限に個体化するのに対して、他方でこの潜在性の次元にある条件は、反−実現によって発生的に定義されると同時に、そのときはじめてこの条件の圏閾が変化するのである。[86] そして、この潜在的変化それ自体が、一つの無条件的な原理を、つまり一つの自己原因を示しているのだ。このように、普遍的な〈脱−根拠〉とは、あらゆる根拠からの離脱であるとともに、変成する超越論的なもののことであり、これなしに〈一つの生〉が変革の諸力を携えて再びわれわれの手に戻ることはないだろう。

（1）　Cf. *DR*, p. 52.

（2）　*DR*, p. 53; cf. *MP*, p. 311.

（3）　Cf. *LS*, p. 349. 一義的〈存在〉をあらゆる出来事に対する唯一同一の出来事と考え、また出来事が常に動詞によってしか表現されないことをそこに重ね合わせるなら（Cf. Bréhier, *Incorporels*, p. 12）、この唯一同一の〈声〉は、すべての動詞に必然的にともない、かつそれらの動詞に絶対的に沈黙した一義性の声を吹き込む——例えば、デリダが言うような——「超越論的副詞性」（adverbialité transcendantale）としての〈ウィ〉である（Cf. Derrida, *Ulysse gramophone*, Galilée, 1987, pp.

124-125)。ただし、ドゥルーズの場合、スピノザがそうであるように、こうした〈ウィ〉に他者への何らかの応答の意味はまったく含まれない。

(4) Cf. *Stoicorum Veterum Fragmenta*, collegit Ioannes ad Arnim, Leipzig, *I-IV*, 1903-1924, *II*, 166 (Sextus, adv. math., VIII, 11), p. 48.

(5) Cf. *SPE*, p. 91.

(6) Spinoza, *Ethica*, II, def. 6, p. 85.

(7) *DR*, p. 56.

(8) *DR*, p. 57.

(9) Spinoza, *Ethica*, II, prop. 25, schol., p. 68.

(10) Johannes Duns Scotus, *Ordinatio*, I, distinctio 8, pars 1, quaestio 3, numero 113, editio Vaticana, *IV*, 1956, pp. 205-206.

(11) Cf. Olivier Boulnois, Introduction —— La destruction de l'analogie et l'instauration de la métaphysique, in Jean Duns Scot, *Sur la connaissance de Dieu et l'univocité de l'étant*, Introd., trad. et commentaire par O. Boulnois, PUF, 1988, pp. 56-62, 76-77.

(12) *SPE*, p. 56.

(13) *DR*, p. 58.

(14) *SPE*, p. 179.

(15) Cf. *LS*, p. 281, 286.

(16) Cf. *SPE*, p. 58.「おそらくスコトゥスは、これら諸属性がなくとも神的本質が理解されうることを認めていたかもしれない。それでも、彼は、神の本質を内的完全性によって、すなわち知性と意志によって定義していた」。

(17) Cf. *SPE*, pp. 36-37.

(18) この点をスピノザにおける「属性」との関係で考えるとすれば、スコトゥスにおいて〈一〉、〈真〉、〈善〉といった超越概念（「存在の固有様態」とも言われる）が、当然ではあるが、〈存在〉をまさに「何性述語」(quiditativus) として自体的に、あるいは構成的に含まないということに由来するだろう。まさにスコトゥスにおける「属性」が「特性」としてしか捉えられていない所以である（Cf. Duns Scotus, *Ord.*, I, dist. 3, p. 1, q. 3, nn. 131-136, *III*, 1954, pp. 81-85）。

（19）Duns Scotus, *Ord.*, I, dist. 3, p. 1, q. 1-2, n. 27, *III*, p. 18; cf. *SPE*, p. 58.

（20）Cf. *SPP*, pp. 84-86.

（21）Cf. Spinoza, *Ethica*, II, prop. 40, schol., 1, pp. 120-121.

（22）Cf. Thomas de vio Cajetanus, *De Nominum Analogia*, Caput 3, § 23-30. テクストとしては、この『名辞の類比について』の羅仏対訳を含む研究書、Bruno Pinchard, *Métaphysique et sémantique* —— *Étude et traduction du De Nominum Analogia*, Vrin, 1987 を用いた。

（23）松本正夫「「存在の類比」の形而上学的意義」（『存在論の諸問題——スコラ哲学研究』所収、岩波書店、一九六七年、一一六—一六二頁）を参照。

（24）Cf. Eric Weil, *Problèmes kantiens*, Vrin, 1963, 1970, 2e éd., revue et augmentée, pp. 50-51.

（25）Cf. Kant, *KrV*, A85-86＝B118.

（26）Cf. Martin Heidegger, *Sein und Zeit*, Max Niemeyer, 1927, 16 Aufl., 1986, p. 93.

（27）Cf. François Marty, *La naissance de la métaphysique chez Kant* —— *Une étude sur la notion kantienne d'analogie*, Beauchesne, 1980, p. 515.

（28）Cf. Kant, *Prolegomena*, § 57-58, pp. 124-125.

（29）Cf. Kant, *KrV*, A760＝B788, A762＝B790.

（30）Cf. Kant, *KrV*, A123, A183＝B226.

（31）Duns Scotus, *Ord.*, I, dist. 3, p. 1, q. 1-2, n. 26, *III*, p. 18.

（32）Cf. Kant, *KrV*, B411, A499＝B528.

（33）Kant, *KrV*, B410-411.

（34）Cf. Kant, *KrV*, B113-114.

（35）カントは「形而上学講義」（カール・ペーリッツ編）のなかで、「存在するところのものは、一、真、善あるいは完全性である」（quodlibet ens est unum, verum, bonum seu perfectum）という〈善〉と〈完全性〉とが同義的に表現されたスコラ哲学の命題を引用している（Cf. *Kant's gesammente Schriften*, gegonnen von der Königlich Preußischen Akademie der Wissenschaften, Walter de Gruyter, Bd. 28, pp. 555-556）。

（36） Cf. S. Thomas Aquinas, *Summa Theologiae*, Cura et studio Sac. Petri Caramello, cum Textu ex Recensione Leonina, Marietti, 1952, Prima Pars, q. 1-a. 1, pp. 2-3, q. 11-a. 1, pp. 47-48, q. 11-a. 3, pp. 49-50, etc.; *Quaestiones Disputatae, Volumen I, De Veritate*, Cura et studio P. Fr. Raymundi Spiazzi, Marietti, 1964, q. 1-a. 1, pp. 1-4.

（37） Cf. Kant, *KrV*, A644 B672.

（38） Cf. Kant, *KrV*, A345-346＝B404.

（39） ロジェ・ダヴァルは、『カントの形而上学』——これは、カントの『オプス・ポストゥムム』をも射程にいれて、図式論（例えば、「図式論的客観化」（objectivation schématisante）と「超越論的客観化」（objectivation transcendantale）との違い、等々）について論究した興味深い研究書である——のなかで、〈超越論的対象〉と〈ヌーメノン〉との違いについて、以下のように一般的に妥当する見解を簡潔に述べている。「ヌーメノンと超越論的対象は、そのどちらとも認識不可能であるという点では部分的に同一視されている。しかし、ヌーメノンは、われわれが人間的直観とは別の直観を有するなら、認識されうるだろうという点で超越論的対象から区別されるが、これに反して超越論的対象は、思考全体の機構のなかで一つの歯車（rouage）の機能しかもっていない。換言すれば、われわれは、対象そのものの認識の可能性について考えるときにはヌーメノンという語を用いるが、認識する主観の構造を描き出したいときには超越論的対象という表現を好むのである。もし、われわれの思考が現におこなっているのとは別の仕方で図式化することができるなら、ヌーメノンは認識可能となるだろう」（Roger Daval, *La métaphysique de Kant —— Perspectives sur la métaphysique de Kant d'après la théorie du schématisme*, PUF, 1951, p. 297）。

（40） (1) 諸現象について唯一同一の意味で言われる〈対象〉概念、つまり〈超越論的対象〉の一義性について——「私が現象一般を関係させるところの客観は、〈超越論的対象〉、すなわち或るもの一般に関するまったく無規定的思考である。これをヌーメノンと呼ぶことはできない。というのは、私は、この対象がそれ自体何であるのかを知らないし、またそれについて感性的直観一般の対象、すなわちあらゆる現象に対して同一（einerlei）であるところの対象の概念以外、いかなる概念もももたないからである」(Kant, *KrV*, A253, cf. A109, etc)。(2) 諸表象について唯一同一の意味で言われる〈私〉概念、つまり〈超越論的統覚〉の一義性について――「〈私は考える〉ということは、私のすべての表象にともなうことができなければならない。何故なら、そうでないとすると、まったく考えられないようなものが私のうちで表象されることになり、これは、表象が不可能であるか、あるいは少なくとも私にとって無であるというのと同じことになるからである。すべての思考に先立って与えられうる表象は、直観と言われる。したがって、直観のすべての多様は、そこにおいてこの多様が見出される同じ主観において、〈私は考える〉ということに必然的関係をもつのである」(Kant, *KrV*, B131-132, cf. B138, etc)。(3) あらゆる〈表象－現象〉の諸連関について唯一同一の意味で言われる〈経験〉概念、つまり〈一なる可能的経験〉の一義性について――「あらゆる知覚がそのうちにおいて汎通的・合法則的な連関をなすものとして表象される、ただ一なる経験 (*eine* Erfahrung) が存在する。そして、それは、現象のすべての形式と存在あるいは非存在のすべての関係とが現われるただ一つの空間と時間が存在するのと同様である。もしさまざまな経験について語るとしても、それは、〈唯一同一の普遍的経験〉に属する限りでの、ただそれだけ多くの知覚が存在するというだけである。知覚の汎通的・綜合的な統一は、まさしく経験の形式を構成し、またそれは、概念に従った現象の綜合的統一にほかならない」(Kant, *KrV*, A110, cf. A119, A581-582＝B609-610, etc)。

(41) Cf. Kant, *KrV*, A762＝B790.

(42) Cf. Duns Scotus, *Ord*., I, dist. 3, p. 1, q. 1-2, n. 27, *III*, p. 18.

(43) Cf. *SPE*, p. 16, 65, 319.「定義三　実体とは、それ自身のうちに存在し、またそれ自身によって考えられるもの、すなわちその概念を形成するのに他のものの概念を必要としないものと解する」。「定義四　属性とは、知性が実体についてその本質を構成していると知覚するものと解する」(Spinoza, *Ethica*, I, def. 3, 4, p. 45)。

(44) *SPE*, pp. 15-16.「したがって、神が自らに関して、それ自身無限である無限に多くの属性から成立する一つの実体として定義されるとき、表現の観念は、属性、実体、本質が含まれる関係としてのみ現われるように思われる」。「定義六のみが実在的であり、またこれのみがわれわれに実体、属性、本質にとって生じていることを語るのである」。

(45)「無限に完全」(infiniment parfait) とは、各属性の様相、すなわち〈神の特性〉にほかならないが、これに対して「絶対に無限」(absolument infini) とは、実体の本質を構成的に表現する無限に多くの属性からなり立つ〈神の本性〉のことである。この意味において「絶対に無限」は、「無限に完全」の根拠あるいは充足理由である（Cf. *SPE*, p. 60, pp. 63-64）。

（46）Cf. *SPE*, pp. 54-56.

（47）Cf. *SPE*, pp. 36-37, p. 42, 92.

（48）Cf. *SPE*, p. 46.

（49）Cf. *SPE*, p. 10.

（50）神の産出の次元における〈様態〉と〈様態的変様〉との関係については、*SPE*, pp. 97-98を参照。「あらゆる様態は属性における様態的変様の形相であり、あらゆる様態的変様は属性ごとに異なる諸様態の〈自己における存在〉である（〈自己における存在〉は、ここでは〈われわれにとっての存在〉に対立しないが、しかし形相的存在に対立する）」［強調、引用者］（*SPE*, p. 98）これについては、さらに本章の註（55）を参照せよ。

（51）Cf. *SPE*, p. 92.

（52）ドゥルーズは、この属性の一義性から極めて重要な論点を引き出している。すなわち、スピノザにおける実体は、諸様態のうちに内在するのでもなければ、諸様態が実体のうちに内在するのでもない。むしろ実体と様態こそが、それらに〈共通の形相〉たる属性のうちに内在する、つまりそれらの「内在性の平面」を構成する属性に一義的に内在するのである（Cf. L'immanence, p. 4; *QP*, pp. 49-50）。したがって、スピノザに固有の内在性の哲学は、正確に言うと、実は〈汎神論〉（pantheismus）でも、〈万有内在神論〉（panentheismus）でもないことになる。

（53）*SPE*, p. 98.

（54）Cf. *SPE*, pp. 97-98. ドゥルーズは、スピノザにおける無限に多くの諸〈様態〉と唯一の〈様態的変様〉とのこうした関係を用いて、自らの一義性の哲学を〈思考のイマージュ〉と〈概念〉との関係として次のように言い表わしている。「諸概念は、上昇したり下降したりする多様な波であるが、しかし、〈内在性の平面〉は、そうした諸概念を巻き込んだり繰り広げたりする唯一の波である」（*QP*, p. 38）。「概念は出来事であるが、しかし、〔内在性の〕平面は、それら出来事の地平、すなわち純粋に概念的な出来事の貯蔵庫（réservoir）あるいは蔵（réserve）である」（*QP*, p. 39）。また、ライプニッツにおける出来事が潜在的に共立するこうした〈蔵〉については、*P*, pp. 141-142を参照。

（55）ドゥルーズは、この〈様態的変様〉こそが様態の形相上の存在と対立する「それ自体における存在」（être en soi）であると言う。つまり、「神が無限に多くの属性から成り立っている限り、神は真にそれ自体においてあるがままの諸物の原因である」(Spinoza, *Ethica*, II, prop. 7, schol., p. 90) とスピノザが主張する際の「それ自体における物」、これが実は〈様態的変様〉だということである。要するに、様態は、単に属性の〈変様〉における形相的存在だけでなく、実体の〈様態的変様〉を表現する限りにおいて「それ自体における存在」を有しているのだ。そして、神はこの〈様態的変様〉の原因である。つまり、〈神は自己原因である〉とは、〈神はすべてのものの作用原因である〉ということと同じ意味において言われるのだと主張する「原因の一義性」と同様に (Spinoza, *Ethica*, I, prop. 25, schol., p. 68)、実は〈様態的変様〉は、神の本質たる力能に対応する変様能力が能動的変様によってのみ充たされるという意味において (Cf. *SPE*, p. 83)、またそれが様態によってのみ表現されるという意味において、神の唯一の変様、すなわち神の〈自己変様〉である。様態とは、被造物でも、単なる産出物でもなく、自己を変様する〈或るもの〉(神) の表現のことなのである。

(56)　スピノザの〈エチカ〉の体系性のうちには複数の〈一義性〉が存在する。つまり、属性の一義性（存在の一義性）、原因の一義性（産出の一義性）、観念の一義性（認識の一義性）、そして様相の一義性などであるが、しかし、少なくともこれら〈一義性〉の論述上の基底となるのは、やはりスピノザにおける〈表現的内在性〉を第一に形成する「属性の一義性」である (Cf. *SPE*, pp. 308-311; *SPP*, pp. 121)。

(57)　*DR*, p. 59.

(58)　Cf. *SPE*, pp. 40-41, 92-93.

(59)　Cf. *DR*, p. 59; *SPE*, p. 38.

(60)　*DR*, p. 388.

(61)　Cf. *SPE*, p. 319.

(62)　Cf. Spinoza, *Tractatus de intellectus emendatione*, 95-96, *II*, pp. 34-35; *Epistola*, 60, *Opera*, *IV*, pp. 270-271.

(63)　Cf. *SPE*, p. 58.

(64)　Spinoza, *Ethica*, I, prop. 18, p. 63.

(65)　Cf. *DR*, p. 59; *NP*, p. 57.

(66)　Cf, *SPE*, pp. 79-80; *SPP*, p. 135.「〔神の〕存在する力能は、すべての属性を形相的諸条件としてア・プリオリに所有する無条件的全体である」。

(67) Spinoza, *Ethica*, I, prop. 34, p. 76; II, prop. 3, schol., p. 87.

(68) スピノザにおける〈外部の原因〉と〈固有数〉に関する註。定義は、定義された物の本性以外の何も含まない以上、その物の数に対して無差異である。しかし、現実に存在する物には、その存在に関する何らかの原因が「必然的に」存すると考えられる。スピノザが挙げた事例で考えてみよう。自然のなかに二〇人の人間がいるとすれば、確かにその数は人間の本性そのもののうちに含まれていないが、しかし二〇人の人間が存在し、また各個の人間が存在する原因が、彼ら一人一人の外部に存在するのである(例えば、人間の親は、人間の本性を産むのではなく、人間の存在の数を生み出す原因であり、この限りでその子供の〈外部の原因〉(causa externa)である)。すなわち、外部の原因によって、必然的にその人間が存在し、必然的にその数の人間が存在するのである(Cf. *Ethica*, I, prop. 8, schol., 2, pp. 50-51)。このようにして、スピノザにおいては、実体の本質の系譜学から物の産出の次元まで、つまり、その本質が存在を含むものの必然的存在(それ自身による絶対的必然性)からこの外部の原因による必然的存在(順次に築かれる必然性)まで、すべての存在するものの唯一の肯定的様相である〈必然性〉によって貫かれている(様相の一義性)。したがって、この意味で可能性や偶然性という概念を生み出すような無差異性——認識の欠如——は、どこにも存在しない。言い換えると、スピノザにおいては、〈数えられた数〉が存在しないということである。しかしながら、スピノザ自身が述べているように、このことは、おそらく本質と存在に関してそのすべてのものが神に依存するということによって一般的に示されうるだけである。つまり、外部の原因を十分に把握することから或る個物の存在や本性を同じくする複数の個物の存在の数に関する必然的な因果的決定を理解したとしても、それはどこまでも一般的認識であり、それゆえ先の二〇人の事例についても、たとえその人間の数に関する十分な理由をひとが獲得したとしても、それはあくまでも〈数えられた数〉のなかでの認識であり、けっして〈数える数〉が関わる固有数ではないということになる。何故なら、それは、単に〈複数の〉ものについての認識であって、けっして〈別の〉ものに関する認識を促さないからである(Cf. *B*, p. 36)。最初に二〇人と数えたその数えることの経験的使用は、そもそも何を数えたのだろうか。それは、二〇個の理性的動物、あるいは二〇個の笑う動物、あるいは二〇個の羽のない二足動物を数えたのではないのか。つまり、それは、人間に関する一般的な表象像の繰り返しを数えただけなのである。こうした繰り返し——同一物の反復——の単なる総計が固有数として見出されることなどけっしてないだろう。これに対して、共通概念の形成の秩序が教えることは、例えば、人間について二〇という数を固有数――あるいは〈高次の一個体〉(Cf. *Ethica*, II, def. 7, p. 85)――にするような、固有の変様能力を有する各個の人間の間の分子的結合を作るには、〈数える数〉――つまり、われわれの〈数える〉という能力の超越的行使、あるいは観念の表現的な言語活動――が関わる実在性（完全性）の数、固有数を見出すのでなければ、言い換えるとその個物の活動力能の形相的表現である動詞――つまり、その個物の変様能力の働きの形相――の数を見出すのでなければ、不可能だということである。あるいは、一つの〈固有数〉は、単なる「数」(nombre) を概念の「数字＝表徴」(chiffre) にするということである。どちらかと言うと、適用の秩序のもとではわれわれの注意は〈形相の働き〉の結果に向かうが、それに対して〈働きの形相〉を所有しようとするわれわれの努力が発揮されるのは形成の秩序においてである。ドゥルーズが〈エチカ〉を「エソロジー〔動物行動学〕」として捉えるとき、この〈エソロジー〉は、まさにその変様能力の働きに固有の形相の数を一つの〈固有数〉として見出すような方法論として理解されるべきだろう (Cf. *SPP*, pp. 166-170; *MP*, pp. 313-314)。

(69) 実体と様態とに〈共通の形相〉と言う場合のこの〈共通〉は、本質の観点から〈一義性〉として把握され、それゆえ〈共通なもの〉の観念の形成は、それ自体がただちに作用原因となって〈一義的なもの〉の直観知としての認識を発生させ、またその認識そのものがこの〈一義的なもの〉の精神における強度的部分となることを内含している。「〈共通〉とは〈一義性〉という意味である」(Cf. *SPE*, pp. 279-280)。

(70) Cf. *DR*, p. 59. 同様にフーコーは、ドゥルーズにおける存在の一義性の最終局面であるこの〈転換〉を、いかなるア・プリオリな概念的枠組も前提としないような〈非-カテゴリー的思考〉への移行として捉え、そのための諸条件として「カテゴリーの廃棄、存在の一義性の肯定、差異の回りでの存在の反復的革命 (révolution répétitive)」を提起している (Cf. Foucault, *DE*, *II*, pp. 91-92)。これらは、言い換えると、形相的-実在的区別と様態的区別の論理、表現の理説、そして脱-根拠の問題にそれぞれ対応していると言える。また、ここで言う転換という〈裏切り〉行為は非共可能的な生成の一つの様態であり、これは、例えば、最近流行の哲学的生命論者の〈ペテン〉師振りから最も遠いものである。重要なこと、問われるべき問題は、〈生命一般〉についての形容的言説を積み重ねることではなく、〈一つの生〉に関する動詞のブロックであり、〈どの生か〉(quelle vie) を決定する条件である。

(71) 〈批判の問題〉とは、「非-意味がその姿を変え、カバン語がその本性を変え、言語活動の全体がその次元を変える示差的準位の決定の問題」であり、また〈臨床の問題〉とは、「或る有機体から別の有機体への変質の問題、あるいは進歩的で創造的な脱−有機体化の形成の問題」である［強調、引用者］（Cf. *LS*, p. 102）。この二つの問題は不可分である。ただし、ここで私が言う〈不可分〉とは、この両者が平行論をなしているという意味においてである。したがって、例えば、スピノザにおける精神と身体の平行論は、批判の問題と臨床の問題の平行論として、とりわけ「形成の秩序」においてはそう読まれなければならない。スピノザの『エチカ』においては、表層の言語として文法的に文節化された非十全な観念から、観念に固有の表現活動によって形成される十全な観念へと、われわれの言語活動の全体がその姿を変える水準が決定されるだけでなく、身体に関する臨床の問題も絶えず提起されている。例えば、「われわれは、この生において、特に幼児期の身体を、その本性の許す限り、またその本性に役立つ限り、最も多くのことに有能な別の身体に、そして自己と神と物とについて最も多くのことを意識するような精神に関係する別の身体に変化させようと努める」［強調、引用者］（*Ethica*, V, prop. 39, schol., p. 305）。まさに、或る一定の有機的身体から別の有機的身体への変質の問題、あるいは現在の相から観られた有機的身体の現働的存在から、永遠の相のもとで観られた非有機的身体の本質への、したがってもはや器官をもたない身体への変化と形成の問いが、批判の水準と完全に平行をなすようにして、スピノザに固有の臨床の問題として提起されていることを忘れてはならない（Cf. *Ethica*, V, prop. 29 et dem., p. 298）。批判なき臨床を問題化し、また逆に臨床なき批判の問題を提起したとしても、それはすべてモラルとサイエンスのもとでの問いと解へと回収されるだけだろう。だから、ツァラトゥストラ−ニーチェも、次のように述べるのである。「君は、一つのより高い身体を、一つの第一運動を、一つの自ずから転がる車輪を創造すべきだ」、と（Nietzsche, *Also sprach Zarathustra*, I, Von Kind und Ehe, *KSA*, *IV*, p. 90）。

（72） Cf. *IT*, pp. 223-225.

（73） Badiou, *Deleuze*, pp. 56-57, p. 63.

（74） Cf. *QP*, p. 151.

（75） 変化する条件、例えば、歴史とともに変化するア・プリオリな諸条件については、*F*, p. 67, 122 を参照。このテクストのなかでドゥルーズは、フーコーの哲学を特徴づける一種のカント主義的側面を、「規定する言表」（言うこと）がもつ〈自発性〉と「規定可能な可視性」（見ること）の〈受容性〉を中心として論じている。これらの条件は、⑴可能的経験ではなく、実在的経験の条件であり、⑵超越的規範でもなければ、普遍的主体の側に存するのでもなく、むしろ歴史的形成の側にあり、したがって、(3)歴史とともに変化する条件である。「条件は、必然的（apodictiques）なのではなく、問題的（problématiques）である。条件である限り、条件は、歴史的に変化するのではなく、歴史とともに変化するのだ」（*F*, p. 122）。言い換えると、あらゆる価値の価値転換とは、この意味で、或る条件を単に別の条件に置き換えることではなく、その条件そのものを変化させること、つまり〈条件〉と〈条件づけられるもの〉との間の関係＝比を変えることである。あらゆる価値の転換ならば、それは現働的な置換によって可能になるかもしれないが、しかし、あらゆる価値の〈価値転換〉は、あらゆる現働的価値を生み出している潜在的諸要素の、その潜在性の変化なしにはありえない。

(76) Cf. *DR*, pp. 59-60.

(77) Nietzsche, *Nachlaß 1885-1887*, 7 [54], *KSA*, *XII*, p. 312.

(78) これが、ドゥルーズが主張する、まさに存在の一義性における「戴冠せるアナーキー」（anarchie couronnée）の最も強い意味である（Cf. *DR*, p. 55)。

(79) *NP*, p. 53.

(80) Cf. *NP*, pp. 52-53. この点については、デリダにも同様の言明がある。「ニーチェの思想全体は、差異への能動的無差異としての哲学に、すなわち無－差異的（a-diaphoristique）な還元あるいは抑圧の体系としての哲学に対する批判ではないだろうか」(Derrida, la différance, in *Marges de la philosophie*, Minuit, 1972, p. 18)。

(81) Nietzsche, *Also sprach Zarathustra*, I, Vom Wege des Schaffenden, *KSA*, *IV*, p. 80.

(82) Cf. *QP*, p. 149.「しかし、われわれは、潜在的なものに向かって上昇するとき、すなわち〈物の状態〉のうちに現働化している潜在性に向かって身を転じるとき、まったく別の或る実在性を発見するだろう」[強調、引用者]。

(83) Cf. *LS*, pp. 41-42.「命題を一つの名辞〔名前〕とみなすことに同意するならば、或る対象を指示するいかなる名辞も、それ自体その名辞の意味を指示する新たな名辞の対象になりうるように思われる。すなわち、与えられた名辞1はその名辞1の意味を指示する名辞2へと送り返され、名辞2は名辞3へと送り返され、等々」。この単なる表面の言語に生じる事態を次のように図示することができる（次頁の図）。また、ドゥルーズが事例として挙げたルイス・キャロルの『不思議の国のアリス』のなかのアリスと騎士との会話（第八章「そりゃ拙者の発明じゃ」）に現われるこの反復も示しておく（Cf. *LS*, pp. 42-43)。要するに、この問題は、ひとが語とその意味を同時に語ることができないという言語を語る者の「最大の無能力」あ

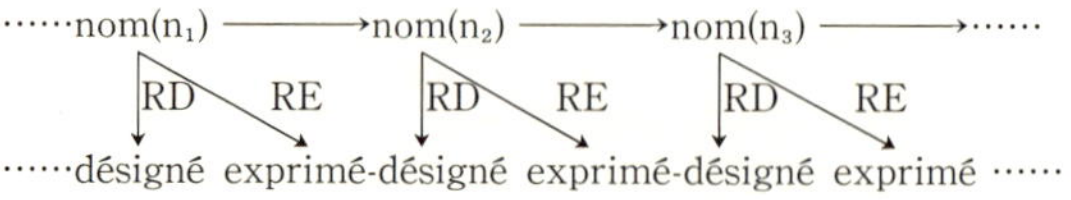

RD : rapport de désignation（指示関係）

RE : rapport d'expression（表現関係）

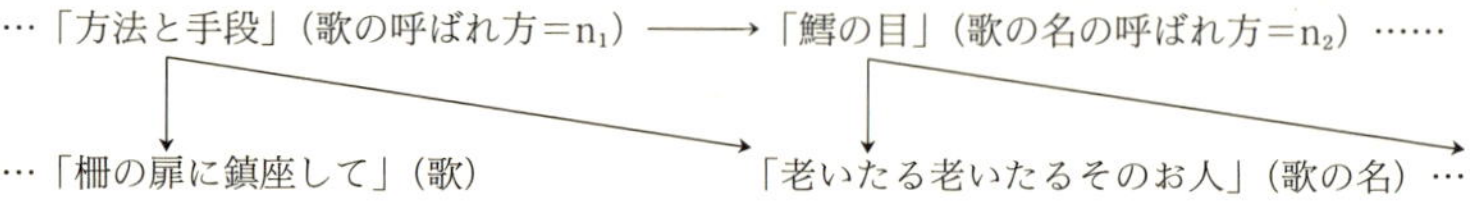

るいは経験的意識の「無能力」と、〈無際限な退行のパラドクス〉という言語の超越的反復が示すその「最高の力能」あるいは言語の「n次の力能」とのうちにわれわれの言語活動が内在するということである（Cf. *DR*, pp. 201-202）。

(84) Cf. *SPE*, pp. 92-93, p. 97.

(85) Cf. *QP*, p. 38. 脱根拠化の「永遠に偏心的な円環」と一つの根拠に依拠した「あまりにも単純な円環」との間の時間に関する差異については、*DR*, pp. 122-123 を参照。スコトゥスにおける中立的〈存在〉とスピノザにおける絶対に無限な〈存在〉を超えて、「永遠回帰」において存在の一義性を主張することは、同時に時間の綜合という問題に関して、ヒュームにおける〈習慣〉とベルクソンにおける〈純粋過去〉を超えて、永遠回帰において〈未来〉がいかなる意味をもつ時間であるかを論究することに必然的に関わっている。

(86) Cf. *QP*, pp. 149-150.「そこでは〔潜在性においては〕何も起こらないが、しかしすべてが生成する。したがって、出来事は、時間が過ぎ去るときに〈再開する〉という特権をもつ。何も起こらないが、すべてが変化するのである。何故なら、生成は、自らの合成要素〔合－間〕を通過し続け、また別の契機に他のところで現働化される出来事を巻き込み続けるからである」。

第五章　〈反－実現〉論

I　〈生〉と受動的綜合をめぐって

われわれは、ここでドゥルーズにおける超越論的経験論と存在の一義性を綜合的に論じることにする。そのためには時間論が必要となる。ドゥルーズにおける時間論の最大の特徴は、スピノザと同様、時間をわれわれの〈存在の仕方〉あるいは〈生存の様式〉と不可分のものとして、まさに価値と意味を以て綜合的に提起したことにある。問題は、客観的な視点のもとに時間の本性を決定的に遅れたかたちで問うことでもなければ、単に命題上で時間が実在的かどうかを言葉の言語批判なしに問うことでもなく、つまり〈時間とは何か〉を背後にもったような問い方ではなく（こうした問い方は、小鳥が窓ガラスをくちばしでたたくようなものだろう）、〈どの時間か〉、〈何が時間であるのか〉という仕方で――スピノザのように、批判的・肯定的に、かつ臨床的・跳躍的に――問題提起することである。諸能力の〈超越的行使〉は、いかにして潜在的なものの〈反－実現〉として機能しうるのか。それは、いかにして潜在性それ自体の発生である〈動的発生〉の効果をもつのか。存在の一義性は、どのように経験論から構成されうるのか。われわれは、こうした事柄を問題化する立場を超越論的〈反－実現〉論と称することにする。何故なら、〈反－実現〉論は、現実と限りなく類似した夢や空想に依存したような可能的潜在性を繰り広げることではなく、ただちに至るところで、しかし善悪の彼岸という〈エチカ〉のなかで一つの生を再−開することだからである。ニーチェは、まさにこのことを感情との関係で述べている。「〈非−真理〉を生の条件として容認すること、これは、言うまでもなく、危険な仕方で日常的な価値感情に反抗することである。このことをあえておこなう哲学は、それだけで善悪の彼岸に立つことになる」［強調、引用者］[1]。さて、時間は、そのもとですべての事物が運動し変化する一つの超越論的条件として考えられる。しかし、それは、ここでも可塑的原理を備えた超越論的閾、すなわち〈現働化〉と〈反−実現〉から構成される永遠に偏心的な円環である。その限りにおいてわれわれは、一義的〈存在〉がどのような問題を時間に関して提起することになるのかを超越論的経験論の観点から再構成する必要がある。何故なら、形成の秩序において問題となるのは、「生なるもの（一般的生）」（*la* vie）から批判的に区別される「一つの生」（*une* vie）であり、それらは時間を生きるまったく異なった〈存在の仕方〉として現われてくるからである[2]。

そこで、ドゥルーズは、時間について三つの「受動的綜合」を提起する。これらの綜合は、あたかも諸能力の「置換の体系」のように、時間という語の第一の意味におけるそれぞれの受動的綜合（生ける現在、純粋過去、永遠回帰としての未来）には、その語の第二の意味における諸次元（現在、過去、未来）の間の或る関係、或る組織化が対応するものとして提示される。つまり、時間の各綜合は、第二の意味における時間の或る一つの次元のもとに他の諸次元が組織化されることによって第一の意味における時間を構成するのである。ただし、この第二の意味における時間の諸様相は、その第一の意味における時間の綜合の単なる要素ではなく、綜合の類型が異なれば、同じ様相がまったく別の論理的価値を有することになる。さて、「〈存在〉は、われわれが為すことの諸原理そのものとの綜合的関係の対象としてしかけっして捉えられない」、とヒューム論の最後で若きドゥルーズが主張するように[3]、時間の受動的諸綜合は、〈生〉と不可分な時間的区別のなかで、その生の変質とともに〈存在〉が定立されることにつながっている。ここで言われる「われわれが為すことの諸原理」とは、われわれの諸能力の経験的使用を条件づけるものであるのか、あるいは諸能力の超越的行使の条件となるものであるのか。或る〈生〉は、この二つの位相を〈生存の様式〉あるいは〈存在の仕方〉の違い（例えば、個別性と特異性との、あるいは偶発事と出来事との差異）として所有するのだ。[4] ここでの課題は、こうした事柄を時間論として表現し、問題構制することにある。時間の各綜合のうちに定立される〈存在〉が最も高次の一義的〈存在〉の諸原理を有するものであるかどうかは、単にその客観性の探究でも、その客観性のなかでの発見でもなく、われわれが時間の諸綜合の間の移行を実現することができるかどうかにまさに関わっているのである。

まずドゥルーズにおける〈受動的綜合〉（synthèse passive）――この用語自体はフッサールに由来する――という概念を規定しておく必要がある。受動的綜合とはいかなる綜合であるか。それは、〈多様なもの〉が統一の諸原理を備えたいかなる〈一なるもの〉も前提することなく、自らのうちにその多様性を綜合する諸原理を有するものについて言われる綜合である。したがって、例えば、実際にはこの受動的綜合を基底として為される能動的綜合について絶えず言及される「精神的」あるいは「主体的」というのは、単に共通感覚のもとで〈雑多なもの〉を統一する〈一なるもの〉に関する一記号にすぎないことになるだろう。それゆえ、この〈受動的〉とは、もっぱら〈一なるもの〉に依存し、綜合や統一の原理が欠如しているとみなされた「乱雑なもの」や「雑多なもの」とは異なって、外側からのいかなる作用もなしにそれ自身のうちに綜合の諸原理を有する〈多様なもの〉、すなわち「多様体」にこそ相応しい概念である。受動的綜合は、能動的綜合に依存しないのと同時に、単なる「綜合なき受容性」とも共存しえないだろう。例えば、カントは受動と受容とを同一視したが、しかし、いかなる綜合の働きももたないような〈受容性〉とも、また習慣化（＝共通感覚化）された知性や記憶の経験的使用によって達成される能動的綜合ともまったく異なった独自の綜合の力を自らのうちに有する〈受動性〉を、こうした受容性や能動性と混同してはならないのだ。(5)

II　生ける現在における〈存在〉時間の第一の綜合

反復はいつ語られるのか。何故、われわれは或る事柄を反復だと理解することができるのか。おそらく異なるものについて〈同じもの〉を語りたいとき、われわれは〈それは反復だ〉と言うのではないだろうか。つまり、われわれが反復を語るとき、そこには既に異なるものについての或る共通性が理解されているのではないか。しかし、まず第一に何らかの差異を知ることなしに反復を語ることはできないのではないだろうか。〈それは反復である〉、〈それは同じことの繰り返しである〉と言うとき、実はわれわれは、それに先立って何らかの差異――例えば、最小の差異としての順序――を当の反復から抜き取る限りでしかその反復を語れないのだ（逆に言うと、そこから差異を抜き取ることのできる反復だけが、それらの差異について言われる同じものとして把握されるのである）。つまり、ひとは、反復が〈同じもの〉を語るための概念であるにもかかわらず、差異を前提とする限りでしかその〈同じもの〉を語れないということである。反復は、差異についてけっして無差異ではないということ。われわれは、〈違い〉を知るからこそ〈同じ〉を語り、そこに〈反復〉概念を適用することが可能になるのである。ドゥルーズは、これを「反復のパラドクス」と呼ぶ。すなわち、それは、「反復を観想する精神のなかにその反復が導入する差異あるいは変化によってしか、すなわち精神が反復から抜き取る（soutirer）差異によってしか反復は語られえない」ということを表わしている。[6] 反復は、そもそも〈同一〉を語るために、差異を前提し利用する必要があり、そこでは一般的な記憶や知性にその場をもつような能動的綜合に先立って、差異を「抜き取る」ことが無意識におこなわれているのだ。反復は、われわれに〈同じもの〉を理解させるために、精神によってそこから抜き取られるべき差異を与えるということである。

それゆえ、問題は次のように問い直されることになる。反復が精神のうちに導入するこうした差異あるいは変化を諸要素として構成されるような時間とは、どのような時間であるのか。〈現在〉から出発して時間の他の諸次元を組織化する最初の綜合は、「体験された現在」あるいは「生ける現在」(présent vivant) を構成する。生ける現在は、単なる一瞬間ではなく、想像力が等質的な諸瞬間を「収縮する」(contracter) ことによって作り出した或る種の持続の厚みをもった「内的な質的印象」からなり立つような時間である。この現在において、過去は先行する諸瞬間の収縮として把持され、また未来はこの同じ収縮のなかでの期待として――しかし、後で述べるように、既成のストーリーを前提とした再認的期待としてのみ――先取りされるのである。継起的に新しいものが現われても、以前のものを保持する想像力という能力によって、等質的な諸瞬間は、特権的な瞬間たる現在において収縮され、生ける現在として綜合されるのである。ここで注意すべき点は、この収縮において、等質的な、それゆえ無差異的な諸瞬間から〈過ぎ去った現在〉、〈過ぎ去る現在〉、〈来たるべき現在〉というかたちで差異が抜き取られるということである。言い換えると、この場合の抜き取られる差異とは、例えば、或る周期的運動によって測定される時間上の程度の差異にほかならないのだ。結局ここでの反復は、表象的な〈現在〉のもとでの反復であり、諸々の現在の間にしか想定されない差異についてのみ言われる反復である。

さらに、〈生ける現在〉という時間の第一の綜合がどのようにわれわれの〈存在の仕方〉に関わるのかを考えてみる。それは、現在のもとで収縮された諸瞬間のうちに〈過去から未来へ〉という不可逆的な非対称性を導入することであり、またこの非対称性に規定的意味を与えているのが〈個別的なものから一般的なものへ〉という可能性の方向である。これは、一体どのような事柄を表わしているのか。この第一の受動的綜合が構成要素的な等質的諸瞬間の反復としての「物質的反復」である限り、この反復は単に〈個別的なもの〉の反復である。したがって、たとえそうした収縮において〈期待としての未来〉が含まれるとしても、その未来は、既に〈過ぎ去った現在〉という個別的なものが今度は可能性の水準において〈再認される〉というだけの意味で到来するような一般性にすぎない。つまり、生ける現在における未来とは、可能的なものの一般性にほかならないのだ（「新たな生ける一般性」[7]）。すなわち、過去把持（＝保存）の〈個別性〉と未来予持（＝期待）の〈一般性〉。この意味において生ける現在は、まさにわれわれが諸瞬間を生きる第一の仕方、時間を生きるわれわれの一つの内在的様相である。しかし、或る〈生〉がこの生ける現在を通過し続けることは、もっぱら個別性と一般性のうちに生きることであり、これが「習慣」を生きることの意味をまさに作り上げるのである。つまり、習慣とは絶えず〈個別的なものから一般的なものへ〉という意味をもった時間の矢を産出しつつ道徳を実在化する画一的・モル的行為であり、一般性とは個別的なものが共通に分有する性質ではなく、むしろ個別的なものの反復によって形成される時間上の性質だということである。言い換えると、習慣とは、この方向性のなかで実は反復から差異を抜き取るときの精神の緊張さえもはや必要としなくなったような〈反復〉だということである（例えば、食べることの一般化、愛することの一般化、等々）。そして、その最も典型的な習慣の一つが〈数えること〉である。何故なら、ここでは差異を抜き取ることが、等質的な単位を形成するように最も単純化された数える精神の循環運動に置き換えられるからである。ただし、ここでの重要な論点の一つは、たとえそうだとしても、この一般化、この循環運動の下に、どこまでも反復から抜き取った差異を観照し享受するような局所的な〈受動的自我〉が存在し、それによってわれわれは、生ける現在においてさえ、常に〈以下同様に〉と宣言する生一般から区別されるような〈一つの生〉を起点にできるということである。常に否定的な形相——例えば、対立、矛盾、懐疑、あるいは一つの問題の解にすぎない有機体、等々——をもち込むことによってしか何も進行しないような能動的自我ではなく、むしろこうした自我の前提条件でさえある局所的で受動的な自我を提示することによってドゥルーズが言いたいことは、この第一の時間の綜合のうちにまさに実在的に刻み込まれた〈有限な肯定性〉である。

収縮された諸瞬間が相互に等質的である限り（例えば、五十頭の羊を数える時間、その住所に住んでいる時間、朝食を食べる時間、等々。要するに、カントが言うところの〈部分的時間〉。個体化——例えば、通過した空間を生み出すことのない、外延から離脱した〈散歩−時間〉、数えた数に吸収されることのない、同種的なものに無関心な〈数える数−時間〉——は遂げていないが、しかし個別化しているような時間）、それらの間には程度の差異しか存在せず、たとえそこに何らかの質的な違い、つまり或る質的印象と別のそれとの間の差異を認めたとしても、生ける現在だけでは現在が過ぎ去る理由を理解することはできないだろう。というのは、それらの質的差異のうちに〈条件〉と〈条件づけられるもの〉との間の本性の差異——すなわち、超越論的差異——を見出すことはけっしてできないからである。われわれの行動が〈現在〉という時間を絶対に要求するとしても、われわれの〈一つの生〉を充たす時間は、単に現在だけではなく、この過ぎ去る現在を〈条件づけられたもの〉とするような〈時間−条件〉、すなわち現在を〈過ぎ去る〉というかたちで条件づけるような〈時間−条件〉でもある。ここでも経験論は、必然的に〈経験の条件〉を探究する高次の経験論に移行することを忘れてはならないだろう。こうした意味での時間を、「われわれが為すことの諸原理」そのものとの綜合的関係の対象として捉えるとすれば、生ける現在において、抜き取られた差異について唯一同一の意味で言われる〈反復〉とは、習慣との綜合的関係の対象としてしか捉えられず、また構成されえない〈同一的なもの〉、一義的〈存在〉のことである。

したがって、今度は超越論的経験論の視座からこの受動的綜合を考察しなければならない。等質的な要素的諸瞬間を収縮して、〈現在〉において先行する諸瞬間を把持すると同時に、後続する諸瞬間を予持する能力は、想像力である。それは、他のものが現われても、一方のものを保持することのできる能力であり、それゆえ一つの「収縮の能力」だと考えられるのである。しかし、このことの意味は、既に述べたように、把持された諸々の〈既存のもの－以前のもの〉の個別性のうちで〈新しいもの－以後のもの〉の一般性を予持することであった。さて、想像力は、それがこの「生ける現在」という受動的綜合を構成する限り、他のいかなる立法的・主宰的能力によっても規定されることなく、その働きが自らに委ねられた能力として発揮されているとみなさなければならないのだろうか。時間に関する第一の綜合を形成する能力は、この「自発的な想像力」(imagination spontanée)であり(8)、この意味では確かに超越的に行使された想像力である。しかしながら、たとえ自発的な想像力によってこの受動的綜合が成立するとしても、習慣においてそれ以外の諸能力は、依然としてその経験的使用のうちに、つまり共通感覚を前提としたその能動的綜合のもとにとどまり続けている（「記憶や知性の能動的綜合は、想像力の受動的綜合に重なって、それに依拠している」。つまり、想像力によって収縮された現在しかわれわれは後から想起することができず、また知性は想像力によって構成された質的印象を破壊して、まったく別の分節によってそれを再構成することはできないということである）。能動的綜合と受動的綜合とのこの共存が可能となるのは、実は自発的に働く想像力が他の諸能力を超越的に行使するような或る「問題的な存在」をそれらに伝えないという限りにおいてである。それゆえ、想像力による収縮あるいは習慣は、あくまでもそれ以外の他の諸能力の経験的使用と共可能的に一致する限りで形成される受動的綜合である。

しかし、或る一つの能力だけが超越的に行使されることは、ドゥルーズにおける〈逆－感覚〉の諸規定（とりわけ、われわれが区別したその第二の特徴）と照らし合わせても不可能であり、それゆえこの〈想像する力能〉も、それを固有の「変様の有能さ」（aptitude à être affecté）[9]にもたらすような〈想像されることしかできないもの〉によって触発された能力ではないことになる。想像力によるこの第一の時間的綜合は、ここから、記憶や知性による能動的綜合と、過ぎ去る現在の理由を与え、〈時間の根拠〉として定義される第二の受動的綜合という二つの方向をもつ。われわれは後者の方向に向かっていくが、その理由は、たとえその能力が超越的行使の働きを所有していなくても、少なくともここでの想像力が自発的な能力として他の諸能力に或る錯乱した——共通感覚を逸脱した——問題を提起しているからである。すなわち、それは、〈過ぎ去る現在の移行の根拠は何であるのか〉、〈いかにして現在は過ぎ去るのか〉という問題であり、これによって触発され超越的に行使される別の能力が確かに存在するからである。能力の超越的行使とは、問題に遭遇したときに〈解〉によって応答しようとする諸能力の一つの属性ではなく、〈問題〉によって触発されるような能力そのものの発生のことである。こうして発生する能力が非経験的な記憶、つまり「超越的記憶」（mémoire transcendante）であり、これによって時間は、生ける現在の外部に出て、過ぎ去る現在の条件としての〈純粋過去〉に生成するのである。

III 純粋過去における〈存在〉 時間の第二の綜合

時間の第一の綜合、生ける現在を「土台」（fondation）とする受動的綜合は、あくまでも時間を現在として構成し、この構成された時間のなかでのみ〈過ぎ去る〉という事態を成立させる。したがって、この綜合は、常に「時間内部的」(intratemporel) だと言われるのである。[10] 綜合が時間の「土台」ではなく、時間の「根拠」(fondement) として捉えられるには、生ける現在から離れて、その外部に出る必要がある。しかし、現在の外部に出るということは、現在との間に単に〈本性の差異〉をもつだけでなく、現在を過ぎ去らせる根拠として現在との間に〈超越論的差異〉が定立されるような、現在の条件へと上昇することを意味している。質的差異としての本性の差異は、収縮によって或る種の厚みをもったわれわれの内的な諸印象の間の経験的な差異として既に〈習慣〉を構成していたが、この時間の第二の綜合において言われる〈本性の差異〉は、過ぎ去らせるもの(過去=条件)と過ぎ去るもの(現在=条件づけられるもの)との間の〈超越論的差異〉でなければならない。だからこそ、ドゥルーズは、カントに倣って第一の受動的綜合が「感性論」に対応し、また第二の受動的綜合を「分析論」として把握できると言うのだ。[11] 第二の「(超越論的な)受動的綜合」は、第一の「(経験的な)受動的綜合」である生ける現在の過ぎ去る〈条件〉を構成し、またこの〈条件〉の諸特徴(例えば、潜在性、過去の〈存在〉、精神的反復、等々)を明らかにするからである。われわれは、時間のこの第二の綜合を二つの段階に区別して、次のように問うことが有効だと思われる。(1)現在が過ぎ去るためには、現在と過去はどのような関係のもとに把握されなければならないのか。(2)過去は、時間の根拠として、いかなる超越論的領域を形成するのか。

時間の第一の綜合から第二の綜合への移行は、言い換えると、先に述べた「反復のパラドクス」から「過去のパラドクス」へとその問題系を移すことだと言える。[12] そこで、まずドゥルーズによって提起された〈過去〉に関する四つのパラドクスを論究することによって上述した二つの問いを再表現することにする。(1)〈同時性〉(contemporanéité) のパラドクス――過去は、たったいま現在であったその現在と同時に構成されるということ

（すなわち、〈知覚は最初から想起である〉ということ）。そして、過去αがその現在a_1としての自らと同時的に存在するからこそ、現在は過ぎ去るのだ（過ぎ去る現在の理由）。過ぎ去る現在a_1は、過ぎ去るべく到来する別の現在a_2によって後に過去となるのではなく、まさにその現在a_1であるそのときに同時に過去として構成されることによってのみ〈過ぎ去る〉と言われるのである。過去が制作されるとしても、それは、あくまでも記憶や知性の能動的綜合（それらの能力の経験的使用）によって〈収縮的−編集的に〉何かが足されたり引かれたりして、後に別の現在a_rのもとで構成されるだけである。したがって、過去の思い出に対するこの経験的な編集的能力の領域を大げさにポイエーシスなどと呼ぶ必要はまったくないだろう。しかし、この別の現在a_rにも過去βが同時に存在し、このことが次のパラドクスを生むことになる。(2)〈共存〉(coexistence)のパラドクス——或る現在a_1がまさに現在であると同時にその過去αでもあるということは、それ以上に過去の全体Aがその新たな現在a_1と共存しているということ、そして過ぎ去るのは現在であって、過去それ自体はけっして過ぎ去らないということを示している（過ぎ去る現在の根拠）。したがって、ここでは、〈知覚が最初から想起である〉ことを超えて、〈想起されうるものしかそもそも知覚されない〉という言明が成立するのである。それでも、〈知覚は絶えず新しい〉と言うことができる。何故なら、過去は、現働的にではなく、非物体的・潜在的に変化し続けるからである。過去の〈存在〉それ自体は、潜在的なものとして現在において現働的に表現されるしかないが、しかしその現働的な現在a_1のように「現実存在する〔外に立つ〕」(exister)のではなく、古い現在a_2とともに「存続し〔内に立つ〕」(insister)、新たな現在a_3とともに「共立する」(consister)と言われる。過去の〈存在〉は非物体的であり、したがってその潜在的変容はまさに一つの非物体的変形である。

(3)〈先存〉(préexistence)のパラドクス——あらゆる過去は、それがかつて現在であったその現在と同時的であり、またそれらの過去の全体は、新たな現在とともに共存するが、しかし、かつて一度も現在であったことのない過去、自らの現働的現在をまったくもたない過去、過ぎ去る現在に対して絶えず先存する過去、すなわち純粋過去が存在するということ（時間の実体的要素）。すなわち、記憶の経験的使用による能動的綜合によってけっして想起されることがないが、しかし逆に記憶の超越的行使――これは、われわれのために〈純粋過去〉を救う仕方である――のもとではむしろ積極的に〈想起サレルベキモノ〉が存在するということである。既に述べたように、或る過去 α は記憶や知性の経験的使用による能動的綜合によって別の現在のもとで再構成されうるが、しかしその現在もそれと同時的な過去 β が存在し、それゆえこの能動的綜合を契機として少なくともこの〈過去の全体〉（A＝……＋α＋β＋……）は潜在的に変化するであろう。しかし、ここで言う〈純粋過去〉とは、こうした能動的綜合の契機なしにそれ自体で潜在的に変化する過去であり、これが〈それ自体で存在する過去〉の意味である。(4)〈自己共存〉（coexistence avec soi）のパラドクス――現在は、一方で〈生ける現在〉として相互外在的に継起する諸瞬間の収縮した状態（表象的現在）であると同時に、他方で共存する〈過去の全体〉における最も収縮した度合（現働的現在）でもあるということ。現在を生ける現在として捉え、それゆえ過去を単に過ぎ去った現在と考えるならば、この生ける現在のうちに過ぎ去った現在としてのこの過去は保存されるが、しかし過去それ自体はそこに保存されることはないだろう。何故なら、生ける現在のうちには過去との間にいかなる超越論的差異も存在しないからである。しかしながら、たとえそうだとしても、過去はそれ自体において成立しているのだ。すなわち、現働的現在は、表象的現在とは違って、〈過去の全体〉が自らを保存する一つの仕方、一つの表現の度合であり、またこうした現働的現在において過去の全体は自らの最も収縮した一つの水準として表現されるということである。[13] つまり、この場合の〈保存〉とは〈表現〉のことである。過去が〈弛緩・収縮〉の無限に多くの度合において自己と共存する限りで、あるいは無限に多くの水準において自らを繰り返す限りで、現働的現在は、それら水準のうちで最も収縮した度合として、この意味で一つの限界として存在するのである（ベルクソンにおける〈円錐のメタファー〉、あるいは〈弛緩・収縮〉という〈差異の度合〉一元論）。

さて、われわれにとって重要な点は、過去に関するこの四つのパラドクスを二つに区別できるということである。最初の二つのパラドクスは、現在が過ぎ去ることの理由あるいは根拠に関する機構を明らかにするが、後の二つは、こうした時間の根拠をより明確に超越論的なものとして論究している。特に後者は、われわれが存在の一義性の〈実在的定義〉とその〈超越論的圏閾〉のいくつかの諸特徴（とりわけ、内的な発生の原理）とを論じた際の諸条件と問題提起の仕方が同じだという点に注意する必要がある。ドゥルーズが時間の第二の綜合において目指すのは、超越論的なものと経験的なものとの間の〈条件づけ〉の論理を次のように規定することである。過ぎ去る現在は、自己において存在する過去を最も収縮した度合で表現する現働的現在のことであり、またこの過ぎ去る現在の〈条件〉たる過去は、これによって条件づけられる現在のうちに現働化する潜在的なものである。現在とは、潜在的な過去が現働化した現働的な時間のことである。このようにして、過去とその現在との〈同時性〉も、過去の全体と新たな現在との〈共存〉も、最終的には過去と現在との間に〈本性の差異〉を保持しつつ、両者の内在的な自己共存を可能にする現働化の論理へと収束することになる。無限に多くの過去の〈水準〉（niveaux）において、つまり弛緩と収縮との〈差異の度合〉において反復される潜在的過去は、現在という過去の内側から規定された限界へと現働化することによって過ぎ去る現在を条件づけるのである。したがって、この受動的綜合における問題は、結局、潜在的なものから現働的なものへの現働化の運動（時間の現働化）の問題に尽きることになる。[14] 第二の綜合においてたとえ過ぎ去るものが現在だとしても、時間そのものはけっして流れることなく、もっぱら現働化するだけである。すなわち、現在がすべて現働的なのではなく、現働的なものが現在なのである（第一のパラドクスは第二のそれに送り返され、さらにこれは第四のパラドクスに包摂される）。しかしながら、希望がないわけではない。〈純粋過去〉についての第三のパラドクスだけは、非物体的で超越論的なものとしての過去をベルクソンの円錐の外部に連れ出すのではないだろうか。何故なら、この第三のパラドクスだけが過去についての「哲学のパトスあるいは情念」を表明しているからである。[15]

そこで次に、時間のこの第二の綜合の〈存在の仕方〉、つまりこの時間の根拠を生きることがいかなる意味をもつのかを考えてみる。時間の第一の綜合の場合、生ける現在のなかで過去から未来へと進むことは、個別的なものから一般的なものへ、つまり個々の体験されたものから経験一般、意識一般へと移行することであり、これがそのまま生ける現在における〈生〉の意味であり、習慣において〈存在〉を構成し理解する仕方を表わしていた。ドゥルーズによれば、これに対して時間の第二の綜合は、逆に一般的なものから個別的なものへの移行、あるいはそれらの共存として規定される。[16]これは、一般的な〈条件〉が個別的な〈条件づけられるもの〉を根拠づけることであり、したがって或る一つの〈生〉について言えることは、他の複数の〈生〉についても言えることになるが、個別的なものが一般性に還元されうるものでしかない以上、これは当然である――何しろここでは、ひとは最初から想起されうるものしか知覚しないし、悟性が構成しうるものしか受容しないのだから。過去が現在の根拠であり、また等質的な諸瞬間の最も収縮した状態のうちに潜在的な過去が現働化するという〈条件づけ〉の論理を主張する限り、「根拠づけること、それは表象＝再現前化を根拠づけることである」。[17]この限りで現働化とは、まさに表象＝再現前化のことである。現働化とは、潜在的な異質的多様性が空間的な同質的多様性に向かってそれ固有の差異を取り消していく――強度の差異が衰弱した差異によって説明される――方向である。しかし、たとえ現働的現在がもっぱら表象＝再現前化の時間であり、そこでは一般性に還元されるだけの個別的なものしか見出されないとしても、超越論的条件としての〈純粋過去〉は、超越的に行使された記憶によって、この時間上の一般化と個別化を超えた、時間の言葉で問題化された特異性と普遍性として定立されるのではないか。たとえ記憶以外の他のすべての諸能力が能動的綜合のもとで経験的に使用されるとしても、第二の受動的綜合を構成するこの〈超越的記憶〉そのものは、けっして現働化されるがままにならない〈想起されることしかできないもの〉を純粋過去において反－実現する能力であり続けるのではないか。もし純粋過去が、生ける現在とこれを根拠づける過去一般に対抗して、時間の別の〈存在の仕方〉を肯定する概念でないとすれば、それは、救いのない単なる〈余剰－時間〉にすぎないものとなるだろう（ドゥルーズのプルースト論は、まさにこうした〈過去－時間〉を救出するために書かれたものである）。

あらゆる現在が潜在的に存在＝成立する過去の現働化であるということは、言い換えれば、各々の現在が純粋過去というただ一つの根拠に対して無数の円環上に共存していることだと言える（根拠が作り出す「円環」(cercle) あるいは「周期」(cycle)）[18]。ベルクソンにおけるあの円錐のうちに共存する諸水準は、想起の差異とその度合の差異からなるそれぞれの現在において「生の全体」を繰り返す仕方であるが、しかし、この共存に対して自らはいかなる水準でも度合でもなく、それゆえいかなる現働化の運動ももたないようなまさに「記憶されえない〈記憶〉」としての〈純粋過去〉が、〈土台〉と〈根拠〉の役割を演じるような過去一般としての自らを裏切り、その基底性を打ち抜くようにして、円錐における諸水準の〈底〉(fond) をなすのだ。それゆえ、われわれがその存在論的要素のなかに一挙に身をおくことなどけっしてできないような過去、すなわち〈かつて一度も現在であったことのない過去〉は、もしこうした純粋過去の発生的要素であるところの記憶の超越的行使によってその実在性が肯定されないとすれば、あらゆる現在に対してまったく無差異的で、われわれにとって単に可能性のフレーム的〈存在〉のごときものに貶められてしまうだろう。そのとき純粋過去は、実は特異なものについてのみ言われる普遍性ではなく、あらゆる現働的なものが還元される〈一般性〉としての過去となり、また逆に一般性に還元されるものしか現働化されないような〈根拠〉としての過去となるのである。そうなると、時間のこの第二の綜合を生きることは、一般的なるものの自己制限（＝現働化）における個別性によってその〈生〉を充たすこと以外の何ものでもないことになる。しかしながら、それでもそこには選択の自由があるとドゥルーズは言う。だが、ここで言われる自由とは、いかなる反復の水準を選択するかという意味での自由、現働化の形式はそのままにして、一般的なものをいかなる個別的なものの差異において繰り返すかという自由である。あの適用と従属の原理は、けっして〈エチカ〉における認識と実践のモデルになりえないのである。結局、無差異に存立する過去のうちに一義的に属する諸水準を選択するようにして、現働化の運動とその論理を繰り返すこと、これが時間の根拠におけるわれわれの〈生〉の意味である。

IV　超越的記憶について　〈想起サレルベキモノ〉を反－実現する能力

表象＝再現前化を根拠づける〈現働化〉という概念は、適用の秩序における思考の様式である。既に述べたように、スピノザにおける共通概念の適用の秩序においては、あらゆる現働的な様態が依存する一義的〈存在〉としての神は、単に「一般的に」示されるだけであり、したがって、この一般的認識を超えて「個物の認識」あるいは「直観的認識」を第三種の認識として実現するには、受動的感情から出発してその感情における或る積極的なものの概念を形成しようとする努力――存在の一義性のノマド的配分――のもとで、この内在的な一義的〈存在〉とその様態を問題論的に構制し直すことが不可欠であった。これと同じ問題がここでも時間によって再提起されなければならない。つまり、過去を根拠とする時間の第二の綜合において記憶は、こうした意味での形成の次元を切り開くべく超越的に行使されるのではないか。すべては適用の次元を充たすべき現働化の運動と根拠づけの論理であるかのように思われるが、しかし、本当にここには表象=再現前化しか存在しないのだろうか。この第二の綜合において、われわれは、時間の根拠としての記憶[19]、すなわち生ける現在の時間系列上に帰属する諸知覚の条件としての記憶、あるいはその根拠づけを潜在的なものの現働化の運動として構成する記憶だけでなく、これらの時間のどこにも属さないような〈出来事〉を想起し反−実現する「超越的記憶」の行使を一瞬垣間みることができるのではないか。

それは、かつて一度も現在であったことがなく、あらゆる現在に対して先存する純粋過去のうちに〈出来事〉を反−実現する超越的に行使された記憶——これは、例えば、ベルクソンにおける〈記憶−追憶〉(mémoire-souvenir)と〈記憶−収縮〉(mémoire-contraction)[20]に対してまったくの外部の力であり——、これがプルーストにおける「非意志的記憶」(mémoire involontaire)である(これに対して、意志的記憶は、現在から過去に遡って、あくまでも過去を現在によって再構成しようとする経験的記憶である)。われわれは、現在の時間を異にし、かつまったく異なった二つのものについて共通の感覚(=厳密な同一性の実感)に襲われることがあるが、そのときわれわれは、一方のものが属するこの現働的現在から引き離され、だからと言って他方のものが属する古い現在の水準に身をおくこともできず、奇妙な或る不定の時間へと、すなわち、或る〈合−間〉、蝶番のはずれた時間、一度も現働化したことのないような時の〈間〉へと連れ去られるような感覚をもつのである。このような〈感覚−時間〉が、まさに〈過去のそれ自体における存在〉とその実質たる〈過去そのものの潜在的変化〉を示している。プルーストの有名なマドレーヌの事例で考えてみよう。

〈コンブレー〉の町は、それがかつて現在であったその古い現在にも、それが現にいま在りうるような現働的な現在にも還元されない。何故なら、いま現に感覚しているマドレーヌの味とかつてのコンブレーの町に感じた色や温度、この異なった二つの感覚に共通の質、あるいは二つの瞬間に共通の感覚は、〈想起されることしかできないもの〉としてまったく別のコンブレーを、つまりかつて一度も現在であったことがなく一度も現働化したことがない一つの出来事として或る〈コンブレー〉を想起させるからである。[21] ドゥルーズによれば、この場合の共通の質あるいは共通の感覚は、記憶が超越的に行使される際の一つの記号となって、その限りでこの表現されることしかできない或るコンブレーを〈表現するもの〉である。こうして、潜在的な純粋過去において、コンブレーの町は「絶対的に新しい形相」のもとに現われることになる。つまり、それは、かつての生ける現在におけるコンブレーの単なる経験的想起でもなければ、能動的綜合における編集的な記憶によって制作されたコンブレーでもない。「コンブレーは、二つの現在と共存する純粋過去のうちに、しかしそれら現在に捉えられることなく、現働的な意志的記憶と古い意識的知覚の到達しえないところに現われるのだ」。要するに、プルーストが提起し、ドゥルーズが強調する〈非意志的記憶〉とは、かつての現在における現働化された〈ストーリー（目的論）―内―意味〉の文脈に支配されたような「意識的知覚」も、またかつて現働的であった現在を編集的に再生するだけの「意志的記憶」も通過することなく、それゆえまさにこの二つの現在の「合―間」(entre-temps) で、かつてけっして生きられたことがない〈コンブレー〉という出来事を潜在的位相のもとに展開し、反―実現する能力のことである。それは、二つの瞬間に共通の感覚という記号によって超越的に行使された記憶であり、この〈超越的記憶〉が捉えるのは、〈経験的記憶〉と違って、意志的記憶のなかの外部たる「本質的忘却」(oubli essentiel) に襲われた〈想起されることしかできないもの〉である。「経験的忘却」とは、かつて（一度目に）他の諸能力にとっても再認の対象となったものを「二度目に」探し求めるときに記憶がその対象を想起できないことであるのに対して、本質的忘却において問題となるのは、経験的記憶にとってのけっして〈想起されることができないもの〉であり、しかし逆に超越的記憶にとっては最初から〈想起サレルベキモノ〉である。[22]

こうした純粋過去の存在における〈想起されることしかできないもの〉によって経験的記憶のうちに部分的に超越的に行使される記憶が発生することは、経験的記憶のなかの非-現働的な〈出来事〉を潜在性に向かって展開する超越的記憶によって当の純粋過去の〈存在〉が発生論的に定義されることと同じ事柄である。すなわち、超越論的経験論においては、超越的行使によって充たされる能力とこの能力を喚起する対象との関係は、与えられた既存のア・プリオリで経験的な関係ではなく、超越論的でア・ポステリオリな発生的関係だということである。しかし、時間のこの第二の綜合において、潜在的過去から現働的現在への〈現働化〉は、結局は同質的という意味で無差異的な諸瞬間を収縮した「生ける現在」を表象＝再現前化の場として根拠づけることを意味していた。既に述べたように、第三の〈先存〉のパラドクスのみが時間の根拠たる過去を脱根拠化し、また超越的記憶が〈反-実現〉という現働化とはまったく別の実在性を表現していたにもかかわらず、何故、根拠は根拠づけられるもの（表象＝再現前）の次元に再び「転落」(chute) するのか。[23] こうしてわれわれは、時間論の側面から超越論的経験論における最も本質的な問題の前に立つことになる。すなわち、何故、条件は条件づけられるものに類似し、根拠は自らが根拠づけるものへと転落していくのか。それは、第一の綜合においても、またこれを根拠づける第二の綜合においても、〈感性〉がまったく経験的にしか使用されていないからである。感性という受容的能力の条件の一つである現働的現在が、もっぱら表象＝再現前化の時間でしかないのは、その感性が他の諸能力にとっても対象となるものしか受容せず、それゆえ他の諸能力とともに共通感覚を定義し、またそれに合致する経験的使用によってしかその能力を充たさないからである。このことが、実は未来を、生ける現在においても純粋過去においても、単に〈過ぎ去るべく到来する現在〉としてしかわれわれに理解させないことの理由である。要するに、そこには時間における境界線上の攻防が、すなわち生ける現在の境界線を争い、さらに過去の円錐体の境界面を争う攻防戦がまったく欠けているということである。感性が経験的にしか使用されないこと、あるいは感性に使用の問題があることさえわからないほど、〈構造－他者〉と癒着し、それを丸呑みしたような感性を前提することは、未来が単に〈過ぎ去るべく到来する現在〉としてしか考えられないことと不可分である。記憶は、実は「追憶としての記憶」や「収縮としての記憶」から逸脱するような感性をおそれている。何故なら、感性だけが〈反－記憶〉(anti-mémoire)への生成変化を宿しているからである(24)。われわれは、アエネーアース－ウェルギリウスに対抗して少なくともこう叫ぶだろう――〈ムーサの女神よ、私に事の由を忘れさせたまえ〉。経験的記憶に反して、超越的記憶は、他の諸能力に、とりわけ感性に純粋過去の問題を伝えることによって、感性をまさに〈反－記憶〉の力として目覚めさせるのである。二つのエステティックの綜合、それは、単なる統一への移行ではなく、モラルの感性をエチカにおける感性に変形することである。

したがって、表象＝再現前化の適用と従属の諸原理を超克するには、感性の超越的行使が絶対的条件となる。習慣の受動的綜合において、過去は〈過ぎ去った現在〉であり、現在は〈過ぎ去る現在〉であり、未来は〈過ぎ去るべく到来する現在〉であった（反復から抜き取られた差異）。またこの綜合は、現在において過去と未来とを収縮することで、まさに時間の〈生ける現在〉を構成していた。したがって、この受動的綜合においては、現在と過去との間に〈現働化の関係〉も〈反－実現の問題〉も生じる余地などないことになる。しかしながら、それでも自らにその働きが委ねられた想像力が他の諸能力を超越的行使へと喚起すべく、〈過ぎ去る現在〉の理由を問題提起するが、これによってのみわれわれは、第二の綜合の問題へと、単なる外的操作によってではなく、能力論の側面から真に内的に移行できるのである。記憶の受動的綜合において、過去は、もはや単なる〈過ぎ去った現在〉などではなく、その現在と同時的に構成され、さらには〈過ぎ去る現在〉の〈条件〉として自ら現働化し、差異化＝分化される超越論的な潜在的過去であった。それは、自らのうちに差異を包括する反復である。この受動的綜合は、時間を純粋過去として、あるいはこの過去をそれ自体における存在として構成し、これによって〈過ぎ去る現在〉と〈来たるべき現在〉を根拠づけるのである。

さて、時間のこの第二の綜合の最大の特徴は、〈条件〉と〈条件づけられるもの〉との間の超越論的差異を〈現働化〉という条件づけの過程として把握した点にある。しかし、既に述べたように、現働化とは異なる別の実在性、別の超越論的差異の把握の仕方である〈反－実現〉の問題構制をこの第二の綜合に期待することはできない[25]。何故なら、たとえ超越的に行使された記憶によって二つの現在（古い現在と現働的現在）の間に〈想起されることしかできない〉純粋過去の或る切片がその潜在性において反－実現されるとしても、その純粋過去から新たな現在への現働化は、それが従来の根拠づけの論理に従う限り、表象＝再現前化の意義しか有していないからである。すなわち、いかなる現働化も反－実現によって支持されなければ、空間的な表象＝再現前化へと「引き込まれる」のである。ここに、例えば、〈後のもの〉（＝形而上学）を生み出す自然学が時代とは無関係に常にわれわれのうちに現われ続ける余地があり、この自然学の思考がまさに〈先なるもの〉としての優越性を保持しつつ、その形式化（＝論理学）への意志――真面目な哲学――を促すのである。したがって、これらの事態を避けるためには、超越的記憶は、現働化を表象＝再現前化から引き離し、これらの事態を反－実現によって支持するように他の諸能力に問題提起しなければならないだろう。こうして、〈未来〉を単なる〈過ぎ去るべく到来する現在〉に貶めることなく、現働化と反－実現を構成するような時間の綜合として〈未来〉を把握することがここに要請されるわけである。超越論的経験論のもとで時間の第三の綜合へと内的に移行するには、こうした時間構成が必要だったのである。存在の一義性においてスピノザの「絶対に無限な〈存在〉」からニーチェにおける「永遠回帰」へと移行する内的必然性は、その〈実在的定義〉と〈超越論的圏閾〉との絶対的一致に基づくものであるが、この時間の綜合は、〈一義性の哲学〉をより具体的に経験主義の問題として表現したものである。

V　時間の第三の綜合　〈リゾーム－時間〉

われわれは、ここで「反復のパラドクス」と「過去のパラドクス」から時間の第三の綜合における「無際限な退行のパラドクス」によって表現される反復へと移行することになる。永遠回帰において一義的〈存在〉は、表現の無際限な運動形式を形成したが、ここではそれが、時間の「空虚な純粋形式」となってその第三の綜合を準備することになる。(26) すなわち、時間は、単純な一本の直線、単なる〈一系列〉になるのである。何故か。簡単である――それこそが〈反－記憶〉に相応しい時間形式だからである。最初の二つの受動的綜合において、〈未来〉は、もっぱら〈来たるべき現在〉あるいは〈過ぎ去るべく到来する現在〉という意味しか有していず、それゆえ表象＝再現前的な現在によって定義されるような時間の一次元にすぎなかった。しかし、この第三の綜合は、まさに「未来である限りの未来」に、現働化という〈規則的な時間〉のなかの現在ではなく、そうした表象可能なものとしての現在をかわしつつむしろこの現働化の形式を転覆するような二つの仕方に関わっている。すなわち、一方ではこの現働化の形式に対する外部としての〈逸脱した時間〉の現在に、つまり身体的生成がもつ〈今〉(maintenant)に、また他方ではこの生成にそれ固有の形相を与えるような自在に転移する〈瞬間〉(instant)に、つまり表面が深層に躓かないようにしたり、深層と混合されないようにしたりするのではなく、むしろそれらを積極的な〈時間－出来事〉として意志し、例えば、観念の〈表現されるもの〉(レクトン)と語の〈意味されるもの〉(セーマイノメノン)とを同一視するのではなく、それらの混同をこそ妨げ、それらを批判的にも臨床的にもよく区別できるようにする「反－実現の現在」に関わるのだ(〈リゾーム－時間〉[27])。

実は時間のこの綜合は、もはや「受動的綜合」とは呼ばれない。何故なら、この第三の綜合は、そのうえにいかなる能動的綜合も打ち立てられず、それゆえ本質的に能動的綜合と共存しえないような綜合だからである。超越的に行使された或る能力が存在しうるのは、他の超越的に行使された諸能力との間の差異と発散のなかで観念としての〈問題〉を伝え合うような場合だけだからである。したがって、最初の二つの綜合が〈再認の対象〉に関する時間規定一般であったのに対して、第三の綜合は、われわれと〈出会いの対象〉との間に成立する時間を構成するものだと考えられなければならない。それゆえ、例えば、道徳的能力論の典型であるカントに対抗するかたちで、ドゥルーズの超越論的経験論が創建されたように、ここでもカントの時間論を援用することで、逆に反道徳的な〈エチカ〉における時間がより明確に析出されることになるだろう。それでは、実際に感官のうちに〈感性〉を生じさせ、思考のうちに〈思考する〉という働きを発生させるような時間とは、〈どんな時間〉であるのか。それは、例えば、〈私〉という主体性のうちにどのような変化を生み出すのか。綜合なき受容性としての〈経験的感性〉ではなく、受動的綜合の働きをもつ〈超越的感性〉をその時間形式との関係で導入することによって、一般的に前提された〈私〉という同一性に一体いかなる変化が生じうるのか――しかし、それは、〈私〉が分裂し、その〈自我〉

が崩壊すると同時に、おそらく顔なしに仮面をつける時間に相応しいだろう。

第三の綜合において、時間は空虚で純粋な非物体的形式となる。時間は一本の直線として理解されるが、しかし、ここでのそれは一本の直線からできた迷路を構成し、それだけにいっそう神秘的な一本の線となるのだ[28]。これは、何を意味しているのだろうか。まず、その単純性から考察していこう。カントは、「感性論」において、「異なった諸時間は、同一の時間の部分にほかならず」、また「すべての一定の長さの時間はその根底に存する唯一の時間の諸制限（Einschränkungen einer einigen Zeit）によってのみ可能であるということ、これが時間の無限性の意味することにほかならない」と述べている[29]。つまり、一定の長さの時間、すなわち時間が言われるすべての〈部分的時間〉とは、何らかの運動によって測定されるような、つまり運動に従属した時間のことである。端的に言うと、何らかの周期的運動を前提として、それに依存する限りで成立し測られることが、ここでの〈時間が言われる〉という事柄である。この意味では、時間が言われるすべてのものは相互に異なり常に部分的であるが、しかしそれに対して、こうした〈部分的時間〉について唯一同一の〈時間〉が考えられるが、それは、運動に依存しそれによって測られ定義されるような制限された時間に先行し、それらを自らの制限としてのみ可能にする〈唯一の時間〉である[30]。カントにおける〈唯一の時間〉とは、もはや「継起」でもなければ、運動に従属するような時間でもない。「継起」は、時間のうちに存在する「現存在」と、その「現存在」の絶えざる変化にのみ関係するが、しかしこの〈唯一の時間〉を定義するものではない。何故なら、時間そのものはけっして変化せず、変化が言われるのはむしろこの時間のうちに存在するものの方だからである[31]。

しかし、〈変化の概念〉が形成されるには、カントに従えば、現存在とその諸規定に関わる継起の知覚が、つまり時間のうちに存在する或るものについての〈変化の知覚〉が必要となるが、しかし当の〈変化そのもの〉あるいは〈変化するもの〉が存在しなければ、そもそもわれわれの〈変化の知覚〉も在りえないと考えたくなるだろう。そうなると、われわれは、確かに時間をも何らかの〈変化するもの〉によって定義したくなる。例えば、アリストテレスのように、時間を大きさや運動との類比に従って「より先」と「より後」といった区別に基づく「運動の数」(arithmos kineseos) という概念によって定義したくなる。[32] しかし、それは、結局、時間を運動に従属させて理解しようとすることである。事実、アリストテレスは、「時間」(クロノス)を、運動そのものではないが、しかし運動なしに存在するものでもなく、「運動の何か」(tes kineseos ti einai) と考えて、あくまでもそれを運動に依拠したものとして定義した。これに対してカントがおこなった決定的な転換とは、運動と時間とのこの主従関係を逆転して、時間を運動から解放したことである。ドゥルーズによれば、これがカントの時間論で最も重要な論点の一つである。時間が運動に従属するのではなく、逆に運動が時間のうちで可能となるのである。時間は、たとえそれが運動に関係するとしても、単にそれを測定するだけでなく、その運動を条件づける〈条件〉として関係するのである。時間は、まさに「変化の可能性の条件」であり、変化し運動するものの純粋形式となるのだ(ここで言う〈純粋〉とは、運動からの自律性を意味する)。

カントは、『純粋理性批判』の第二版の「観念論論駁」のなかで、「〈私〉という表象における私自身の意識は、けっして直観ではなく、思惟する主観の自発的活動の単なる知的表象である」と述べて、[33]〈私〉とはそれ自体ではまったく空虚な概念であることを主張した。〈私〉あるいは〈私は考える〉は単なる知的表象にすぎず、したがって、デカルトと違って、ここから〈自我〉に関するあらゆる知識がア・プリオリに引き出されることはない。この〈私〉は、無媒介的にわれわれの意識に現われるものではなく、あるいは直接にそれ自体として内的感官に現前するものではなく、常に直観と概念との間の〈ズレ〉(glissement) ——これは非分節的時間(アイオーン)の反映である――をともなって、単に私のあらゆる表象にともなうことができるだけの空虚な概念である[34]。カントにおいては、〈私〉(Je)と〈自我〉(moi)、あるいは〈私は考える〉と〈私は存在する〉との間には或る鋭い亀裂が存在するが、この亀裂そのものがここでの〈時間〉なのである。それゆえ、この時間のもとにひとは、命題や表象から構成された物の表面で、自己同一性への障害を感じると同時に、自己同一性への渇望を生み出すのである。この時間は、そのもとで〈私〉という規定作用が無規定的なものとしての〈私の現存在〉に働きかける限り、この規定作用(〈私〉)にとっての〈規定可能性の条件〉であると同時に、無規定的な存在が規定可能なものになるための形式である。この純粋形式という〈亀裂〉(fêlure)をカントは次のように導入するのである。「〈私は考える〉は、〈私の現存在〉を規定する作用を表わしている。したがって、現存在は、これによって既に与えられているが、しかし、〈私〉がこの現存在をどのように規定すべきか、すなわち現存在に属する多様なものを〈私〉のうちにおいてどのように定立すべきかという仕方は、これによってはまだ与えられていない[35]」。確かに〈私は考える〉という「規定作用」(das Bestimmende)は〈私は存在する〉を含み、それゆえこれによって「無規定的なもの」(das Unbestimmte)であるこの〈私の現存在〉は既に〈私〉に与えられていることになるが、しかし、それだけでは、まだこの現存在の多様を〈私〉のうちに定立する「仕方」(Art)そのものが与えられたことにはならない。そして、この「仕方」こそが、無規定的なものを「規定可能なもの」(das Bestimmbare)――「第三の論理的価値[36]」――にする純粋形式としての時間なのである。

　このように、無規定的な存在である〈私の現存在〉が規定作用によって規定可能なものとしての「受動的自我」(moi passif)になるのは、ただ時間においてのみである。したがって、〈私の現存在〉は実際には「受動的自我」としてのみ時間のなかで規定可能となり、〈私の身体〉は〈私の自我〉としてのみ規定されるのである。しかし、

〈規定するもの〉は、単に或るものを一方的に規定するだけでなく、それ自身がその〈規定されるもの〉を表現しなければならず、そのためには〈規定されるもの〉の方は、今度は〈表現されるもの〉としてその表現を条件づけなければならない。たとえ時間の純粋形式を通してであっても、〈規定作用〉が〈無規定的なもの〉を表現することなく、もっぱら一方向的に条件づけるだけならば、その〈規定作用〉は同一的な〈私〉の能動的綜合以外の何ものでもなく、また他方の〈無規定的なもの〉も単なる受容的〈自我〉にすぎないことになるだろう。しかし、これに反して〈規定作用〉が規定されるものを〈規定可能なもの〉として表現するとき、その〈規定作用〉はこの表現されるものの働きを受けてまさに「亀裂の入った〈私〉」(*Je fêlé*) となり、また他方の〈規定可能なもの〉も自らのうちに綜合の力能を有するような「受動的〈自我〉」として把握されるのである(37)。こうして、時間の純粋形式という単純な線的〈一系列〉は、カントにおける〈私〉と〈自我〉をめぐる規定の諸次元のうちに表現の論理が導入されるや否や、迷宮のごとき〈多系列〉、すなわちリゾーム状の時間形式となって、微細な〈超越論的差異〉を生み出す審級として見出されるのである（形成の次元が一つの実践哲学である限り、その実質的な方法論である〈反－実現〉論は、それゆえ至るところでこうした〈いくらかのリゾーム〉(*du* rhizome) を再－開し、配分する活動だと言える）(38)。この特異な差異とは、時間の言葉で言えば、諸々の〈表象的現在〉の間にあって、それとは異質な、形成の秩序を至るところで可能にすべき時間、すなわち潜在的な〈生成の今〉と現働的な〈転移する瞬間〉との差異である。「未来である限りの未来」の時間は、こうした差異を有する時間、われわれの間で分子的に――あるいは部分冠詞的に――しか共有されないような時間であり、それは、時間の第一と第二の綜合と縁を切り、それらとは非共可能的な〈存在の仕方〉を産出するのである。

VI 超越的感性について 強度の問題

ドゥルーズが空虚な時間形式によって亀裂が生じた〈私〉の相関者として受動的〈自我〉を強調することは、結局、一切の能動的綜合に先立つ受動的綜合としての感性の働きを浮かび上がらせることにつながっていると解さなければならない。何故なら、感性が超越的に行使されることによって、経験的感性に代わって、この超越的感性においてそもそも何がわれわれに直観されているのかが問題だからである。そして、これが、〈感覚されることしかできないもの〉という全面的にその内包的な性質をもった〈量〉、すなわち〈強度〉(intensité)である。では、〈強度〉とはどのようなものであるのか。それは、「感性の超越的行使を定義するもの」である以上、〈感覚されることしかできないもの〉の或る差異に関わる量、度合である(39)。強度は、感性の超越的行使を発生的に定義するその実在的要素である。つまり、強度は、〈物の状態〉に関わる何らかの物理量というよりも、むしろ非物体的な、しかしけっして物の表面で解決されたり、測られたりすることのない〈問題の度合〉に関わる。ここから、例えば、一つの問いの属性として、つまり問われるべき力をもった問題としてスピノザにおける構成的属性を捉えるならば、まさにその〈問題—属性〉の度合あるいは強度としての様態は、単にこの問題の解としてではなく、むしろ〈問題提起的なもの〉(problématique)の存在として活動していることがわかるだろう。この点の理解を逸すると、いかにして強度が感性を超越的に行使するのかを〈形成の位相〉において捉えることが困難になるだろう。現働化の次元での強度が問題なのではない。背後に回り込む思考と縁を切るだけでなく、後に消し去られるような肯定性で以て世界を語ることを止めよう。現働化の過程のなかで取り消されていくような差異を表示する〈量〉ではなく(40)、また延長あるいは表象＝再現前化を根拠づけるような内包的な差異を示す〈量〉でもなく、そうした展開された表象＝再現前化の只中で、まったく別の方向に向かって自らを展開しようとする批判力をもった〈量〉概念、あるいは〈差異の概念〉、それが〈強度〉であり、それを把握することが問題なのである。それゆえ、そのための問いは次のようになるだろう。記憶と知性一般のための素材を提供するだけの経験的感性ではなく、多義的な能動的綜合の力としての諸カテゴリーに抵抗して、他の諸能力を超越的行使へと目覚めさせる問題提起的な〈超越的感性〉が重要となるが、それでは、こうした感性が一義的に受容するもの（内包量）、あるいはむしろそれ固有の限界のもとで受動するもの（強度）とはそもそも何であり、強度はどのようにして内包量から区別されるのであろうか。

　カントは、〈質〉のカテゴリーに対応する「知覚の予料」の原理を次のように述べている。「すべての現象において、感覚の対象である実在的なものは、内包量、すなわち度合（Grad）を有する[41]」。実在的なものは、われわれの感覚の一定の対象となって、われわれの感覚を刺激し、それに変様を与える。〈内包量〉（quantité intensive）は、常にわれわれに無媒介的に与えられる質であり、その量に固有の質にほかならない[42]。つまり、或る特定の内包量には、それに対応する〈外延的な量〉の表示とともに、その量に固有の〈内包的な質〉の表現がともなっているということである。したがって、ひとは、前者に着目するときに二つの異なった量について〈程度の差異〉を認め、また後者に注目するときに今度は二つの量にそれぞれ対応する固有の質についてそれらの間の〈本性の差異〉を語るのである。したがって、この両者の観点を綜合したのが「度合」（degré）という概念である。言い換えると、内包量とは、あらゆる視点に対して共通で唯一の視点――外延性（縦＝高・低と横＝左・右）――をともないつつ、この唯一の視点を視線化するような〈質〉――内包性（深さ＝地・図）――のことである（適用の位相、静的発生、現働化から言えば、この三つの延長の次元は、強度という「延長の母胎（matrice）」からこれと共可能的に発生したものである)。しかし、カントとは違って、強度を内包量から批判的・非共可能的に、すなわち形成の位相、動的発生、反−実現のもとで区別するならば、こうした〈視線〉ではまだ十分とは言えない(43)。何故なら、それは未だ一つのパースペクティヴに生成していないからである。つまり、それは、ニーチェにおける遠近法主義の実在的要素たるような〈パースペクティヴ〉ではないということである。何故なら、この遠近法は自らの強度的な〈遠近法主義的空間〉(超越論的原理)——ドゥルーズはこれを〈空間〉(spatium)と呼ぶのである——の発生的要素であり、それゆえわれわれは、視線という身体の存在に向けられた〈深さ−感覚〉を超えて、実在的経験を構成する身体の本質における〈強度−感覚〉をもつのである。このようにして、強度は、内包量から区別されなければならないのだ。

確かにカントの内包量の考え方には問題がある。最大の難点は、カントにおいて、われわれの感覚を刺激する外部の実在的なものが有する度合と、それに対するわれわれの感覚の度合との間の単純な対応関係が、まったく前提されているという点である。つまり、そこでの内包量に関する議論は、対象における度合と感覚における度合がまったく同一の系列——あるいは、質の微分とその微分の感覚との一致——に属するものであることが無批判的に前提されているように思われる。しかしながら、結論を先取して言えば、それにもかかわらず、カントは、おそらく彼自身まったく意識しなかったであろうが、単に〈物の状態〉について言われる内包量から区別されるべき〈強度の差異〉というドゥルーズの概念に結果的に至っていると考えることができるのだ。いずれにせよ、こうした論点を念頭において内包量と強度について考えていくことにする。さて、カントによると、感覚のあらゆる度合は、そこから〈度合＝0〉に向かって減少しうる量である限りにおいてのみ内包量として定義される。「私は、単一性としてのみ覚知され、そこでは多数性が〈否定性＝0〉への漸近によってのみ表象されるような量を内包量と称する」[44]。感覚のあらゆる度合は、これの反対概念としての〈否定性＝0〉へと無限の段階を経て近づいていく。換言すると、現象においてわれわれの感覚に対応するものが有する或る度合aがそもそも実在的なものの内包量であるのは、その〈度合＝a〉が〈度合＝0〉の状態として措定される否定性との内折的な〈距離〉の覚知をともなってのみ規定されるということである。つまり、内包量とは、〈否定性＝0〉との間に多数多様な〈質〉の段階（距離）をもつような量、すなわち、〈否定性＝0〉との関係に立ってはじめて規定される量のことである。あるいは、〈大きさ〉(grandeur) それ自体のうちにこうした意味での〈距離〉(distance) を含むような〈量〉(quantité)、それが内包量である。

それでは、この〈否定性＝0〉は何を意味するのか。この点を明らかにすることによって、この〈度合＝0〉と一定の〈度合＝a〉との間の内包的な潜在的〈距離〉という概念もそこから帰結するであろう。例えば、或る特定の温度、五十度の温水を考えてみよう。この温水をそのまま放置しておけば、それは、五十度、四九度、……という一つの系列を経て、いずれ周囲と同じ温度（例えば、二五度）にまで減少し、こうして差異は徐々に取り消されていく。問題は、この二五度を最初の温水の温度である五十度に対する〈否定性＝0〉と考えてよいのかという点にある。しかし、この二五度には一つの度合があるのだから、この〈実在性＝二五度〉が最初の〈実在性＝五十度〉に対する〈否定性＝0〉でないことは明らかである。同様の理由で、温度計上に示される零度に対応する温度が〈否定性＝0〉でないことも明白だろう。零度という温度も一つの度合をもつ限り、それは〈実在性＝零度〉と考えられるべきだからである。それでは次に、われわれの感覚に与えられた五十度の温水の度合は、どのような系列を経て減少するのかを考えてみよう。それは、感覚の対象の側の五十度、四九度、……という系列に対応する感覚の度合の系列を辿って、いずれわれわれの元の体温（例えば、三六度）にまで減少し、ここでも差異はこうして取り消されていくだろう。そうだとすれば、〈感覚の度合＝五十度〉に対する〈否定性＝0〉はこの三六度という体温であることになるが、しかし既に明らかなように、この体温三六度も、最初の〈感覚の度合＝五十度〉と同様に、或る〈否定性＝0〉との関係に立つべき一つの度合（〈感覚の度合＝三六度〉）を有している。つまり、ここでは次の三つの事柄に注意しなければならない。第一に、感覚の対象である実在的なものが有する度合とその感覚の度合とは、度合そのものとしては或る対応関係にあるが、しかし、具体的な差異は、それらの度合が減少していく際にそれぞれ異なった系列を経ることで明らかになるということ。第二に、この減少の限界値、すなわち〈否定性＝0〉は、実はこの二つの系列のどこにも存在しないということ。したがって、第三に、〈否定性＝0〉との距離の関係に立ってのみ一つの〈度合〉としてわれわれに与えられるもの、それが〈内包量〉であるが、しかし、〈強度〉は、この二つの系列をそれぞれ経て減少していくのではなく、むしろこの両者に共通な別の系列、すなわち或る度合それ自体の強さの系列を経て減少すると考えなければならないということ。

　このように、或る与えられた感覚の度合が〈否定性＝0〉へと多様な質的段階を経て減少していくその系列は、実際にはこの度合の〈強度〉それ自体が漸減していく過程である。それは、同様に感覚の対象である実在的なものの度合が漸減していく系列でもある。要するに、或る〈度合＝a〉は、外延的な〈量〉表示可能な、それよりも低い一連の度合の系列を経て減少していくのでもなければ、量に固有の〈質〉系列を辿って、多様な質を生み出しつつ——実はこれによって、プラトンが述べ、ドゥルーズが批判するところの〈反対の－感覚されるもの〉あるいは〈質における反対性〉の可能性が生じるのである[45]——減少していくのでもなく、こうした延長と質によってはけっして示されえない〈強度の系列〉のもとに〈度合＝0〉へと漸近していくのである。したがって、われわれを表象へと導く判断をモデルとせず、またわれわれをこの判断へと導く共通感覚のうちでの表象作用に対抗して、感覚における或る積極的なものについての概念形成を試み、あるいはその観念の表現的生産活動を捉えようとするならば、〈否定性＝0〉はまさに〈強度＝0〉のことである。つまり、それは、度合の強さが〈ゼロ〉だということである。言い換えると、或る一定の〈強度＝α〉は、同一の度合にとどまりながらも、無限に多くの固有の〈強度の差異〉（例えば、ニーチェにおける有機体の解釈のプロセス、あるいはその偏食の実在化）を内包するとともに、〈強度＝0〉との緊張関係、つまり〈潜在性の距離〉（例えば、いかなるアクチュアルな働きももたない遠近法主義とその発生的要素となるべき一つの遠近法との間の肯定的〈距離〉）に無媒介的に存するのである。そこで、もう一度、カント的な視座から現象における実在的なものの側を考えると、もしわれわれが実在的なものの度合を結局は物質がさまざまにとる〈物の状態〉とみなすなら、そこでの或る実在的なものの一定の度合は、あくまでも外延的な〈量〉表示可能な他の度合を順次経て、減少していくものと捉えられる。しかし、これに反して、現象におけるこの実在的なものを現象の〈内在的様相〉として把握するなら、それが表現する度合は、まさに一つの感覚されることしかできないものを、すなわち漸減する強度の力能をわれわれに示すものとなる。この場合に、経験的な能動的綜合の要因である記憶や知性にとって対象となるような物質は、その度合の基体なのではなく、その度合に対する相関者として単に要請されるだけのものである。しかし、カントは、こうした方向のいずれも明確に示すことなく、〈物の状態〉が表わす度合と〈感覚の変様〉が示す度合とを質のカテゴリーのもとでア・プリオリに混同し続けたのである。確かに外見上は類似しているように思われるが、しかし、混同の結果として無批判的に度合のこの共通の系列が暗黙のうちに前提されることと、強度の唯一の系列を度合の二つの系列の〈間〉の実在性として把握することとは、まったく異なった事態だということを忘れてはならない(46)。

　さて、ドゥルーズは、〈否定性＝0〉というカントの概念から、欠如や無といった否定的なものとは無関係な、

〈強度＝0〉という潜在的な肯定性の概念を提起する。[47] それは、まさに実在的一義性についての一つの観念である。この〈強度＝0〉という潜在的なものが実在性をもたないなどと言うことはできないだろう。むしろこの潜在的なものは、現働的ではないというだけであって、すべての実在性の度合を自らのうちに包括する一つの〈非物体的なもの〉、最も豊かなものを含んだ、しかしそれ自体は最も〈不毛なもの〉である。「現働的であることなく実在的な、抽象的であることなく観念的〔理念的〕な」(réels sans être actuels, idéaux sans être abstraits) というプルーストの〈潜在的なもの〉についての定式をドゥルーズが頻繁に用いるとき、[48] 重要なことは、そこでは単に現働的なものから区別される潜在的なものの諸「特質」ではなく、現働化のもとで産出される現働的なものが依存しているような潜在的なものの実在性ではなく、むしろこうした現働化をはみ出し、その現働化に依存しない或る〈出来事〉の非物体的な実在性が問題だという点である〈〈非物体的唯物論〉の立場）。[49] 強度という〈感覚サレルベキモノ〉は、こうした非物体的実在性の度合のことである。問題は、〈在るところのものに－生成すること〉の内包量ではなく、現に在るところのものを想定せずに、目的もストーリーもなしに生成すること、すなわち〈無垢なものに－生成すること〉の強度である。何故なら、生成とは、現に在るものを背後から単になぞったような仕方で動態化することではなく、存在から別の肯定の仕方を引き出すこと、その存在の性格を実在的に発生させることだからである。感官のなかに〈感覚サレルベキモノ〉にのみ触発されるような〈別の感性〉が実際に生じるのは、能動的綜合を構成する一般的な悟性や理性という能力をまったく前提することなく、〈強度＝0〉という自らの限界に直面することでしか諸々の強度を捉えないという限りにおいてである。この意味でも、カントが実在性を〈否定性＝0〉との〈距離〉の覚知によってのみ量化されうると考えた点は、極めて重要であったことがわかるだろう。〈強度＝0〉は感性の限界であり、またその限りで、超越的に行使された感性が一義的に触発されるのは〈感覚されることしかできないもの〉としての強度によってである。しかし、〈強度＝0〉それ自体は、それが潜在的な一義的〈存在〉として把握される限り、超越的感性によっても感覚されることができない。何故なら、この一義的〈存在〉とその観念は、或る能力の個別的対象となることなく、超越的に行使される諸能力の発生的反復によって反－実現される限りで定義されるものだからである。

一義的〈存在〉は、単に考えられ、また肯定されるだけでなく、それ以上に実在化されなければならない――あるいは永遠回帰により相応しい言葉で言えば、選択されなければならない――とドゥルーズは主張したが、これは感性が超越的に行使されることと不可分な問題提起である。〈超越的感性〉が外延量として表示されうる内包量とその量に固有の質に対応するような〈経験的感性〉とまったく異なる点は、既に述べたように、超越論的経験論における諸能力の理説からも明らかである。超越的感性は、潜在的な「無－底」(sans-fond)としての〈強度＝0〉へと反－実現されていくような〈感覚されることしかできないもの〉――非物体的な実在性（強度の差異）――を把握する能力であり、またこの感性に固有の時間形式こそが、運動に従属した〈クロノス〉的時間から区別される〈アイオーン〉としての時間の空虚な純粋形式である。現在の知覚のなかの〈視点〉(point de vue)をそれに固有の奥行きを与えつつ一つの〈視線〉(regard)にするのは、まさに過去であり、また記憶だと言える。何故なら、記憶の地図のなかのさまざまな〈不－等高線〉は、単なる知覚ではなく、深さへの視線からなり立つからである。しかし、それでも視線は〈遠近法〉(perspective)ではないし、感性の行使を必ずしもともなっていない。視線を一つの遠近法にするには、強度に相応しい時間形式をもつ感性である。この点から言えば、スピノザが言う「精神の眼」はまさに強度のパースペクティヴとなった感性そのものであり、それに固有の〈被知覚態〉は、まさに遠近法主義的空間のうちに計算されることなく占有し、分割されることなく配分された特異な〈本質－強度〉であり、永遠なるものに生成し続ける〈未来―今〉である。

時間の第一の受動的綜合においては、自発的な想像力が収縮の能力として生ける現在を構成するが、これに対して第二の受動的綜合においては、今度は記憶が「記憶を絶したもの」(immémorable) としての純粋過去の〈存在〉を構成する。しかしながら、第一の綜合における〈自発的想像力〉は、もっぱら他の諸能力が為す能動的綜合への移行を積極的に含意しているような働きであって、この意味で他の諸能力を超越的行使のもとで発生させるような〈問題〉をそれらに伝える能力ではない。同様に、第二の綜合における〈記憶〉は、唯一、想起されることしかできない〈記憶を絶したもの〉を純粋過去において反―実現すべく超越的に行使されるが、しかし、他の諸能力をもその超越的行使へと巻き込むことはできなかった。そこでは、現在が過ぎ去ることの理由を与える〈条件〉、つまり潜在的な過去は、経験的な生ける現在を自らの現働化として根拠づけ、また表象＝再現前化の方向でしかそれを条件づけることができない。何故なら、この二つの綜合において感性は、依然として経験的に使用されるだけであり、あるいは〈使用される〉とも言われず、それゆえ、他のすべての能力にとっての「再認の対象」となりうるものしか最初から受容しないからである。あらかじめ知られた現働的なもの、共時的に他の諸能力の対象となりうるような〈再認の対象〉しか、この感性は受容しないのだ。したがって、こうした諸能力の活動を現働的な本質とする様態は、例えば、共可能的な出来事からなる収束する系列を個体として経巡るような、歩く〈解〉としての有限存在であり、非共可能的な出来事からなる発散する諸系列を何とか倒れまいとして――ベルクソンが言う〈通過した空間〉(espace parcouru) を生み出さないような歩き方で――歩くような、つまりそれら発散する諸系列を同時に経巡る（＝離接的綜合）ような、個体化する〈問題提起的なもの〉の存在ではけっしてありえない。

しかし、これに対して、〈条件づけられる〉ことが必ずしも〈根拠づけられる〉ことを意味せず、潜在的なものの現働化が必ずしも表象＝再現前化を表わさないことを実現するための起点となるのが、感性の超越的行使である。何故なら、それによって、単に現在であることと、肯定的に現働的である――〈決定される〉、〈条件づけられる〉という出来事が逆に或る能力の所有につながる――ことが、あるいは、異なった沈黙の副詞（＝超越論的副詞）をともなって、すなわち、〈否〉（ou）的に－内に向かって在ることと、外に向かって－〈非〉（me）的に生成することとが区別されるからである。潜在的な超越論的圏閾そのものの非物体的〈変形〉は、潜在性を変化させつつそのままその潜在的なものにおいて反－実現されるのである（例えば、デイヴィッド・リンチ監督の傑作『マルホランド・ドライブ』（二〇〇一年）は、一つの離接的綜合に捧げられた映画であり、〈言語－表面〉上でのアクチュアルな決定（アダムによるカミーラの決定）と示唆された決定（アダムの視線によるベティの決定）――したがって、この二つの出来事（あるいは二つの〈イマージュ－感情〉）がこの映画の前半部の終わりを示している――がいかに〈身体－深層〉における非物体的変化を、あるいはむしろ潜在的な〈変身〉（或るダイアン、或るカミーラ、或るアダムらの残酷な変身）を引き起こすのかが、同一の世界の離接的綜合であるがゆえにいかなる象徴もなしに見事に描かれた作品である――「人の態度は、或る程度その人間の人生を左右する。そう思わないか」（この作品には、他のリンチ作品と同様、ひとを出来事の反－実現に誘う多くの〈概念的人物〉（personnage conceptuel）が登場する）。しかし、その際に問題なのは、表面に現われ、他者のストーリーのなかで翻弄され左右された人生ではなく、むしろ潜在的に変化する〈一つの生〉の姿である。何故なら、そこでは、もはや〈オリジナル－コピー〉（あるいは〈現実－夢〉、あるいは〈現実世界－可能世界〉）のストーリー関係ではなく、ただテープそれ自体（コピーのコピー）の潜在的変化を引き起こすような諸要素が織りなすドラマ化だけが問題だからである――「ここにオーケストラはいません。（…）これは全部テープです」）。反－実現は、現働的なもののうちに含まれたカオス的に〈混雑した出来事〉(非－現働的なもの)を潜在性に向かって逆－展開する力――〈革命的なものに－生成すること〉――である。「未来である限りの未来」、すなわち時間の第三の綜合が表現しようとする〈未来〉は、単に〈過ぎ去るべく到来する現在〉ではなく、反－実現の時間――〈合－間〉、すなわち、分節化されず拍のない〈時間－アイオーン〉上を自在に〈転移する瞬間〉とそうした瞬間の間にしか存在しない〈生成の今〉との一致――であり、現働化の只中でこれとは別の多様体が批判的に形成されうるのは、時間のこの第三の綜合においてだけである。存在の一義性の実在化は感性の変様と不可分であり、また強度はそうした〈遠近法－力能〉によってのみ把握される被知覚態である。ドゥルーズは次のように述べている。「内包量の〈エチカ〉には二つの原理しかない。すなわち、最低のものさえ肯定すること、(過度に)展開しないこと」[50]。これを動的発生の側面から、つまり強度の〈エチカ〉から言い換えれば、最も低いものがもつ或る積極性から出発すること、別の実在性への展開をけっして断念しないこと。

VII　永遠回帰としての〈未来〉における存在

カントにおける時間、けっして運動に依拠することのない純粋で空虚な形式たる時間によって、充実した有機的な〈私〉は分裂し、ここからカテゴリーに基づく能動的〈私〉と綜合なき受容的〈自我〉とに先立つ、空虚で名目的に一義的な〈私〉と固有の綜合の働きを有する受動的〈自我〉が浮上してきた。これが意味するのは、第二の綜合における時間の根拠を乗り超えて、潜在的過去から生ける現在への現働化の運動を思考不能にするということ、言い換えると、〈条件〉と〈条件づけられるもの〉との間には、目的論的観点から言われるような単なる〈未完成〉や〈不一致〉があるのではなく、むしろけっして完結しない〈一致〉が超越論的差異として存在するということである。[51] 時間のこの第三の綜合において言われる超越論的〈条件〉は、経験的で表象的な〈条件づけられるもの〉(例えば、名詞的表象)を現働化として根拠づけるという意味での条件ではなく、むしろ自らの無根拠性を〈無−底〉として示すものである。それゆえ、ドゥルーズは次のように言うことになる。「充足理由、つまり根拠は、奇妙にも折れ曲がっている(coudé)。一方で根拠は、自らが根拠づけるものの方へ、すなわち表象=再現前化の諸形式の方へと傾いている。しかし、他方でそれは、斜めに進んで、一つの無底のなかに、すなわちそれらすべての諸形式に抵抗し、また表象=再現前化されるがままにならないような根拠の彼岸に潜り込むのである」。この後者の場合に超越論的閾は、あらゆる一般的な根拠づけの原理から解放されて、「普遍的な〈脱−根拠〉」(universel effondement)へと移行するのだ。[52]〈条件〉がその条件づけの働きをけっして完結しないのは、〈条件〉そのものの不完全性に由来するわけでもなければ、〈条件づけられるもの〉の完全性の低さが原因であるわけでもない。むしろひとが不完全な条件を定立するのは、現働化におけるその根拠づけの作用のみを語ろうとする場合である。何故なら、この場合の条件は、表象=再現前化という現働的現在から、まさに表象=再現前化のうちに存在することを余儀なくされているが、しかしこれに対抗し現働化されるがままにならないような或る〈出来事〉を反−実現する時間を区別できずに、もっぱら両者を混同しつつ根拠づけることしかできないからである。ブランショを援用するドゥルーズにおいて、現働化についてのこの〈完結することのない一致〉は、まったく別の意味での完成、諸能力の超越的行使による〈反−実現〉のもとでの完成を意味しているのである。[53]

〈条件〉と〈条件づけられるもの〉との間にけっして〈完結することのない一致〉をもたらす時間の空虚な純粋形式は、単純な一本の直線、単なる一系列であるが、しかし、それは同時に多系列的である。しかし、時間の第三の綜合は、表面の言葉によって形成される無限退行の表現の運動ではなく、〈現働化〉と〈反−実現〉という異質で非共可能的な系列からなる、〈深層－高さ〉の無限振動を備えた新たな表現の理説を構成する。ひとが時間のこの綜合を生きることは、習慣と純粋過去において単に〈過ぎ去るべく到来する現在〉以外の何ものでもないような〈未来〉を生きることではなく、現働化を逸脱した或る〈出来事〉を反－実現する時間としての〈未来〉、すなわち瞬間と瞬間との間の或る非－現働的な出来事としての〈合－間〉そのものを生きることである。(54) それは、スピノザが言うように、善悪の観念をもたず、悲しみの感情に囚われず、文脈に依存しない〈間〉に存在する、われわれの生の強度の増大である。それは、〈未だにない〉ということをむしろ積極的にわれわれの無条件的原理にすることの努力である。「形成の秩序」における超越論的経験論の諸言説が時間論として成立するのは、この第三の綜合においてのみである。想像力によって構成される〈生ける現在〉に抵抗し、また潜在的過去の現働化の結果である現働的現在あるいは表象＝再現前化（〈等質的多様体〉）に対抗して、それらの真っ只中で別の批判的な〈異質的多様体〉――例えば、或る反時代的なアダムを構成する諸々の出来事の系列――を立ち上げることは、そこから差異が抜き取られる「習慣における反復」でもなければ、根拠づけのために差異を含む「記憶における反復」でもなく、ただ脱－根拠化の反復としての「未来の反復」のうちに〈一つの生〉をおくことである――時間のエチカ、それは「反復を未来のカテゴリーにすること」である。(55)

〈モラル〉と不可分な、カントにおける「超越論的」という語は、〈条件〉と〈条件づけられるもの〉との間を、(1) ア・プリオリなものの経験への「必然的適用」(application nécessaire) と、(2) その逆の経験的所与のア・プリオリなものへの「必然的従属」(soumission nécessaire) という二重の関係によって規定されるような諸原理を性質づける言葉であった。(56) しかし、ドゥルーズの超越論的経験論においてこの二重の関係は、もはや〈適用〉と〈従属〉という意味をまったくもたない。確かに一見すると、(1)〈条件〉から〈条件づけられるもの〉への〈適用〉

の関係は、潜在的なものの〈現働化〉の運動によって置き換えられ、(2) 逆方向の〈従属〉の関係は、非現働的なものの〈反−実現〉の働きによって規定されるように思われるが、しかしその内実はまったく異なっている。概念の適用が適用される直観から力を奪うかたちで自らに直観を従属させるのではなく、適用によって条件づけられることがむしろ逆に或る働きの所有になること、それが現働化であり、また現に従属を余儀なくされていたとしても、〈適用−従属〉ではなく、〈現働化−創造〉を支持し、しかしそれ以上に、その条件を連続的に変化させるような力の生成を意志すること、それが反−実現である——「潜在的なものは、われわれの理解では、マルチチュードに属する活動する諸力能（存在すること、愛すること、変形すること、創造すること）の集合である」[57]。したがって、永遠回帰について言われる超越論的差異は、この相互に還元不可能な二重の関係から構成される〈選択の力能〉によってはじめて成立するような無際限な脱−根拠化の反復として産出されるものである。カントにおける必然的適用と必然的従属は実際には相互前提的な限定と制限をなしているが、しかし、これに対して〈現働化〉の運動と〈反−実現〉の行使との間には、どのような関係が定立されるのだろうか。現在を過ぎ去らせる条件としての潜在的過去とこれによって条件づけられる現働的現在との間の現働化という閉じた円環運動に裂け目をいれるのは、自己自身の現働化から逃れ、現働化されるがままにはならないような或る〈非−現働的なもの〉——例えば、表面の言語活動から潜在的な観念の生産活動への移行それ自体——によって触発される諸能力の超越的行使である。したがって、重要なのはまさに次の点である。そうなると、〈現働化〉と〈反−実現〉との間には二つの異なった発生論的関係（〈静的発生〉と〈動的発生〉）が成立することになり、〈現働化〉は、もはや表象＝再現前化でも、潜在的なものによる現働的なものの単なる根拠づけの運動でもなく、実は現働化のなかでこの運動に抵抗する或る〈反時代的なもの〉を逆に展開し実現する発生的諸要素の意義を有することになるのだ（〈逆−感覚〉の第三の規定による)。〈非－現働的なもの〉は、潜在的なものが現働化する限りでのみ、或る現働的なもののうちに混雑したかたちで含まれるのである。

〈物の状態〉のうちに「現働化された潜在性へと向かうとき」、われわれの諸能力は、それが超越的に行使された部分をより多くもつ限りで、すなわち、生成それ自体についてのみ言われる〈同一的なものに－生成する〉諸部分――特異なものだけが共通のもの、平らなものである――から精神がより多く構成される限りで、当の潜在的なものを実在的に定義する発生的諸要素となるのである。ドゥルーズが「永遠回帰」という時間の第三の綜合に込めた〈未来〉の意味、「未来である限りの未来」とは、まさに自らがいかにして永遠回帰という反復の発生的諸要素となりうるかという問題に関わるが、もしそうでなければ、〈未来〉はわれわれにとってまったく必要のない、単なる〈来たるべき現在〉としての意味しかもたなくなるだろう。〈未来〉は、単なる来たるべき時間ではなく、アイオーン上を自由に転移する――その限りで至るところにある――瞬間と瞬間との間の〈生成の今〉である。すなわち、この〈未来〉は、単に与えられる時間ではなく、したがって、求めなければどこにもないが、しかし、もしひとが反時代的なものの〈生成－欲望〉を作動させるならば、至るところで見出される時間である。例えば、それは、予測や予想という行為に与えられる時間ではなく、預言という活動（＝イマージュなき思考）にこそ相応しい時間形式であり、またその預言を実際に現働化する身体（＝器官なき身体）に帰属する時間である。しかし、もしひとが時間の第二の綜合にとどまるならば、この〈過ぎ去る現在〉は、それがどのような内容を有していようと、潜在的過去という超越論的条件によって根拠づけられる現働的なもの以外の何ものも含むことはない。そこにあるのは、単に過ぎ去る理由をもつだけの現働的現在、表象＝再現前的現在であって、〈生成の今〉はこの閉じた円環の外部に排除されたままである。しかし、たとえそうであったとしても、非－現働的出来事を潜在性において反－実現する時間、〈生成の今〉が、〈条件〉と〈条件づけられるもの〉との間の複写的な共軛関係を断ち切る働きを有することに変わりはない。

生ける現在は、われわれが〈習慣〉という経験的な受動的綜合に内在して生きる仕方であり、「反復のパラドクス」によって定義された。これに対して、〈純粋過去〉は、過ぎ去る現在の理由であると同時に、その現在を根拠づける条件、超越論的な受動的綜合であり、「過去のパラドクス」がこれらの点を明らかにした。さらに、この先行する二つの綜合に対して、「生成の今」、「反－実現の現在」というかたちでの〈未来〉にしか関わらない〈永遠回帰〉が時間の第三の綜合であった。この絶えず脱中心化する円環、脱－根拠化の反復は、ア・プリオリにわれわれに与えられるのではなく、いかにして諸能力を超越的に行使できるか、いかにして現働化に依存しない或る非物体的出来事をその潜在性において展開できるか、という意味での経験主義的問いをわれわれに対して構成するものでなければならない。端的に言うと、〈未来〉を発生的に定義するその諸要素、それはまさに超越論的〈条件〉の潜在的変化、すなわち〈非物体的変成〉(métamorphose incorporelle) である。脱－根拠化の反復は、確かに「無際限な退行のパラドクス」と同じ形式のもとに表現されるが、しかしそこに含まれる諸系列の内容はまったく異なる。つまり、無際限な退行のパラ・ドクスではなく、無限振動のパラ・グラフである。〈指示するもの〉あるいは〈表現するもの〉と〈指示されるもの〉との関係は内在的な現働化の運動として把握され、さらに〈表現するもの〉と〈表現されるもの〉との関係は、例えば、芸術の領域での反－実現する力と変わらない力能を哲学とその社会性に対して与えるのである。一方で〈指示されるもの〉による〈指示するもの〉へのこの現働化は、現働的現在と生成の今との産出であり、それゆえ、表象＝再現前化は〈表現するもの〉を含むものとして把握されるが、他方で〈表現するもの〉による〈表現されるもの〉への反－実現は、この〈表現されるもの〉が超越論的・非物体的である限り、この圏閾の動的発生という意味での〈非物体的変形〉(transformation incorporelle)を引き起こすのである。(58) われわれは、脱−根拠化の反復を〈表現の理説〉に基づいて理解しなければならない。すなわち、〈表現されるもの〉は〈指示されるもの〉として本質的に〈表現するもの〉を含んだ〈指示するもの〉へと現働化し、さらにこの〈表現するもの〉の反−実現の力によってその〈表現されるもの〉は潜在的に変成し、さらにこの変成した〈表現されるもの〉は〈指示するもの〉に現働化し、……これが無際限に続くが、あるいはむしろ無限振動するが、しかし、既にこの一つのブロックだけで〈永遠回帰〉である。(59) それゆえ、〈エチカ〉における超越論的圏閾、永遠回帰は、つまり反復から出発する差異の選択と差異から出発する反復の生産は、まさに一本の単純な直線を神秘的な迷路にする二つの異質な系列、〈現働化〉と〈反−実現〉という非共可能的な運動と論理とによって自転する車輪から構成されるのである。それは、自己原因として、あるいは内在性のもとで、〈根拠〉自らが自己の〈無−根拠〉を示し、〈条件〉自らが自己の〈無−条件性〉を主張し、〈基底〉自らが自己の〈無−底〉を産出し表現するような、一つの実在的線である。

VIII　新たな自己原因　〈反−実現の原因〉(causa contra-efficiens)について

〈条件〉と〈条件づけられるもの〉との間には、実はあらゆる価値の価値転換の実質的要素が、すなわち非共可能性という最も強い差異を産出する〈超越論的差異〉が存在する。つまり、エチカにおける〈超越論的〉という語は、最初から或る特異な差異についてのみ用いられるのである。しかし、カントは、モラルにおける〈一般性−個別性〉のもとで〈超越論的〉を次のように定義する。「私は、対象にではなく、むしろ対象一般についてのわれわれの認識様式――それがア・プリオリに可能でなければならないという限りにおいて――に関わるすべての認識を、〈超越論的〉と名づける」[60]。〈ア・プリオリ〉とは、われわれの経験に由来しないもの、つまりわれわれの経験にまったく依存しないものについて用いられる語であり、〈ア・ポステリオリ〉とは、逆に経験によってしか与えられないもの、言い換えれば諸部分の相互外在的な受容について言われる語である[61]。そうだとすれば、この経験に由来しないア・プリオリなものがいかにしてまったく性質を異にするア・ポステリオリな経験に適用されうるのか。このことを説明するのが、まさに〈超越論〉だということになる。既に見たように、ア・プリオリなものとア・ポステリオリなものとの間には超越論的差異の可能性が存在し、しかもそれは、ア・プリオリなものからア・ポステリオリなものへの必然的適用とその逆の必然的従属という二重の関係によって規定された。しかし、カントにおいてア・プリオリなものへのア・ポステリオリなもの（経験の所与）の必然的従属は、必然的適用以上の何ものも語らない。何故なら、この適用は、従属から自らの可能性の諸条件を対象化する力を奪い去っているからである。それは、あたかも同じ一つの線を下降するときには〈適用〉と呼ばれ、また上昇するときには〈従属〉と言われるかのようである。こうした〈従属〉概念によって超越論的差異を把握することは、結局、カントにおいて〈感性の使用〉という言い方さえ忘却させてしまうほどに、感性という能力を共通感官における経験的所与にのみ適合する受容能力に貶め続けることにつながっている。したがって、われわれは、こうした上昇と下降をまったく異なった線上の動きとして考え直さなければならない――つまり、こうした〈方位の差異〉こそが或る破格なポテンシャルをもった〈本性の差異〉を生み出すという仕方で。

この二つの二重関係は、ドゥルーズにおける超越論的哲学では、潜在的なものの〈現働化〉という適用の運動と非－現働的なものの〈反－実現〉という形成の秩序との間の無限振動から構成される。端的に言うと、後者を起点としてあらゆる価値の価値転換のための発生的要素が生成し、その反復が前者の運動において一義的存在の差異の転移として実現されるということである。しかし、違いはそれだけではない。ア・プリオリなものは、単に経験に由来しないというだけでなく、むしろここではそれ自体がア・ポステリオリなものを生み出していく能産性をもち、それゆえ、ア・ポステリオリなものの方も、単にわれわれに受容されるだけのものではなく、つまり〈綜合なき受動〉としての受容ではなく、それ自体のうちに受動的綜合の力を有するものとして捉えられるのだ。したがって、超越論的差異ということを念頭におけば、或るものが経験に由来しないということは、むしろそれがけっして経験的形象と類似的に把握されえないことを積極的に意味していると理解しなければならない。潜在的なものと現働的なものとの間には、能産的自然と所産的自然との関係＝比が存在する。したがって、われわれは、スピノザと同様に、潜在的なものが現働的なものを産出すると言うとき、そこには〈原因の一義性〉が成立すると考えるのである。

「一言で言うと、神が自己原因であると言われるその意味において（eo sensu）、神はまさにすべてのものの原因〔作用原因〕であると言わなければならない」[62]というスピノザのこの言明には、〈原因の一義性〉（〈作用原因〉（causa efficiens）は〈自己原因〉（causa sui）と同じ意味で言われる）についての一つの衝撃的な思考が働いている。この二つの原因を同じ意味において一義的に語らない哲学は、それゆえ不可避的に〈自己原因〉を〈作用原因〉とのアナロジーによって考えることになる。[63]それに反して、スピノザにおいては、〈自己原因〉のもとにいかなる可能的なものも考えられず、したがって〈原因の一義性〉は、必然的に〈産出の一義性〉という概念につながるのである。

自己原因とは、本質がその存在を含むもののことである。それは、自らにおける自らによる原因である。自己原因は、スピノザの場合、様態の〈産出の次元〉に関わる作用原因と別の意味で言われるのではなく、まさにこの作用原因と同じ意味において言われる〈内在的原因〉である。したがって、スピノザにおける神は、自らが存在するがごとく産出し、自らを理解するがごとく産出するのだ。この産出の必然性は、実体と様態について言われる〈属性の一義性〉なしにはありえず、またこの一義性がさらに〈原因の一義性〉に引き継がれることなしにはありえない。(64) 何故なら、その〈存在〉を含む神の本質を構成的に、つまり神の無限性を前提しつつ形相的には多様に、しかし存在論的には一なるものとして、表現するのは、無限に多くの属性であり、その同じ属性のもとで神はすべてのものを産出する(再-表現する)からである。注意すべき点は、要するに、発生的要素としての無限に多くの属性から一義的に定義されるものだけが、自己とそれ以外のすべてのものとの「共通の原因」になるということである。しかし、われわれは、永遠回帰を新たな自己原因として把握するために、この自己原因の規定、あるいはこの〈原因の一義性〉に、自らが自らの発生的要素となって、それによって自らが実在的に定義されるような原因を、すなわち〈反-実現の原因〉(causa contra-efficiens)を付け加えなければならない。自らが自らの発生的諸要素となるとき、あるいは自らが自らの発生的諸要素を産出するとき、それは、謂わば無限実体が、自らの自己産出と同じ意味で言われる自らの産出物たる様態によって実在的・発生的に定義されるまで、自らへの回帰を自己原因が反復する、あるいは選択するということである。あたかも、産出する力能、現働化する力能とはまったく別の実在的な力がこの〈回帰〉には必要であるかのようである。永遠回帰における〈車輪〉は、これらの諸力を包括した自己原因の別名である。それは、確かにニーチェが言うように、一つの〈新しい力〉、一つの〈第一運動〉、一つの〈自力で転がる車輪〉である。一義性の哲学から言えば、ニーチェは、〈永遠回帰〉を自力で回転する一つの車輪に喩えて、新たな〈自己原因〉を創造することをツァラトゥストラに語らせていることになる。それは、永遠に回転する「存在の車輪」である。この車輪は、本性上異なる二つの運動から構成されている。車輪の前方に注目すれば、それは現働化を構成する一つの下降運動であり、反復から出発する〈差異の選択〉である。また、車輪の後方に注目すれば、それは〈反－実現〉の力に生成する一つの上昇運動であり、差異から出発する〈反復の生産〉である。したがって、〈永遠回帰〉は脱－根拠化した円環であるが、それは、〈永遠回帰〉が、非共可能的な速度をもつ二つの運動から構成された、〈脱－輪〉状態でしか転がることのできない車輪、すなわち、自らが自らの発生的要素と実在的に不可識別であるような、錯乱した自己原因であることの一つの効果＝結果である。

　前者の下降運動において、〈永遠回帰〉は、実際には一つの超越論的条件として、その現働化の論理のもとに差異を選択すると言われる。何故なら、永遠回帰は実在的経験の条件であり、それゆえ最初から一義的存在を実在的に配分するものの原因だからである。つまり、〈永遠回帰〉が選択的であるのは、同一物の再－現前ではなく、現働化という差異の肯定的な転移運動のもとにそう言われるのである。確かにわれわれはこの論点を、何を欲するにしても、それが永遠に回帰するがごとくそれを欲するという仕方で、自らが欲するところを為すべきだという選択的〈思考〉のもとで、またそれと同時に、肯定のみが、つまり差異の肯定のみが回帰し、肯定されうるもの（生成）だけが回帰するのだという選択的〈存在〉のもとで把握することができる。[65] しかし、永遠回帰の場合、こうした現働化を下降運動としての差異化＝分化だけから理解することは不可能である。何故なら、永遠回帰は新たな原因の一義性によって定義される自己原因であり、ここでは差異化＝分化とはまったく異なる原理が〈回帰〉のうちに介入しているからである。言い換えると、潜在的に差異化＝微分化されたものが現働化のもとに差異化＝分化されることで、その果てに結局はこの運動と共存可能な表象の世界が成立するという〈根拠づけ〉の秩序、適用の思考以上のものを、われわれは〈永遠回帰〉のうちに理解する必要がある。永遠回帰における下降運動においては、現働化とは別の本性、別の実在性を含んだものしか現働化されず、その表現が上昇運動となって現われるのである。

すなわち、非物体的出来事の〈現働化〉とは別の実在性をもつ或る出来事（表現サレルベキモノ）の〈反－実現〉。あるいは、〈ツァラトゥストラ〉とは別の本性をもつ〈ディオニュソス〉[66]。あるいは、物の状態に現働化され、あるいは実現される、単に与えられた〈非物体的な出来事〉ではなく、その現働的なものにおける〈非－現働的な出来事〉（例えば、一切の価値の価値転換の諸要素）を潜在性そのものの発生をともなう仕方で特異化すること。

自己を脱－根拠化させるような諸要素をその同一の自己が産出すると同時に、それら諸要素によって当の原因として自己が実在的に定義されるという意味での自己原因、それが永遠回帰である。〈反－実現〉とは、単に表現されないものに表現を与えようとすることではなく、〈表現サレルベキモノ〉、あるいはむしろ〈実現サレルベキモノ〉（efficiendum）を圧倒的な現行の現働化の流れに逆らいつつ発生させることである。それゆえ、〈反－実現〉は、既にそれだけで十分に反時代的であり、したがって、エチカに反道徳主義の力を与える経験の源泉でもあり、すべての〈革命的なものに－生成する〉ものが有するべき最も実在的な名もない動詞であると同時に、この動詞について強度的な〈存在の仕方〉、つまり多様な〈パースペクティヴ－強度〉そのものである。それは、〈条件づけられたもの〉がその条件に対して無条件的な力能を所有する仕方であり、潜在性を巻き込んだ〈革命〉の唯一の内在的な道を歩く仕方である。未来は、未だ存在しないのではなく、むしろ〈非－存在〉（non-être）という肯定性のもとでの無条件的原理を示しているのである。普遍的な遠近法主義を内的に発生させるのは、こうした〈反－実現〉の力に触発され、特異な遠近法から構成される実在的経験であり、この経験の条件こそがこの〈反－実現の原因〉と同じ意味で言われる自己原因、永遠回帰である。或る名もない振動が永遠回帰の無限振動の一つのブロックあるいは一つのパラ・グラフであることはないのか。われわれは、これらの事柄をドゥルーズの哲学から析出し、つまりその哲学全体の傍らに産出されるべき異質な強度的部分として析出し、それらにさらなる批判の強度を与えてきた。何故なら、ひとは、反復の日常生活に潜む〈無−底〉のなかで、自らにとって最も興味深い或るものについて、視点と視線を超えた一つのパースペクティヴを形成することでしか或る〈高貴なもの−自己〉に生成しえないからである。

（1） Nietzsche, *Jenseits von Gut und Böse*, I, 4, *KSA*, V, p. 18.

（2） Cf. L'immanence, pp. 5-6.

（3） *ES*, p. 152.

（4） Cf. L'immanence, p. 5.「〈一つの生〉を構成する諸々の特異性あるいは出来事は、それに対応する〈生なるもの〉の諸々の偶発事と共存するが、しかしそれらは、同じ仕方で集められないし、また分割されもしない」。

（5） 受容性と受動性を混同したカントについては、*DR*, pp. 117-118を、しかし逆に、能動性と受動性にそれぞれ還元されえない自発性と受容性がもつ独自の意義については、*F*, pp. 67-68を参照。しかし、とりわけ能動性と受動性と受容性との間の本性の差異を身体のもとで考えたのはスピノザである。「人間の身体は、自己の活動力能を増大させたり、あるいは減小させたりするような多くの仕方で刺激されることができるし、またその活動力能を増大も減小もしないような別の仕方で刺激されることもできる」（*Ethica*, III, post. 1, p. 139）。この前者の〈存在の仕方〉が身体の活動力能の受動性に対応し、また後者がその受容性を示していると考えられる。しかし、この言明は適用の秩序のもとにあり、それゆえスピノザに特異な受動から能動への転換はこれだけでは説明できない。そのためには形成の秩序に身をおかなければならないのだ。何故なら、形成の次元だけが、身体の活動力能の増大方向（喜びの感情）が受動から能動への転換を可能にする唯一の方位たることを明らかにすると同時に、逆に身体を単なる受容性に貶めるのはこの活動能力をマイナスに固定化するその減小方向（悲しみの感情）にあることを告発するからである（ここからわれわれは、ベルクソンにおける二つの多様体がまさにわれわれの身体の異なった二つの状態から形成されるものであることがわかるだろう）。したがって、中立的受容性（あるいは、悲しみが示す受動的綜合）は、絶対的能動性への転換が可能な肯定的受動性（あるいは、喜びの受動的綜合）からわれわれを遠ざけ、また〈善・悪〉という道徳の観念によって、〈よい・わるい〉によって促進される自由な身体を無化しようとするのである（Cf. *Ethica*, IV, prop. 68, p. 261）。ただし、ここで〈絶対的能動性〉と言う場合の〈絶対的〉とは、受動性にけっして転換しないという意味であり、それゆえ、スピノザが言う能動性は常に絶対的能動性のことである。これに対して、受動性の特徴の一つは、常に反対の感情に転換可能な状態に——例えば、愛する喜びが悲しみに、可愛がることが憎むことに——あるということである。

（6）　Cf. *DR*, pp. 96-97.

（7）　Cf. *DR*, p. 99.

（8）　Cf. *DR*, p. 106.

（9）　Cf. *SPP*, pp. 142-143; Spinoza, *Ethica*, II, prop. 17, schol., p. 106. ここでスピノザは、自己の本性の必然性によって、換言すれば、自らにその働きが委ねられることによって精神の「想像する力能」（potentia imaginandi）はまさに〈一つの徳〉になるだろうと述べている。つまり、この想像力は、まさに超越論的経験論において〈想像サレルベキモノ〉を捉える超越的想像力と称されるような能力である。この能力は、例えば、スポーツ選手——とりわけ、サッカー選手（特に〈ファンタジスタ〉と呼ばれるような）を考えてみよ——にとって必要不可欠な〈想像されることしかできない〉或る運動を直観する能力であり、また芸術作品に〈表現されるもの〉を吹き込む力であり、これがなければわれわれの知性のすべてが愚鈍なものに陥ってしまうような〈一つの徳〉(une vertu) である。

(10) Cf. *DR*, p. 108.

(11) Cf. *DR*, p. 144.

(12) *DR*, pp. 110-114; *NP*, p. 54; *B*, p. 57;

(13) ベルクソンの倒立した円錐の頂点は、現在を過去の最も収縮した度合として示しているが、しかしその頂点（われわれの現在）が属している平面そのものは、現在の最も弛緩した度合としての物質を表わしている（Cf. *B*, p. 74, 90)。「持続は物質の最も収縮した度合であり、物質は持続の最も弛緩した度合である」(*B*, p. 94)。

(14) Cf. *DR*, pp. 237-238.

(15) Cf. *DR*, pp. 292-293.

(16) Cf. *DR*, p. 109, 112.「新しい現在が常に一つの補足的次元を意のままに用いるのは、その新しい現在が純粋過去一般の要素のなかに反映されるからであり、その一方で古い現在はこの要素を通じてもっぱら個別的なものとして照準が合わされるのだ」。われわれの諸能力の経験的使用が捉える個別的なものは、この「(超越論的な) 受動的綜合」のもとでは、純粋過去の一般性のうちで新しい現在として〈反映され〉、古い現在として〈再生される〉ということである。いずれにせよ、ここにあるのは一般的なものから個別的なものへの移行、一つの現働化の運動であり、これをもっぱら認識論の次元で実現したのが、カントにおける規定的判断力だと言える。この場合に、概念は常に過去である。この限りで、カントとベルクソンとの距離はそう遠くないと思われる。

(17) Cf. *DR*, p. 351.「われわれは、われわれを構成する諸々の現在の間の継起と同時性との諸関係を、つまり、因果性、近接性、類似、そして対立にさえ従うような、それら現在の諸連合を経験的特徴と呼ぶ。しかし、われわれは、純粋過去の諸々の水準の間の潜在的共存の諸関係をヌーメナルな特徴と呼ぶのである。それぞれの現在は、こうした水準の一つを現働化する（actualiser)、あるいは表象＝再現前化する（représenter) だけである」[強調、引用者] (*DR*, p. 113)。再現前する固定化した経験的形象の背後にその動的イマージュを重ね合わせること、これが形而上学の最も典型的な思考法の一つである。

(18) Cf. *DR*, p. 119, 126.「自らが根拠づけるものに相対的であること、自らが根拠づけるものの諸特徴を借用していること、そしてそれら諸特徴によって立証されること、これが根拠の不十分なところである。まさにこの意味において、根拠は円環をつくるのである。すなわち、根拠は、思考のうちに時間を導入するというより、むしろ精神のうちに運動を導入するのだ」［強調、引用者］(*DR*, p. 119)。このとき精神は〈心〉に貶められ、また時間——正確に言えば、脱−根拠化としての時間——が依然として導入されない思考は、表象上の経験的・心理的形象とその形而上学的・論理学的形式との間の〈上・下〉運動に、すなわち欲求と疲労のうちに囚われたままである。心には表象像が、精神には運動が、そして思考には瞬間が、それぞれ相応しいと言えるだろう。

(19) *DR*, p. 108.「現在を過ぎ去らせ、現在と習慣を整序するものは時間の根拠として規定されねばならない。時間の根拠、それは〈記憶〉である」。

(20) Cf. *ID*, pp. 38-41. これは、ベルクソンにおける〈記憶−追憶〉と〈記憶−収縮〉という記憶の二つの仕方を〈先在〉のパラドクス以外の三つのパラドクスに関わるかたちでドゥルーズによって最も明確に論じられたテクストである。

(21) Cf. *PS*, pp. 74-76.「実際に、そのとき私のなかでこの至福の印象を味わっている人間は、その印象がもつ、むかしの或る日と今とに共通なもの、つまりその印象がもつ超−時間的なもの (extra-temporel) のなかでその印象を味わっているのだ。それは、その人間が現在と過去との間の一種の同一性によって、事物の本質を体験し、その本質を享受できるような唯一の環境、言い換えると時間の外にいることができる場合にしか現われないような人間である」(Marcel Proust, *A la recherche du temps perdu*, Pléiade III, Gallimard, 1954, p. 872)。

(22) Cf. *DR*, p. 183, 188.

(23) Cf. *DR*, p. 351.

(24) こうした問題をドゥルーズ＝ガタリは次のように表わしている。「生成は〈反−記憶〉である」(*MP*, p. 360)。そして、例えば、「音楽家は、とりわけ〈私は記憶を憎む、私は追憶を憎む〉と言うことができるのだが、それは、音楽家が生成の力能を肯定しているからである」(*MP*, p. 364)。「要するに、一つの〈線−ブロック〉は、音の中間へと移行して、位置決定の不可能な自らに固有の中間によって自己自身を駆り立てるのである。音のブロックはインテルメッツォ〔間奏曲〕である。それは、音楽的有機化をすり抜ければ、なおさら響き渡るような〈器官なき身体〉、〈反−記憶〉である」(*MP*, p. 365)。「ひとは、子供時代の追憶とともに書くのではなく、現在の〈子供に−生成すること〉であるような子供時代のブロックによって書くのだ。音楽はそのようなものに充ちている。そこで必要なのは記憶ではない。記憶のなかにではなく、語のなかに、音のなかに見出される一つの複合的素材が必要なのである。〈記憶よ、私はおまえを憎む〉。ひとが達する被知覚態あるいは変様態は、自律的で充足した存在——これは、もはやそれを現に感じていたり、かつて感じたりした者たちには何も負っていない——にほかならない。すなわち、けっして体験されなかったし、現に体験されてもいなければ、これから体験されることもないような〈コンブレー〉、大聖堂あるいはモニュメントとしての〈コンブレー〉」(*QP*, p. 158)。また、とりわけ〈反–記憶〉の観点からドゥルーズの時間論を論じたものとして、合田正人「記憶と反記憶——ドゥルーズの時間論素描」(『情況』所収、一九九六年六月号、情況出版)がある。

(25) Cf. *PS*, p. 74; *QP*, pp. 125-126, p. 146, 149. ドゥルーズによるベルクソンに対するいくつかの批判的言明——とりわけ『哲学とは何か』のなかに現われる——が一点に収斂するとすれば、それは、現働化の運動に対してそれと非共可能的な関係を生み出すような〈反–実現〉論の契機がベルクソンではまったく考えられないということである。「ベルクソンにとっては過去がそれ自体において保存されることを知るだけで十分である。夢について、あるいは記憶錯誤についての深い考察があるにもかかわらず、ベルクソンは、それ自体において存在するような過去が、いかにしてわれわれにとって救われうるだろうかを本質的に問題にしない。(…)これに対してプルーストの問題は、まさに次のようなものである。それ自体において保存され、それ自体において残存するような過去を、いかにしてわれわれのために救うのか」[強調、引用者](*PS*, p. 74)。

(26) Cf. *DR*, pp. 119 120; *LS*, p. 194; Bréhier, *Incorporel*, pp. 54-59. 時間についてこうした意味での「空虚な形式」をはじめて見出したのは、初期ストア派の人々である。「時間は、彼ら〔ストア派の人々〕においてはじめて〈一つの空虚な形式〉(une forme vide)として現われる。この形式のもとで出来事は相互に継起するが、しかしこれは、そこでは時間がいかなる部分ももたないような法則に従ってのことである」(*Incorporel*, p. 59)。だからこそ、この時間のうちに継起し相互に重合する出来事はまさに数えられることなくこの時間を占有し、またこの〈アイオーン–時間〉はこうしたあらゆる出来事に対する唯一同一の出来事となるのだ。

(27) Cf. *LS*, pp. 190-197. 三つの現在についての註。この「第三の現在」という考え方は極めて重要であるが、しかしそれは、あくまでもこの〈反–実現〉の時間が「深層のクロノスと〈狂った生成〉の集合」(第二の現在)に関係づけられる限りでのことである。この第三の現在は、非物体的出来事が物の状態に現働化する際の時間である規則的な「実現(effectuation)の現在」(第一の現在)をどこまでも「避ける」という点では共通の使命をもつが、しかし第二の現在はそれを深層の肯定されるべき悪しきクロノスに属する〈今〉の力によって、また第三の現在はそれを表層のアイオーンの時間に属する〈瞬間〉の力能によって、それぞれまったく異なった仕方でなし遂げるという点では、この二つの特異な現在の間にいかなる共通性も見出されない（Cf. *LS*, p. 193)。『意味の論理学』においては、この第二の現在、深層の「転倒（subversion）の現在」に対して、表面の「第三の現在」が主張され、またそれは、〈出来事〉が潜在的なものの現働化に際してけっして実現されるがままにならない「或る超過したもの」（quelque chose d'excessif）をもつ限りで、その〈過剰なもの〉を潜在的で超越論的な領域において完成しようとする時間として、最初の二つの現在とはまったく異なる「第三の現在」として主張される。しかし、周知のように、数年後にドゥルーズは次のような発言をすることになる。「私は変わりました。〈表面－深層〉（surface-profondeur）という対立には、もはやまったく関心がありません。今、私が興味をもつのは、充実した身体、器官なき身体と、流れる強度流（flux）との間の関係です」(*ID*, p. 364)。言い換えると、問題は、もはや第三の現在を用いて、実現が転倒しないようにすることでも、あるいは表面と深層とを混同しないようにすることでもなく（Cf. *LS*, pp. 196-197)、深層それ自体を一つの高さとするような〈反－実現〉の実在性を有する充実した身体であり、またその身体が発する蒸気（出来事）――自らをその現働化からはみ出た或る出来事（例えば、言葉の言語のうちで、つまり表面の言語上で繰り広げられる無際限な退行のパラドクスを切断するような、或る出来事における超過した部分、すなわち非意味作用的レクトン）の息子にすること、「自己自身の出来事の息子に生成すること」――である（Cf. *QP*, pp. 150-151)。

(28)　Cf. *CC*, p. 41.

(29)　Kant, *KrV*, A32＝B47-48.

(30)　Cf. Kant, *KrV*, A188-189＝B232-233.

(31)　Cf. Kant, *KrV*, A41＝B58.

(32)　Aristoteles, *Physica*, 218b21-219b2, W. D. Ross, Oxford, 1950.

(33)　Kant, *KrV*, B278.

(34)　Cf. Kant, *KrV*, B131-132.

(35)　Kant, *KrV*, B157 Anm.

(36)　Cf. *DR*, p. 116.

(37) Cf. *DR*, p. 117. 「この形式〔時間の純粋で空虚な形式〕のもとで、〈私〉は時間のうちに現われる受動的〈自我〉の相関者である。〈私〉のなかの裂け目あるいは亀裂、〈自我〉のなかの受動性、これらこそ時間が意味するものなのである」。

(38) Cf. *DR*, p. 116; *F*, p. 115. 「カントによれば、時間はそのもとで精神が自己自身を触発する形式であったが、それは、ちょうど空間がそのもとで精神が他の物によって触発される形式であったのと同様である。したがって、時間は、主体性の本質的構造を構成する〈自己触発〉であった」。また、リゾームについて言うと、〈別の仕方で感じること〉、あるいは〈別の仕方で思考すること〉は、それ自体で〈いくらかのリゾーム〉を実現することである (Cf. *MP*, p. 16)。こうした意味での〈別の仕方〉がわれわれの此性の或る強度的部分を成立させるのである。「一つの此性 (une heccéité) には、始まりも終わりもないし、起源も目的地もない。此性は常に〈間〉にあるのだ。此性は点ではなく、線のみからなり立つ。此性はリゾームである」(*MP*, p. 321)。それゆえ、〈リゾーム－時間〉はこうした此性の〈存在の仕方〉を生み出す準原因だと言える。何故なら、この純粋で空虚な形式としての〈アイオーン－時間〉は、私と自我とを分裂させると同時に、この両者を或る種錯乱した仕方で縫合する〈リゾーム－時間〉の「糸」(fil) として名もない或る〈私－怪物〉を生み出すからである。(Cf. *CC*, p. 44)

(39) Cf. *DR*, p. 305. 必ずしもドゥルーズにおける〈強度〉の概念を明確にするものではないが、次の著作は極めて興味深いテーマを扱っている。Charles Ramond, *Qualité et quantité dans la philosophie de Spinoza*, PUF, 1995, cf. Deuxième partie, chap. 2, II —— Les《grandeurs intensives》; Juliette Simont, *Essai sur la quantité, la qualité, la relation chez Kant, Hegel, Deleuze —— Les《fleurs noirs》de la logique philosophique*, L'Harmattan, 1997, cf. chap. 4, Étrange《anticipation de la perception》(Kant/Maïmon/Deleuze), et Appendice, Des deux usages de l'intensité (Cohen/Deleuze).

(40) Cf. *DR*, p. 288. 「強度は差異であるが、しかし、こうした差異は、延長においても、また質のもとでも、否定され、取り消される傾向にある」。「強度は、不可逆的な諸状態からなる一つの系列にとっての客観的方向を〈時間の矢〉(flèche du temps) として定義する。この時間の矢のなかをひとは、最も大きな差異化＝分化から最も小さな差異化＝分化へと、生産的差異から切り縮められて最後には取り消されてしまう差異へと進んでいく」[強調、引用者]。これは、まさに適用の次元における強度の現働的外延化のありようである。

(41) Kant, *KrV*, B207.

(42) *DR*, p. 299.「内包量は、量における差異、つまり量の差異において存在する取り消し不可能なもの、量そのものにおいて存在する等化不可能なものを表象＝再現前化する。したがって、それは量に固有の質である」。

(43) これをドゥルーズは次のように言うのである。「カントの誤りは、時間にも空間にも論理学的外延を認めないまさにそのときに、空間に幾何学的外延を保持し、また一つの延長をしかじかの度で充たしている質料に内包量を割り当てていることである」(*DR*, p. 298)。カントにおける超越論的観念論はどこまでも経験的表象に依拠した立場であり、そこでは、外延量はその上を視点が移動する縦と横との二次元の平面に還元され、また内包量はこの平面内を狙って絶え間なく降り注いでくるような奥行きのある質的な視線に還元される。まさにカントの一つの二重の誤りである。したがって、例えば、「左右対称なもののうちにカントは、まさに内的差異を認めているが、しかし、彼によれば、概念的ではないその差異は、外延量である限りの延長全体との外的関係にしか関わることができないのである」(*DR*, p. 298; cf. Kant, *Prolegomena*, § 13, pp. 38-39)。

(44) Kant, *KrV*, A168＝B210.

(45) Cf. *DR*, pp. 304-305.

(46) カントは、「実在性は或るものである。否定性は、無、すなわち影や寒さといったような対象の欠如の概念である（欠如的無（nihil privativum））」(*KrV*, A291＝B347) と言って、〈否定性＝0〉を「欠如」という文字通り否定的なものによって理解した。これは、カントがこの否定性を減小の系列の一部を占有するものと考えていた証拠だと言えるだろう。つまり、光に対する「影」や暖かさに対する「寒さ」は、実際には量に固有の〈質〉であり、したがって十分に一つの度合をもつものである限り、諸々の度合によって構成される系列の外部に存在するものではない。しかし、〈否定性＝0〉は、いかなる意味においてもこの系列を物体的に（度合を有するものとして）占有することはなく、或る一定の度合そのものの強さが減少する極限に突如見出されるべき〈強度＝0〉であり、そこに否定的なものを考えることはできない。これは、結局、判断をモデルにして〈知覚〉を考えたために生じた誤謬である。

(47) Cf. *AŒ*, p. 390, 394.「器官なき身体は、強度のあれこれの度合において常に空間を充たす物質であり、部分対象は、〈強度＝0〉としての物質から出発して空間のうちに実在的なものを産出する度合、すなわち強度的部分である」(*AŒ*, p. 390)。

(48) Proust, *A la recherche du temps perdu*, p. 873; cf. *PS*, pp. 73-74, p. 76; *DR*, p. 269; *QP*, p. 148, etc. 潜在性についてのこの定式をプルーストは次のような文脈のなかで述べている。「しかし、かつて耳にした或る音や、むかし嗅いだことのある或る香りが、〈現働的であることなく実在的な、抽象的であることなく観念的な〉現在と過去とのなかで同時に、再び聞かれたり嗅がれたりすると、ただちに事物のいつもは隠されている不変の本質は解放され、ときにはずっと前から死んでいたように思われたが、まったくそうではなかったわれわれの真の自我は、もたらされた天上の糧を受けて目覚め、生気をおびるのである。時間の秩序から解放された〈一瞬の間〉(une minute) が、その〈一瞬の間〉を感じさせるために、われわれのなかに時間の秩序から解放された人間を再−創造したのだ」。

(49) Foucault, *L'ordre du discours*, Gallimard, 1971, pp. 59-60.「出来事は、物体の秩序 (ordre des corps) に属していない。しかしながら、出来事は、けっして非物質的なもの (immatériel) ではない」。フーコーは、ここから出来事の哲学が「非物体的なものの唯物論」(matérialisme de l'incorporel) という逆説的方向に進むべきだと主張する。同様に、例えば、スピノザにおいて「様態の本質は、純粋な物理的実在性である」(*SPE*, p. 175) とドゥルーズが主張するとき、この「物理的」(physique) は、少しも「物体的」(corporel) を意味しない。それは、むしろ物体的実在性とは別の実在性、〈非物体的〉なものの実在性を示すことによって、スピノザの哲学を〈非物体的唯物論〉として把握する方向を与えるのだ。

(50) Cf. *DR*, p. 314.

(51) Cf. *CC*, p. 45.「内部性 (intériorité)〔内部性の形式としての時間〕は、われわれの統一性が保たれるにもかかわらず、われわれ自身を穿ち、われわれ自身を分割し、われわれを二重化し続ける。最後まで至る〔完結する〕ことのない二重化。何故なら、時間は、終わり〔目的〕をもたないが、しかし滑動性〔ズレ〕と流動性〔うねり〕が無際限な空間を構成するように、時間を構成する目眩、振動をもつからである」。例えば、フィロネンコは、カントにおけるこの二重化を次のように的確に述べている。感性論と分析論の後の弁証論の段階で、物自体は〈理念〉として定義されるが、「ここでの物自体は、諸現象の認識において、またその認識を通して、直観と概念との間のけっして完結することのない一致 (die niemals vollendete Übereinstimmung) を実現しようと努める理性自身の運動である」〔強調、引用者〕(Cf. Philonenko, *Études kantiennes*, Vrin, 1982, VI ── Kant und die Ordnungen des Reellen, pp. 113-114, note 36)。

(52) Cf. *DR*, p. 352.

(53) Cf. *LS*, p. 178.「一方で、実在化され完成される出来事の部分がある。また他方で、〈その完成が実在化することのできない出来事の部分〉がある。それゆえ、実現と反−実現として存在する二つの完成 (accomplissement) があるのだ」〔強調、引用者]。

(54) Cf. *QP*, p. 149, pp. 150-151. 「二つの瞬間の間にあるのは、もはや時間ではない。〈合－間〉〔〈間の－時間〉〕というのは出来事である。〈合－間〉は永遠なるものに属さないが、しかし時間にも属さない。〈合－間〉は生成に属するのである」(*QP*, p. 149)。「内在的生は、主体や客体のうちに現働化されるだけの出来事あるいは特異性を奪い去っていく。この不定の生は、それ自体では瞬間をもたず、どれほど相互に接近していたとしても、ただ〈間の－時間〉(entre-temps)、〈間の－瞬間〉(entre-moments) をもつだけである」(L'immanence, p. 5)。

(55) *DR*, p. 125. 「王位についた反復、それは、他の二つの反復〔現在という反復するもの、過去という反復そのもの〕を従属させ、それらから自律性を取り上げる〈未来〉(avenir) という反復である」。それは、常に〈到来－すべきもの〉(l'à-venir) しか回帰させない選択的存在を構成する反復である。

(56) Cf. *PK*, p. 22.

(57) Cf. Michael Hardt/Antonio Negri, *Empire*, Harvard University Press, 2000, pp. 356-359. 〈帝国〉におけるあらゆる価値形成の場としての可能的・潜在的なものは、身体の強度的効果として産出された非物体的なものではなく、〈マジョリティ〉という超越化(=グローバル化)した物体にほかならない。したがって、ここには、潜在性に固有の非物体的変形とその力は、当の潜在的なものから完全に奪われていることになる。潜在的なものの変化を反－実現する力能が帰属するのは、常に〈民衆の身体〉だからである。これは、〈強度の差異〉と同様、一つのトートロジーだとさえ言えるほど、身体は常に民衆の身体であり、民衆は必然的に潜在的変化を一つの結果として引き起こす身体のもとでしか語られない。ハート・ネグリが言う、「尺度の彼岸」(beyond measure) としての潜在的なものとは、こうした意味での民衆の身体が生産し続ける非物体的変形を必然的に含んだものでなければならない。言い換えると、この変形を潜在性に吹き込むことがまさに〈預言〉であり、それに相応しい自己自身の身体——これはもはや数えられることなく空間を占有する身体であり、〈非物体的唯物論〉(こちらの方が彼らが主張する「唯物論的目的論」(materialist teleology) よりも的確だと思われる) においてしか把握できないような身体である——の生成がそのまま〈民衆〉(peuple) あるいは〈平民〉(plébéien) ——すなわち、平面の民衆(=遊牧民)——の実現である (Cf. *Empire*, pp. 65-66; *DR*, p121, 124)。「今日、政治的言説たる宣言は、スピノザ的な預言の機能〔預言者は自己自身の民衆を生み出す〕を、つまりマルチチュードを組織する内在的欲望の機能を実行しようと熱望し

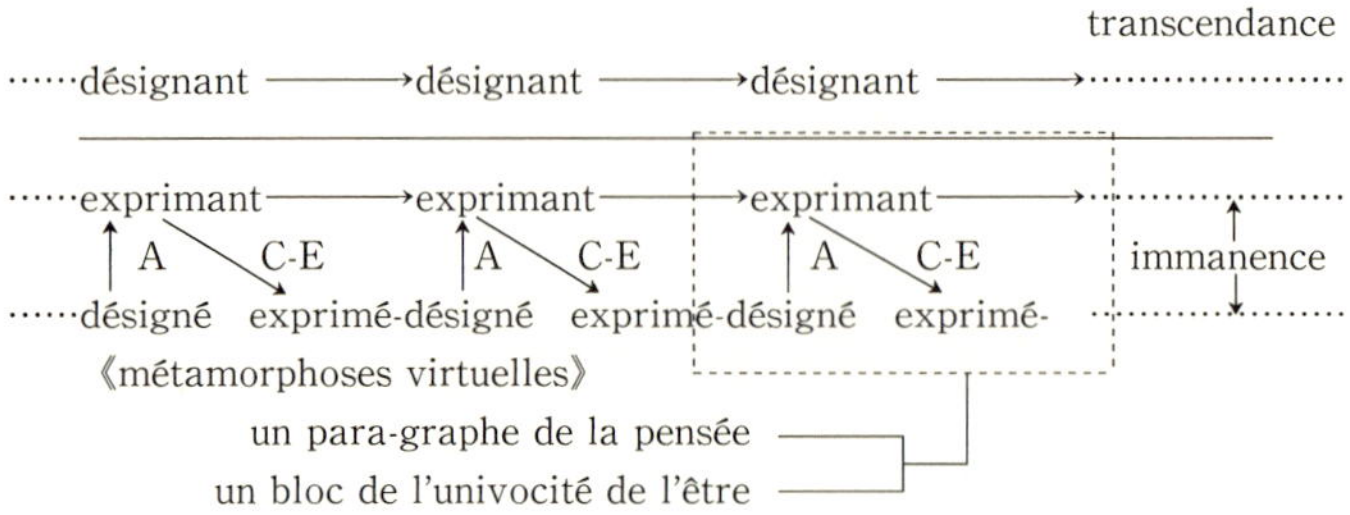

A　: actualisation（現働化）
C-E : contre-effectuation（反－実現）

なければならない」（*Empire*, p. 66）。マルチチュードとは、あらゆる現行の条件の潜在的変形のための諸力の別名である。

（58） Cf. *MP*, pp. 109-111, 136-139, p. 633.

（59） 現働化と反－実現から構成されるこの脱－根拠の反復を〈表現の運動〉として図示すれば、上のようになる（ここから、本論文の第四章の註(83)で図示した〈無際限な退行のパラドクス〉は、言葉の言語を吃らせる観念の言語活動というここでの〈永遠回帰〉の一つの切片、一つの効果である。問題は、もはや文法的に分節化され、それに支配されたような〈表面の言葉〉を上滑りするだけの無限退行の運動ではなく、各個の表現の運動がそれ自体で完結した特異な〈思考の生殖〉あるいは〈存在の転換〉を表現するような思考の〈パラ・グラフ〉あるいは存在の一義性の〈ブロック〉であり、これらによって実在的・発生的に定義される〈内在性〉を示すことである）。

（60） Kant, *KrV*, B25.

（61） *ES*, p. 70.「経験とは〈部分の外なる部分〉(partes extra partes)であり、諸対象は知性のうちで分離されている」。

（62） Spinoza, *Ethica*, I, prop. 25, schol., p. 68

（63） Cf. *SPE*, p. 148; *SPP*, p. 77.「伝統的には、自己原因という概念は、作用的な原因性（区別された結果の原因）とのアナロジーによって、したがって、もっぱら派生的な意味で、極めて慎重に用いられている。自己原因とは、〈原因によっているような〉といったほどの意味であろう。スピノザは、こうした伝統を覆して、自己原因をあらゆる因果性の原型、因果性の本来的で完全な意味とする」。

（64） Cf. *SPE*, pp. 90-91.

（65） Cf. *N*, p. 38.

（66）　Cf. *NP*, p. 221.「肯定であるすべてのものは、ツァラトゥストラにおいてその〈条件〉を見出すが、ディオニュソスにおいてはその〈無条件的原理〉（principe inconditionné）を見出すのである」。〈永遠回帰〉というこの新たな自己原因を図示すると次のようになる。ここでの三つの原因は、唯一同一の意味で〈原因〉が言われるものである。まさに〈永遠回帰〉における原因の一義性である。

永遠回帰＝自己原因

作用＝実現の原因（ツァラトゥストラ）

反－実現の原因（ディオニュソス）

あとがき　再開するために

かつて私が三十数年間住んでいた町は、少し変な言い方になるが、騒音にあふれた活気のある町だった。しかし、その騒音の正体はと言えば、それは、例えば下町に特有の近所の人々の立ち話や笑い声という雑音よりも、むしろ圧倒的に工場の町に相応しいような諸機械のノイズだった。確かに頻繁に往来するトラックの走行音やその排気ガス、煙塵はひどいものだったが、しかし、それでも無数の小さな工場《こうば》が分子状に連結し合うことで成立した町から或る種、幻惑的に聞こえてきたのは、ロラン・バルトが言うような、「順調に動いているものの音」としての「ざわめき」(『言語のざわめき』みすず書房)などではなく、いつも調子を狂わせながら動いていた諸機械の組合せのノイズであった。

こうした町に生まれ育った私は、十代の最初の頃から音楽に強い関心をもち、現代音楽の作曲家になりたいとさえ思った。楽音と雑音との区別は最初から私にとって問題ではなかった。問題はただこの両者が帰属する平面を見出し、そのなかでしか生じえないような音の運動を表現‐作曲すること、あるいは変形することにあった。まさにドゥルーズがスピノザの『エチカ』について言う「音楽的構成〔作曲〕の平面」、「大いなる自然の平面」である。しかし、こうした構成、作曲、変形への私の意志は次第に価値や意味といった非物体的なものへと向けられ、こうして私は哲学の領域に介入することになっていった。

物体的なものの構成〔作曲〕によって、非物体的なものの変形を実現すること、これが私にとっての哲学の第一の意義となったのだ。そして、何よりも〈音〉の観念を変えることが重要だったのである。構成的変形への意志、二十代半ばの私がドゥルーズの、あるいはドゥルーズ・ガタリの思想に出会ったのは、こうした力能の意志においてであった。

楽音と雑音との無意味な区別は、学知と無知との無価値な区別へと私のなかで引き継がれていくことになった。かつて聞いた諸機械の実在的なものの結合と切断の強度音は「欲望する諸機械」の言語としてすぐに理解できたが、しかしそれ以上にそれまでの私の無知が一つの思考のノイズであることを知ったとき、私は自分のその無知の尖端を哲学のペン先にしたかったのだと思う――そう、手のつけられない思考がほしかったのだ。おそらく私は、こうした身体と思考を以て、通過した空間を生み出さない散歩の仕方、足跡を残さないような生き方、実験としての人生の歩き方を可能にしたかったのかもしれない。これが私の出発点の潜在的イマージュであろう。しかし、こうした事柄が本書のなかでどれほど実現されているかの評価は、もはや読者に委ねたいと思う。

ただ一点、アントナン・アルトーは、「私は一ページ書くごとに私の敵に出会う」、「本当の出来事が時間からはみ出て、その枠組みを壊す時が来ているのです」(『ロデーズからの手紙』、白水社) と呻くように語っていたが、こうした〈出会い〉と〈時〉を多少なりとも私自身絶えず感じながら本書が成立したこと、それだけは確かなことである。

本書は、二〇〇〇年の秋に学位請求論文として東京都立大学大学院人文科学研究科に提出され、その翌年に学位論文として認められた「存在と差異――ドゥルーズにおける〈発生〉の問題」をもとにして、それに大幅な加筆を施したものである。

ただし、学位論文では、既発表論文のうち、「批判と創造の円環――ドゥルーズにおける超越論的経験論の問題構制について」（『哲学誌』第四〇号、東京都立大学哲学会編、一九九八年）、「存在の一義性の〈実在的定義〉――ドゥルーズにおける一義性の哲学の問題構制について」（『哲学』第五〇号、日本哲学会編、一九九九年）の二編を、また本書では、それらに加えて、「〈反-実現〉論の前哨――或る反時代的なアダムのために」（『現代思想』、二〇〇二年八月号、青土社）と「一義性の哲学としての『純粋理性批判』――カントにおける〈現象の一義性〉について」（『哲学誌』第三九号、東京都立大学哲学会編、一九九七年）の前半部分を、それぞれ加筆した上で用いた。

学位論文に関しては、審査を引き受けてくださった、福居純（主査）、実川敏夫（副査）、石川求（副査）の各先生方に感謝したい。

特に福居先生は私の大学院生時代の指導教官でもあり、近世・近代哲学の意義、とりわけ十七世紀の哲学のもっとも骨太な部分、まさにその真髄を先生から学ぶことができた。「書物に序文の類を付けるということは、著者が著書の外に逃れようとする意図のあることを示すものである」と言う氏の強靱な哲学的思考から、私はそのまま〈哲学すること〉の厳しさを教わったように思う。それは、まさにスピノザが言う「できるだけ早く」（『知性改善論』）につながるような思考の特異な速度であった。

さらに合田正人先生のことに触れなければならない。先生は私の書いたものについて常にいち早く肯定的評価を示してくださったが、そのことがどれほど私の励みになったことか。「思想から危険なにおいが消えつつある」と言う氏の書かれたものと言われたことから、またその振舞いからも、私は多くのものを学んだように思う。それは、とりわけ思想史を通して観た、哲学の〈存在の仕方〉の自由度に関わるものだと確信している。

私はここで、福居純と合田正人という二人の稀有な哲学者と思想家に格別な謝辞を捧げたいと思う。

最後に、著者への適切な助言とともに本書の出版を実現してくださった知泉書館の小山光夫氏には、改めて感謝の意を表わしたい。同じく知泉書館の髙野文子氏にも感謝したいと思う。

二〇〇三年七月

江川隆男

スピノザ『エチカ』の研究　『エチカ』読解入門
福居　純著　A5/578p/9000円

スピノザ「共通概念」試論
福居　純著　四六/176p/2800円

カント哲学試論
福谷　茂著　A5/352p/5200円

判断と崇高　カント美学のポリティクス
宮﨑裕助著　A5/328p/5500円

カントが中世から学んだ「直観認識」　スコトゥスの「想起説」読解
八木雄二訳著　四六/240p/3200円

ニーチェ　仮象の文献学
村井則夫著　四六/346p/3200円

ベルクソンとマルセルにおける直接経験
塚田澄代著　菊/288p/5200円

フッサールにおける超越論的経験
中山純一著　A5/256p/4000円

顔とその彼方　レヴィナス『全体性と無限』のプリズム
合田正人編　A5/268p/4200円

十九世紀フランス哲学
F. ラヴェッソン／杉山直樹・村松正隆訳　菊/440p/6500円

江川 隆男（えがわ・たかお）

1958年東京都生まれ．東京都立大学大学院博士課程満期退学，東京都立大学人文学部助手を経て，現在，立教大学現代心理学部教授．博士（文学）．

〔著作〕『死の哲学』，『超人の倫理――〈哲学すること〉入門』，『アンチ・モラリア――〈器官なき身体〉の哲学』（以上，河出書房新社），他．

〔訳書〕ジル・ドゥルーズ『ニーチェと哲学』，ドゥルーズ／パルネ『ディアローグ』（以上，河出文庫），ブレイエ『初期ストア哲学における非物体的なものの理論』（月曜社），ベルクソン『講義録III』（法政大学出版局），他．

〔論文〕「分裂的総合について」，「脱地層化のエチカ」（以上，『思想』，岩波書店），「気象とパトス――〈分裂分析的地図作成法〉の観点から」，「脱-様相と無-様相――様相中心主義批判」（『現代思想』，青土社），「デヴィッド・リンチと様相なき世界」（『日本病跡学雑誌』），「最小の三角回路について――哲学あるいは革命」（『Hapax』，夜光社），他多数．

〔存在と差異〕　ISBN978-4-901654-21-0

2003年10月10日　第1刷発行
2017年9月30日　第2刷発行

著者　江川隆男
発行者　小山光夫
印刷者　藤原愛子

発行所　〒113-0033 東京都文京区本郷1-13-2
電話(3814)6161　振替 00120-6-117170
http://www.chisen.co.jp
株式会社 知泉書館

Printed in Japan　印刷・製本／藤原印刷

索　引

あ　行

か　行

さ　行

た　行

な　行

は　行

ま　行

や　行

ら　行

わ　行